Veröffentlichung der Holtzendorff-Stiftung.

# Ist die DEPORTATION

## unter den heutigen Verhältnissen als Strafmittel praktisch verwendbar?

Von

**Dr. A. Korn,**

Rechtsanwalt in Berlin.

Von der Holtzendorff-Stiftung mit dem Preise gekrönte Arbeit.

Berlin SW. 48.
Wilhelmstrafse 119/120.
J. Guttentag, Verlagsbuchhandlung,
G. m. b. H.
1898.

# Inhalts-Übersicht.

## Teil I.

## Geschichte und gegenwärtiger Stand der Deportationsstrafe.

## Teil II.

## Kritik der Deportation. Ihre Vorzüge und Nachteile.

## Teil III.

## Prüfung der Zweckmäfsigkeit der Deportation für die einzelnen Staaten.

## Schlufswort.

## TEIL I.

# Geschichte und gegenwärtiger Stand der Deportationsstrafe.

# Einleitung.

## Begriff der Deportation.

Unter Deportation versteht man die durch staatlichen Zwang bewirkte Verschickung von Personen nach einem entfernten Orte zum Aufenthalt daselbst.

Zweck der Maſsregel kann sein: Sicherung vor staatsfeindlichen Personen (politische Deportation), Besiedelung menschenarmer Länder (Zwangskolonisation) oder Bestrafung für Verbrechen (Deportationsstrafe).

Die verschiedenen Zwecke der Deportation können miteinander verbunden sein. So ist die Fortschaffung politischer Verbrecher, wenn sie auf Grund eines gerichtlichen Urteils erfolgt, zugleich Strafe und politische Maſsregel, die Ansiedlung von Verbrechern in einer Kolonie auf Grund ihrer Verurteilung zugleich Strafe und Zwangskolonisation. Doch ist die Verbindung dieser Zwecke keine notwendige. Es können Mengen von Personen (Unterworfene, Kriegsgefangene, eigene Bürger) ohne Rücksicht auf Verbrechen und Staatsgefährlichkeit nach entfernten Ländern verschickt werden, wie es im Altertum mit ganzen Völkerschaften geschah und in Ruſsland zur Moskowiterzeit üblich war: reine Zwangskolonisation. Ferner können politisch Verdächtige ohne gerichtliches Verfahren nach entfernten Gegenden gebracht werden: reine politische Maſsregel. Ebenso können Verbrecher nach fernen Orten verschickt werden nur zur Verbüſsung ihrer Strafe, ohne Ansiedlung: reine Deportationsstrafe.

Geschichtlich ist die reine Zwangskolonisation mit Beginn der Neuzeit verschwunden. Die reine Deportationsstrafe und die rein politische Deportation sind seit der Römerzeit üblich. Mit dem Ansiedlungszwecke verbunden wurden sie zuerst nach Entdeckung Amerikas von Spaniern und Portugiesen, planmäfsig und in weitem Umfange erst in den letzten 100 Jahren von England und seit 45 Jahren von Frankreich. Auch die russische Deportation verbindet, soweit sie nicht rein politische Mafsregel ist, Straf- und Kolonisationszweck.

Von der Deportation sind einige ähnliche Rechtsbegriffe zu unterscheiden.

Nicht Deportation ist die freiwillige Entfernung aus dem Vaterlande, wie das exilium der Römer und die freiwillige Auswanderung von Strafentlassenen nach verbüfster Strafe, mit oder ohne öffentliche Unterstützung.

Nicht Deportation ist ferner die Verbannung aus der Heimat ohne Anweisung eines bestimmten Aufenthalts, und die Beschränkung des Aufenthalts auf einen bestimmten Ort oder ein begrenztes Gebiet innerhalb des Heimatstaates (Internierung, confinatio).

Die Deportationsstrafe, von welcher im folgenden allein die Rede sein soll, ist eine Freiheitsstrafe. Die Freiheitsbeschränkung liegt, wenn nicht andere Beschränkungen hinzutreten, mindestens darin, dafs dem Verschickten ein Aufenthaltsort in weiter Entfernung von der Heimat angewiesen und das Verlassen desselben untersagt wird.

Der Deportationsort kann eine Stadt, ein Land, eine Insel oder eine Festungs-Anlage sein. Er kann von der Heimat durch das Meer oder weite Landstrecken geschieden sein. Engländer und Franzosen, die stets nach Ländern jenseits des Meeres deportierten (trans mare), bezeichnen die Deportationsstrafe im allgemeinen als „transportation“.

Zu der Freiheitsbeschränkung kommt, als zweites wesentliches Strafübel bei der Deportation, die langjährige Entbehrung der Heimat, der Besuche von Freunden, Verwandten und Bekannten, die Trennung von der gewohnten Umgebung und vom Vaterlande über die Strafzeit hinaus, regelmäfsig auf Lebenszeit.

Aufser den notwendigen Bestandteilen der Deportationsstrafe (Verschickung an einen entfernten Ort, Internierung daselbst, dauernder oder langjähriger Verlust der Heimat) können weitere Strafübel am Deportationsort eintreten: polizeiliche Aufsicht, Einsperrung, Zwangsarbeit, Verlust der Ehrenrechte und des

Vermögens, Beschränkungen der bürgerlichen Rechtsfähigkeit. Alle diese Übel sind historisch teils mit der Deportation verknüpft worden, teils von ihr getrennt geblieben. Hieraus erhellt, dafs die Deportationsstrafe eine sehr verschiedene Gestalt annehmen kann, je nach den mit dem Aufenthalt am Straforte verbundenen Strafübeln. Sie kann eine milde oder eine harte Strafe sein.

Auch ohne Verbindung mit weiteren Strafübeln ist die Deportation in ihrer Wirkung sehr verschieden je nach der Beschaffenheit des Bestimmungsortes. Ein Aufenthalt auf einer weltverlassenen Insel wirkt anders als ein solcher in einer lebhaften Stadt. Ein Verweilen in einem gesunden Lande ist etwas anderes als das Leben an ungesunden Orten unter Krankheit und Todesnot. Ein heiteres, warmes Klima macht die Strafe leichter als ein ewig trüber und regendrohender Himmel, rauher Wind und strenge Kälte. Für die Arbeit der Deportierten macht die Beschaffenheit des Bodens, seine Ergiebigkeit und der Vorrat an Wasser einen grofsen Unterschied. Die Gefährdung durch wilde Tiere oder Menschen ist gleichfalls in Betracht zu ziehen. Für das Gewicht der Strafe ist also die Natur des Deportationsorts von entscheidender Bedeutung.

So mannigfach sie aber auch in ihren Formen wechselt, wesentlich ist die Deportationsstrafe stets:

> eine Freiheitsstrafe, welche durch zwangsweise Verschickung des Verurteilten nach einem entfernten, aufserhalb des Heimatlandes belegenen Orte und Internierung des Verschickten daselbst vollzogen wird.

Im folgenden soll zuerst ein Überblick über die Deportationsstrafe bei den Römern gegeben werden, welche der Strafe ihren Namen gegeben haben, und deren Gesetze zum Teil bei den romanischen Völkern vorbildlich geblieben sind.

Im Anschlufs hieran soll die Geschichte und gegenwärtige Gestalt der Deportationsstrafe in Frankreich, Spanien und Portugal dargestellt werden.

Ferner ist auf die Deportationsstrafe in Rufsland einzugehen, wo sie eigenartig entwickelt ist, und auch die englische Deportation kurz zu schildern. Die letztere hat zwar in v. Holtzendorff, de Blosseville und Foinitzki bereits ihre Geschichtschreiber gefunden und gehört nur noch der Vergangenheit an, aber ihre Geschichte ist eine Fundgrube des

Wissenswerten für jeden, der die praktische Anwendbarkeit dieser Strafe zu prüfen hat.

Die Deportation in Britisch-Indien, ein nachgeborener Sprofs der englischen, ist nicht mit Stillschweigen zu übergehen; denn sie hat zur Begründung einer der gröfsten Strafkolonien der Welt geführt.

Am besten juristisch geordnet ist die Deportation in Frankreich. Alle Arten der Strafverschickung, politische und gemeine, mit und ohne Arbeitszwang, mit und ohne Kolonisation, sind im französischen Recht zu finden. Da das Deportationswesen Frankreichs aufserdem in Deutschland noch keine vollständige Darstellung gefunden hat, ist dasselbe hier am ausführlichsten behandelt worden, zumal es, neben der russischen Deportation nach Sibirien, allein europäische Bedeutung hat.

Nachdem Voraussetzungen und Wirkungen der Deportation in den verschiedenen Staaten festgestellt sind, können erst die allgemeinen Schlufsfolgerungen aus dem beigebrachten Material auf die praktische Anwendbarkeit der Deportationsstrafe in den deportierenden, wie in anderen Staaten gezogen werden. Hierzu ist der zweite und dritte Teil des Werkes bestimmt, in welchem namentlich auch für Deutschland die in jüngster Zeit hervorgetretene Frage, ob deportiert werden kann und soll, ihre Beantwortung finden wird.

# I. Die Deportation der Römer.

Während die Griechen nur die Verbannung — als gerichtliche Strafe und als politische Maſsregel nach Volksbeschluſs (ὀστρακισμός) — kannten [1]), hat sich in Rom aus der Verbannungsstrafe allmählich die Deportation entwickelt.

In gedrängter Kürze sei die historische Entwicklung hier wiedergegeben [2]).

## 1. Von der ältesten Zeit bis Sulla.

Von altersher hatten die Römer die sacratio capitis, die Ächtung wegen Beleidigung der Götter, welche den Verbrecher vogelfrei und rechtlos machte. Sie trat insbesondere bei Thätlichkeiten gegen sacrosancte Personen, Miſshandlung der Eltern, Unredlichkeit gegen Klienten und Grenzverrückung ein. In der Wirkung ähnlich war die weltliche aquae et ignis interdictio, die Verbannung durch Volksbeschluſs. Der römische Bürger war zwar seines Bürgerrechts sicher, es konnte ihm nicht aberkannt werden; „hoc iuris a maioribus proditum est, ut nemo civis Romanus aut libertatem aut civitatem possit amittere nisi ipse auctor factus sit.“ (Cicero, pro domo, 59.) Indessen konnte man ihn durch aquae et ignis interdictio zwingen, selbst das

---

1) Teisseire, La transportation pénale et la relégation (Paris 1893). p. 2. — Foinitzki, La transportation russe et anglaise (Paris 1895). p. 3—5.

2) Vgl. v. Holtzendorff, Die Deportation als Strafmittel (Leipzig 1859). S. 1—158. — Geib, Lehrbuch des Strafrechts, Bd. 1. S. 13, 54—61, 115—117. — Teisseire, p. 3—12. — Foinitzki, p. 5—27.

Staatsgebiet zu verlassen und damit sein Bürgerrecht aufzugeben. Denn unter „ignis“ ist auch das Herdfeuer, jedwedes Obdach, zu verstehen. (Interdictio tecti.) Der Verbannte (exul) verlor mit dem Bürgerrecht auch die privatrechtlichen iura civilia: die väterliche Gewalt, das Erbrecht, das Recht, durch römische Vertragsformen Eigentum zu erwerben; seine Ehe galt als gelöst.

Diese Verbannung mit Verlust der civitas war die Hauptstrafe der republikanischen Zeit für die schweren Verbrechen römischer Bürger. Die lex Cornelia de sicariis hatte für Mord, Totschlag und Giftmischerei nur die Strafe der aquae et ignis interdictio. Die Todesstrafe, welche bei parricidium und perduellio nach den 12 Tafeln statthaft war, wurde durch eine lex Pompeia für parricidium, durch eine lex Porcia für die anderen Fälle beseitigt und durch die Strafe der Verbannung ersetzt. Nur in besonders schweren Fällen des Verwandtenmords wurde gegen geständige Verbrecher ausnahmsweise die Todesstrafe vollzogen[1]).

Für leichte Strafen römischer Bürger wurden Geldstrafen verhängt.

Auch den schweren Strafen konnte jeder Bürger aus dem Wege gehen, indem er freiwillig Rom verliefs und sich aufserhalb Italiens ansässig machte. „Exilium non est supplicium, sed perfugium portusque supplicii.“ (Cicero, pro Caecina.)

## 2. Von Sulla bis Augustus.

Alle Schonung des Lebens römischer Bürger fiel fort mit den Proskriptionen des Marius und Sulla. Der politische Hafs und die eigene Sicherheit forderten eine Verschärfung der blofsen Verbannung. Cicero wurde nicht einfach aus Rom, sondern 468000 Schritt (80 Meilen) von Rom verbannt. Ein römischer Ritter, Lucius Lamia, Anhänger Ciceros, wurde vom Konsul Gabinius (58. v. Chr.) nach einer Insel verschickt. Es begann damit die Anweisung des Aufenthaltsorts für Verbannte. Seit Augustus wurde dies Regel. Nach der Mitteilung des Historikers Dio Cassius soll Augustus von seiner Gemahlin Livia bestimmt worden sein, statt der blutigen und Rachsucht erweckenden Hinrichtungen die mildere Strafe der Verbannung nach entfernten

---

[1]) Rein, Kriminalrecht der Römer (Leipzig 1844). S. 466—504.

und gut bewachten Orten zu wählen, welche genügende Sicherheit verhiefs. Dio Cassius überliefert auch ein Edikt des Augustus folgenden Inhalts:

„Es soll niemand, welchem Feuer und Wasser verboten worden, sich auf dem Kontinent betreffen lassen, noch auf irgend einer Insel, die nicht über 50 000 Schritt vom Festlande entfernt ist, ausgenommen Cos, Rhodos, Sardinien und Lesbos. Kein Verbannter soll von seinem Aufenthalt aus das Festland besuchen, noch auch ein Schiff von gröfserem Schiffsraum als 1000 Kubikfufs oder mit mehr als zwei Ruderbänken besitzen. — Niemand von ihnen soll mehr als 500 000 Sesterzien oder mehr als 20 Freigelassene zu seiner Verfügung haben, bei nachdrücklicher Strafe des Verbannten selbst und aller, welche ihm Hülfe leisten."

An die aquae et ignis interdictio knüpfte Augustus also Beschränkungen des Aufenthalts und Vermögens, welche den Übergang zur Deportation enthalten.

Fehlt hier noch die Internierung an einem vorgeschriebenen Orte, so führte Augustus durch die lex Julia de adulteriis et stupris die Verschickung nach einem von ihm zu bestimmenden Orte als Strafe des Ehebruchs ein. Dieselbe Mafsregel ergriff er ohne Richterspruch, kraft seines imperium, gegen politisch Verdächtige. Diese eigenmächtige Verschickung nach einem bestimmten Verbannungsorte wurde r e l e g a t i o genannt, zum Unterschiede von aquae et ignis interdictio und von exilium, welches letztere dem Verbannten die Wahl des Aufenthalts aufserhalb des abgegrenzten Gebiets freiliefs.

Geschichtlich berühmt sind die Verschickung der beiden Julien (Tochter und Enkelin des Augustus) nach Inseln des Mittelländischen Meeres (Pandataria und Planusia) und des Ovid nach Tomi am Schwarzen Meere. — O v i d war sich des Unterschiedes zwischen der strafrechtlichen aquae et ignis interdictio und der eigenmächtigen relegatio wohl bewufst, wie seine Worte beweisen:

„Quippe relegatus non exul dicor ab illo
Parcaque fortunae sunt tibi verba meae,"

und:

„Nec vitam nec opes nec ius mihi civis ademit
Ipse relegati non exulis utitur in me
Nomine." (Trist. V, 2, 61.)

Die relegatio zog also nicht ohne weiteres den Verlust der civitas nach sich.

Der Transport der Verbannten und ihre Bewachung am Aufenthaltsorte wurde von Augustus, wie Sueton meldet, näher geordnet und lag regelmäfsig den dazu befohlenen Soldaten ob.

## 3. Von Augustus bis Domitian. Entstehung der deportatio.

Aus einer Vereinigung der aquae et ignis interdictio mit der relegatio entsprang die spätere deportatio.

Das wesentliche Strafübel bei der aquae et ignis interdictio war der Verlust der civitas gewesen. Diese Strafe mufste ihre Wirkung verlieren, als durch das Kaisertum das aktive Bürgerrecht ohnehin seine Bedeutung einbüfste. Nach der grofsen Zunahme des Wohlstandes und der Gesittung in den Provinzen war der Aufenthalt in Provinzialstädten nicht mehr unangenehm und bot sogar mehr persönliche Sicherheit als in Rom selbst. Caracalla gab schliefslich allen Provinzialen das römische Bürgerrecht. Damit hatte der rechtliche Unterschied vollends sein Ende erreicht.

Nunmehr mufsten andere Strafübel verhängt werden. Den Verbannten wurde ein möglichst trauriger Aufenthaltsort angewiesen. Ihr Vermögen wurde konfisziert. Die Kaiser liefsen beides nicht nur durch Senatsbeschlufs bei crimen stupri eintreten, sondern auch durch eigenes Dekret, zur Vernichtung politischer Gegner und zur Befriedigung der eigenen Habgier. Titus verschickte wenigstens auch die delatores, gewerbsmäfsige Ankläger, bei falschen Anschuldigungen, — eine rühmliche Ausnahme. Besonderen und im allgemeinen gerechten Gebrauch von der Deportation machte auch Hadrian, der mehrere Reskripte bezüglich derselben erliefs, um ihr festere Normen zu geben.

Seit Tacitus findet sich die Bezeichnung „deportare“ für Verbannung nach bestimmten Orten. Cicero spricht nur von „mittere in exilium“, „amovere a patria“ und einmal, als er die Verschickung des Lucius Lamia (epist. ad divers. II, 16) erwähnt, von „relegare“, welcher Ausdruck seit Augustus üblich wurde. Zwischen exules, relegati und deportati wurde nicht scharf unterschieden, da das Dekret des Kaisers als Inhabers der höchsten Strafgewalt gleich einem Urteil galt.

Zum Deportationsort wurden regelmäfsig Inseln bestimmt. Die Überführung dorthin erfolgte unter militärischer Begleitung.

Seit Domitian wurde die Strafe der Vermögenskonfiskation, welche vorher besonders ausgesprochen zu werden pflegte, gesetzliche Folge der Deportation.

## 4. Das Zeitalter der klassischen Juristen. Deportatio und Relegatio als besondere Strafen[1]).

Die klassischen Juristen, Ulpian, Paulus, Marcian und Pomponius, unterscheiden die deportatio als eine an Stelle der aquae et ignis interdictio getretene Kapitalstrafe von der relegatio als leichteren Strafe. Als gemeinsame Bezeichnung beider Strafen dient ihnen das Wort exilium, während „exilium liberum" die blofse Verbannung bezeichnet. Statt „deportatio" wird häufig auch „proscriptio" gesetzt.

### a. Deportatio.

Die deportatio war die lebenslängliche, mit Verlust der Civität verbundene Verschickung nach einer entlegenen Insel[2]). Mit dem römischen Bürgerrecht erloschen alle darauf beruhenden Privatrechte, es trat eine „capitis diminutio magna" ein: Eherecht und väterliche Gewalt, Vormundschaft und Patronat, testamenti factio activa und passiva fielen fort. Das Vermögen des deportatus ging mit der Rechtskraft des Urteils auf den Fiskus über. Nur ein Teil der Güter, nicht einmal eine feste Quote, pflegte den Kindern des Verurteilten mit Rücksicht auf deren Noterbrecht belassen zu werden[3]). Dem Deportierten blieb nur die libertas — er wurde nicht Sklave — und das ius gentium, d. h. die Fähigkeit, durch formlose Verträge, wie Kauf, Tausch, Miete, zu erwerben und veräufsern; indessen fiel bei seinem Tode alles Erworbene wieder dem Fiskus anheim.

Die Dauer der deportatio war stets eine lebenslängliche[4]). Doch war Begnadigung (restitutio) nicht selten. In den ersten

---

[1]) Hauptquelle: lib. 48 tit. 22D de interdictis et relegatis et deportatis; — lib. 48 tit. 19D de poenis; — lib. 48 tit. 20 de bonis damnatorum.

[2]) Ulp. l. 14D 48, 22. Marcian, l. 15 eod.

[3]) Paulus, l. 7 D 48, 20.

[4]) Pomponius, l. 17 D 48, 22. „Deportatio autem non fit ad tempus."

beiden Jahrhunderten suchten die römischen Kaiser — auch Nero und Caracalla — durch Zurückberufung der Deportierten sich bei Beginn ihrer Regierung beliebt zu machen.

Gründe der Verurteilung zur deportatio waren: crimen maiestatis, Mord, Totschlag, Menschenraub, Brandstiftung, Fälschung, Amtsbestechung, Pekulat, Sakrileg, vis publica, Ehebruch und Verführung zur Unzucht.

Bei Ehebruch führten die christlichen Kaiser später Todesstrafe ein. Bei Sakrileg, Pekulat, Amtsbestechung und Menschenraub stand die Todesstrafe wahlweise neben der deportatio.

Straforte waren die kleinen Felseninseln der italienischen und sizilischen Küste (Pandataria, Planusia, Ponza, Trimerus) und die Inseln des griechischen Meeres. Als bessere galten die grofsen und gut kultivierten, wie Kreta, Rhodos, Cypern, Naxos, Cythera. Gefürchtet waren wasserlose Felsen wie Gyaros und die kleinen unkultivierten Eilande wie Pathmos (Verbannungsort des Evangelisten Johannes), Amorgos, Scyros. („Asperrimae insulae.“) Auch Korsika und Sardinien waren wegen ihres rauhen und ungesunden Klimas und ihrer wilden Bewohner berüchtigt. Nach Sardinien verschickte Tiberius 4000 Christen, über deren Deportation Tacitus (ann. 3, 85) mit folgenden die Denkungsart der Römer kennzeichnenden Worten berichtet:

> „Actum de sacris Aegyptiis Judaicisque pellendis factumque patrum consultum, ut quatuor milia libertini generis ea superstitione infecta, quis idonea aetas, in insulam Sardiniam veherentur, coercendis illis latrociniis, et si ob gravitatem coeli interissent, vile damnum!“

In Ägypten wurde nach der Insel Gypsos oder nach Oasen der libyschen Wüste deportiert, welche letzteren dieselbe Sicherheit gegen Fluchtversuche zu bieten schienen als Inseln im Meere [1]).

Die Bestimmung des Ortes hing vom Kaiser ab. Daher war den praesides provinciae das Recht, zu deportieren, entzogen. Sie hatten nach dem Erlafs des auf deportatio lautenden Urteils an den Kaiser zu berichten, dessen Reskript erst die Rechtskraft herbeiführte. Nur die in unmittelbarer Nähe des Kaisers thätigen höchsten Beamten, der praefectus urbi und der praefectus praetorio, hatten das Deportationsrecht selbständig.

---

[1]) Ulpian, l. 7 § 4 D 48, 22.

Es hing also vom Willen des Kaisers ab, dem Verurteilten ein erträgliches Leben zu sichern oder ihn einem sicheren Tode entgegenzusenden.

Vollzogen wurde die Deportation durch vorläufige Bewachung oder Einsperrung des Verurteilten bis zum Reskript des Kaisers und demnächst folgenden Transport auf einem Staatsschiffe[1]). Am Bestimmungsorte blieb der Deportierte sich selbst überlassen. Der Staat wendete keine Mittel für seinen Unterhalt auf, sondern sorgte nur für Bewachung, wo solche etwa nötig schien. Ein Almosen zur Befriedigung der notwendigsten Lebensbedürfnisse war alles, was dem Deportierten belassen wurde. Er blieb an den gröfseren Deportationsorten unter Aufsicht der Garnisonbehörde.

Nach dem Stande des Verurteilten richtete sich damals die Strafart. Die deportatio war eine Strafe, die nur Angehörige der höheren Stände traf (honestiores), wie Senatoren, Ritter, Dekurionen. Für die humiliores wurde die poena metalli oder operis metalli verhängt (Zwangsarbeit in den Bergwerken).

### b. Relegatio.

Auch die relegatio war Verschickung des Verurteilten nach einem entfernten Orte zum Zwangsaufenthalte, aber sie zog nicht den Verlust der Civität nach sich: der relegatus blieb römischer Bürger und behielt sein Vermögen, wenn es nicht durch besonderen Urteilsspruch konfisziert wurde. Die relegatio war keine Kapitalstrafe.

Ferner mufste sie nicht notwendig auf Lebenszeit, sondern konnte auf bestimmte Zeit ausgesprochen werden, von 6 Monaten bis zu 10 Jahren gewöhnlich.

Gründe der relegatio waren leichtere Vergehen, namentlich crimina extraordinaria, die nicht nach den alten Strafgesetzen, sondern nach späterem Recht bestraft wurden: Diebstahl, Hehlerei, Plünderung bei gemeiner Not, Fälschung von Mafs und Gewicht, Abtreibung, Stellionat.

Strafort war in den schwereren Fällen eine Insel, in leichteren eine Stadt oder ein ganzes Land. Sizilien und Afrika waren nur für relegatio bestimmt, nicht für deportatio. Von den Inseln wurden nur die günstigeren den relegati zugewiesen.

---

[1]) Ulpian, l. 7 § 1 D 48, 22; l. 6 § 1 eod.

Doch konnten sie auch an solche Orte kommen, wo sich deportati befanden.

Der Stand des Verurteilten war auch für die relegatio mafsgebend, sie war für honestiores reserviert. Die humiliores wurden wegen gleicher Vergehen zu körperlicher Züchtigung oder zu Zwangsarbeit (damnatio in opus publicum) verurteilt.

Entweichung wurde bei deportatio mit dem Tode bestraft, bei relegatio mit deportatio, wenn relegatio in insulam bestand, und mit lebenslänglicher Strafzeit, wenn die relegatio eine zeitweilige war[1]).

## 5. Die spätere Kaiserzeit.

Unter den christlichen Kaisern kam die Todesstrafe, die vorher gegen honestiores seltener angewendet wurde, wieder mehr in Gebrauch. Die deportatio wurde mit Vorliebe gegen Geistliche, gegen Sektierer und Ketzer verhängt. Der Unterschied von deportatio und relegatio verschwand in der Weise, dafs die deportatio auch bei geringfügigen Vergehen (gegen die Kleiderordnung, Postordnung, Schiffahrtsordnung) auf Zeit verhängt wurde. Die Vermögenskonfiskation wurde eingeschränkt; der Fiskus erhielt nur noch die Hälfte des Vermögens des Verurteilten, aufser bei crimen maiestatis, dem Verurteilten selbst blieb $^1/_6$ des Vermögens überlassen. Als Straforte wurden häufig feste Plätze gewählt.

Justinian erwähnt die Verschickung nach Sebasteia und Pityusa, asiatischen Städten am Schwarzen Meere, und in novella 134 unter dem Namen „proscriptio" die Einsperrung von Frauen in ein Kloster zur Bestrafung für deportationswürdige Verbrechen. Die Konfiskation beschränkte er auf den Fall, wenn der Verurteilte weder Descendenten, noch Ascendenten bis zum 3. Grade hätte; doch beliefs auch er es bei den alten Gesetzen beim crimen maiestatis.

## 6. Schlufs.

Die Geschichte der römischen Deportation umfafst 5 Jahrhunderte mit sehr verschiedenen Anschauungen. Ursprünglich politische Mafsregel, diente sie zwar auch später zur Vernichtung

---

[1]) Marcian l. 4 D 48, 19.

politischer Gegner des Kaisertums, aber sie wurde auch ordentliche gerichtliche Strafe für gemeine Verbrechen der honestiores. Anfangs die Todesstrafe zurückdrängend, wurde sie später selbst von der Todesstrafe in den schwersten Fällen verdrängt und dehnte sich dafür auf leichtere Vergehen aus.

Ein befriedigendes System ist in ihr niemals zu finden. Ihre gröfsere oder geringere Strenge hing ganz vom Kaiser ab, der den Strafort wählte. Sie war ungerecht, weil sie grofse Verbrechen, wie Mord, mit kleinen, wie öffentliche Gewaltthätigkeit, gleichstellte, und sie war im ganzen verwerflich, weil sie die Verbrecher höheren Standes bevorzugte. Die römische Deportation ist nichts anderes als eine auf politischen Gründen beruhende Klassen-Justiz.

Die Absicht, durch Verbrecher Kolonien zu gründen, lag den Römern ganz fern. Sie zogen wohl in Notfällen auch Deportierte zu öffentlichen Arbeiten heran, im übrigen aber waren die Deportierten zur Arbeit nicht gezwungen. — Zweck der Deportation war nur die Sicherung des Staates und die Abschreckung des Verbrechers; Besserungs- und Kolonisationszweck ist ihr fremd. Zur Ausführung von Kolonisationsarbeiten benutzten die Römer die Arbeitskraft der in den Provinzen befindlichen Sträflinge, die „in opus publicum“ verurteilt waren; ihnen sind die grofsartigen Wege- und Wasserleitungsbauten der Römer zum Teil zu verdanken. Aber diese Zwangsarbeits-Sträflinge wurden weder deportiert, noch angesiedelt, sondern nur im Notfalle aus einer Provinz in die andere verschickt, je nach Raum und Bedarf.

# II. Die Deportation in Frankreich.

## I. Geschichtliche Darstellung.

In der Anwendung der Deportation als Strafe folgten die romanischen Völkerschaften, Spanier, Portugiesen und Franzosen, den Römern. Sie entnahmen dem römischen Rechte nicht nur die Worte deportatio und relegatio, sondern auch manche Rechtsfolgen dieser Strafen.

### 1. Französische Deportation bis zum 19. Jahrhundert [1]).

Frankreich schickte zuerst im Jahre 1540, unter Franz I., Verbrecher zur Ansiedlung nach Kanada. Im Jahre 1650 wurden den entlassenen Soldaten, die sich in Kanada angesiedelt hatten, eine grössere Anzahl von öffentlichen Dirnen als Frauen zugesandt, welche sämtlich binnen 14 Tagen nach ihrer Ankunft verheiratet waren. In den Jahren 1684 und 1719 wurden Prostituierte, Vagabunden und Verbrecher nach Louisiana geschafft, wo sie an den südlichen Ufern des Mississippi sich selbst überlassen wurden [2]).

Sehr schlimm endete die Deportation von 15000 Bettlern, welche der Minister de Choiseul unter Ludwig XV. 1763 nach Guyana an die Ufer des Kourou schickte: 12000 von ihnen starben in kurzer Zeit. Der Versuch hatte 20 bis 30 Millionen Francs gekostet, ohne irgend welchen Nutzen zu bringen.

---

[1]) Vgl. Teisseire, La transportation pénale et la relégation (Paris 1893). p. 56—61. v. Holtzendorff, Deportation, S. 397—403.

[2]) Hieran erinnert die bekannte Novelle von Prévost: Manon Lescaut.

In demselben Jahre verschickte man eine Anzahl mifsliebiger junger Männer nach der kleinen Insel Désiderade bei Guadelupe [1]).

Alle diese Versuche blieben vereinzelt und ohne Nachwirkung. Erst mit der Revolutionszeit begann System in die Deportation zu kommen.

Der code pénal vom 25. September 1791 drohte rückfälligen Verbrechern Deportation an, und zwar als Zusatzstrafe beim zweiten Verbrechen (crime). Ein Dekret vom 24. Vendémiaire des Jahres II (1793) erklärte „transportation" für anwendbar gegen Bettler und Vagabunden. Aber diese Gesetze kamen nicht zur Ausführung, weil es an einem Deportationsort fehlte. Zwar für die Bettler hatte ein Dekret vom 11. Brumaire II Madagaskar (Fort Dauphin) bestimmt. Aber der Krieg mit England machte die Verschickung dorthin unmöglich.

Sodann wurde die Deportation ein Mittel zur Beseitigung politischer Gegner der Revolution. Ein Dekret vom 12. März 1793 („loi des suspects") ordnete sie gegen die Mitglieder der königlichen Familie an, ferner gegen Priester, die den Eid auf die Verfassung verweigerten, und endlich gegen alle, welche „durch bürgerfeindliche Gesinnung Anlafs zu Unruhen gaben". Zum Straforte wurde Cayenne ausersehen. Dorthin wurden im Jahre 1797 thatsächlich 500 politisch Verdächtige — Priester, Deputierte, Journalisten — geschickt und bei Sinnamarie an dem gleichnamigen Flusse interniert; einigen gelang die Flucht, die anderen kamen binnen kurzem durch Krankheit und Elend um [2]). — Den weiteren Transport nach Cayenne machte Englands Flotte unmöglich. Deshalb wurden durch Gesetz vom 17. Januar 1799 die Inseln Ré und Oléron an der französischen Küste zu Deportationsorten bestimmt, ohne jedoch hierzu in Wirklichkeit benutzt zu werden. — Im Jahre 1800 versuchte ein französisches Transportschiff 130 Deportierte auf den Seÿchillen zu landen. Aber die Eingeborenen widersetzten sich der Landung, und das Schiff ging im Kanal von Mozambique zu Grunde.

## 2. Von 1800 bis 1848.

Während dieser fruchtlosen Versuche mit der Deportation ging die Revolutionszeit ihrem Ende entgegen. Napoleon I.

---

[1]) Cor, La Transportation (Paris 1895). p. 16.

[2]) v. Holtzendorff, S. 534.

folgte jedoch der gegebenen Anregung. Gleich den römischen Kaisern wählte er die Deportation als Mittel zur Beseitigung politischer Verbrecher. Der Art. 17 des code pénal von 1810 bestimmt:

„La peine de la déportation consiste à être transporté et à demeurer à perpétuité dans un lieu déterminé par le gouvernement hors du territoire continental de la France."

Nach Art. 18 war damit die Nebenstrafe des bürgerlichen Todes (mort civile) verbunden.

Indessen fehlte nach wie vor der Deportationsort. Auch nach Beendigung des Krieges mit England wurden die zu Deportation Verurteilten nicht aufser Landes geschafft, sondern in die Gefängnisse Mont St. Michel und Doullens. Im ganzen wurde die Strafe der déportation 111 mal in den ersten acht Jahren nach Einführung des code pénal ausgesprochen, ohne dafs Napoleon Gelegenheit gehabt hätte, seinen Ausspruch[1]):

„que le meilleur système pénitentiaire serait celui qui consisterait à purger l'ancien monde en en peuplant un nouveau" — in der Wirklichkeit zu prüfen.

Noch im Jahre 1821 (17. April) verkündete der „Moniteur"[2]):

„Le gouvernement se trouve fort embarrassé n'ayant pas de lieux de déportation. Les possessions françaises, qui auraient pu convenir à cet objet, présentent ou un sol malsain ou un sol trop ardent pour permettre de le cultiver, de sorte qu'on aurait envoyé les déportés, sinon à une morte certaine, du moins à un état de misère affreux."

So lange nicht eine Kolonie zur Verbüfsung der Deportationsstrafe gesetzlich bestimmt sei, sollte diese, nach den Gesetzen vom 28. April 1832 und 9. September 1835, in einem Gefängnis Frankreichs verbüfst werden.

Bei dieser Vorschrift blieb es bis zum Jahre 1848.

### 3. Von 1848 bis 1870.

Im Jahre 1848 wurde durch Art. 5 der Constituante die Todesstrafe für politische Verbrecher abgeschafft, ferner durch Gesetz vom 8. Juni 1850 auch die Nebenstrafe des bürger-

---

1) Teisseire, p. 64.

2) v. Holtzendorff, S. 407 Anmerkung.

lichen Todes beseitigt. Dasselbe Gesetz ordnete die Deportation dahin, dafs in den schwereren Fällen politischer Verbrechen Verschickung „dans une enceinte fortifiée“ eintreten sollte, einschliefslich der bisher mit Todesstrafe bedrohten Verbrechen. Als Strafort wurde die zur australischen Marquesas-Gruppe gehörige Insel Nukahiwa bestimmt. In den leichteren Fällen sollte die „déportation simple“ nach der zur gleichen Gruppe gehörigen Insel Tahuata stattfinden, wo die Deportierten im Thale Vaïthau interniert, aber im übrigen frei leben sollten.

Auch diese déportation blieb unausgeführt bis auf ein einziges Strafurteil, welches durch Transport von drei politischen Verbrechern nach Nukahiwa im Dezember 1851 vollzogen wurde. Die geringe Zahl der politischen Verbrecher schlofs die Anwendung im übrigen aus. Auch bei den drei erwähnten Personen wurde die Strafe in Verbannung umgewandelt[1]).

War bis dahin die déportation gesetzliche Strafe für politische Verbrechen, so begann Napoleon III. sie ohne Gesetz als Sicherheitsmafsregel (mésure de sûreté générale) gegen politische Feinde zu verwenden. Die Teilnehmer der Juli-Revolution von 1848 liefs er nach Algier bringen und dort — etwa 500 Mann — bei Lambessa unter militärischer Bewachung auf Staatsländereien arbeiten. Sein dieses anordnendes Dekret vom 27. Juni 1848 liefs er durch Gesetz vom 24. Januar 1850 bestätigen und ergänzen. Weiter jedoch hielt er die gesetzliche Form nicht mehr für notwendig. Durch Dekret vom 8. Dezember 1851 bestimmte er eigenmächtig Cayenne zum Deportationsort neben Algier. Nach einem dieser Straforte sollten Mitglieder geheimer Gesellschaften verschickt werden, ferner Verbannte und polizeilich Beaufsichtigte, die sich eines Bannbruchs schuldig machten; Flucht oder Fluchtversuch in Algier sollte Verschickung nach Cayenne zur Folge haben. Die Deportierten waren zur Zwangsarbeit verpflichtet. Durch Dekrete vom 28. März 1852, 31. Mai 1852 und 29. August 1852 wurden diese Vorschriften gegen die Teilnehmer am Dezember-Aufstande von 1851 zur Anwendung gebracht. — Nach einem Gesetz vom 27. Februar 1858 (loi de sûreté générale) war allen aus politischen Gründen Internierten oder Verbannten Deportation nach Algier oder Cayenne angedroht, wenn sie bannbrüchig würden.

---

[1]) v. Holzendorff S. 565.

Neben der politischen déportation durch Gesetz und Verwaltungsmafsregel führte Napoleon III. auch für gemeine Verbrechen die Verschickung nach den Kolonien als Strafmittel ein.

Der code pénal hatte für gemeine Verbrechen schwerster Art nächst der Todesstrafe in 51 Fällen „travaux forcés“ als schwerste Strafe. Die travaux forcés werden entweder auf Lebenszeit oder für 5—20 Jahre verhängt und hatten ursprünglich auch Brandmarkung und mort civile zur Folge. Männliche Verbrecher verbüfsten ihre Strafe, welche nach dem Gesetz (a. 15 c. p.) in härtester Zwangsarbeit der Verurteilten mit Ankettung zu zwei und zwei oder mit einer Eisenkugel (boulet) an den Füfsen bestehen sollte, in den Bagnos. Die verurteilten Weiber wurden in ein Zuchthaus (maison de force) gebracht.

Die Bagnos lagen sämtlich in den Hafenstädten Frankreichs (Brest, Toulon, L'Orient, Rochefort). Die zu travaux forcés Verurteilten (forçats) wurden dort mit gemeinschaftlichen Hafen-, Arsenal- und Magazinarbeiten, meist mit Arbeit im Freien, beschäftigt. Infolge der Gemeinschaft und der Bewegung im Freien lebten sie bequemer und gesünder als in den Zuchthäusern, wo sie im Inneren des Gebäudes eingesperrt gewesen wären. Die Arbeit war zum Teil nicht anstrengend und wurde in langsamem Tempo verrichtet. Die Disciplin war locker, die gegenseitige Verderbnis grofs. Die Ketten wurden meist während der Arbeit abgelegt. Die Leistungen der Bagnos für den Staat waren gering, ihre Kosten hoch.

Diese Übelstände und die Wahrnehmung, dafs die aus den Bagnos Entlassenen fast stets rückfällig wurden, erweckten in Frankreich so lebhafte Abneigung gegen die Bagnos, dafs schon im Jahre 1819 und 1847 ihre Abschaffung und Ersetzung durch Deportation oder Zuchthäuser mit Einzelhaft in Frage stand. Nachdem die englische Deportation in Australien geglückt war, kam Napoleon III. nur der öffentlichen Meinung entgegen, indem er, damals Präsident der Republik, in seiner Botschaft vom 12. November 1850 erklärte:

„Six mille condamnés renfermés dans nos bagnes grèvent notre budget d'une charge énorme et menacent incessamment la société. Il a semblé possible de rendre la peine des travaux forcés plus efficace, plus moralisatrice, moins dispendieuse et en même temps plus humaine, en utilisant aux progrès de la colonisation française.“

In diesen gut gewählten Worten liegt das Programm der französischen Deportation.

Durch Dekret vom 27. März 1852 wurde die Schliefsung der Bagnos für die Zukunft und der Transport der Bagno-Sträflinge nach Cayenne angeordnet, soweit sie sich freiwillig dazu meldeten. Da man ihnen Befreiung von den Ketten, nach zweijähriger guter Führung Landanweisungen und den Ledigen Verheiratung in Aussicht stellte, das verderbliche Klima Cayennes aber ihnen nicht bekannt war, so meldeten sich in den damals noch allein bestehenden Bagnos zu Brest, Toulon und Rochefort sofort 3000 Sträflinge zur Überfahrt nach Guyana, wo der erste Transport von Sträflingen (311 auserlesene forçats aus den Bagnos von Brest und Rochefort) mit dem Schiff „Allier“ am 10. Mai 1852 eintraf.

Wie sehr das Dekret vom 27. März 1852 mit den Wünschen der Bevölkerung Frankreichs übereinstimmte, geht daraus hervor, dafs bereits zwei Jahre später ein fast gleichlautendes Gesetz im Corps legislatif mit allen gegen 3 Stimmen zur Annahme gelangte: das Gesetz vom 30. Mai 1854 (loi sur l'exécution de la peine des travaux forcés).

Der Art. 1 dieses Gesetzes lautet:

„La peine des travaux forcés sera subie à l'avenir dans les établissements créés par décret de l'empereur sur le territoire d'une ou de plusieurs possessions françaises autres que l'Algérie.“

In Art. 2 wird der Inhalt der Strafe dahin bestimmt:

„Les condamnés seront employés aux travaux les plus pénibles de la colonisation et à tous autres travaux d'utilité publique.“

Ketten und Kugel wurden nur noch als Disciplinarmittel aufrecht erhalten; die Strafe des bürgerlichen Todes, welche für die politische déportation bereits durch das Gesetz vom 8. Juni 1850 beseitigt, wurde für die forçats durch Gesetz vom 31. Mai 1854 ebenfalls aufgehoben und durch dégradation civique und interdiction légale ersetzt.

Für Frauen war die Verschickung nach den Kolonien nicht vorgeschrieben, sondern nur zugelassen, sie konnten ihre Strafe in den maisons centrales Frankreichs verbüfsen, und dieses wurde die Regel.

Die Wahl des Deportationsortes war sowohl im Dekret, wie im Gesetz der Regierung überlassen worden. Diese schwankte anfangs zwischen Guyana und Neukaledonien, entschied sich aber für Guyana (Dekret vom 16. April 1852), weil Neukaledonien zu weit entfernt schien und daher zu hohe Transportkosten, auch Schwierigkeiten in der Verpflegung und Gefahren bei einer etwa notwendigen Verteidigung im Kriegsfalle besorgen liefs.

Da das Gesetz vom 30. Mai 1854 sich rückwirkende Kraft für die vorher erfolgten Verurteilungen zu travaux forcés beigelegt hatte, so konnte die Deportation nach Guyana, die man, zum Unterschiede von der politischen „déportation", „transportation" nannte, sogleich im grofsen Mafsstabe vor sich gehen. Unter der Angabe, dafs es sich nur um einen besseren Strafvollzugsmodus für travaux forcés handle, führte Frankreich eine neue Strafart ein, die Deportation gemeiner Verbrecher. Von 1852 bis 1866 waren 13400 forçats nach Guyana transportiert[1]).

Bekanntlich räumte aber der Tod in Guyana so gewaltig unter den wehrlosen Scharen der Sträflinge auf, dafs Napoleon selbst sich veranlafst sah, Abhülfe zu schaffen. Neukaledonien, im Jahre 1852 verschmäht, wurde jetzt, durch Dekret vom 2. September 1863 zum zweiten Deportationsort bestimmt. Seit 1867 wurden die weifsen forçats ausschliefslich nach Neukaledonien geschickt, während nach Guyana nur Araber aus Algier, sowie Indianer, Neger und Chinesen aus Guadeloupe, Martinique und Réunion deportiert wurden.

In Neukaledonien traf der erste Sträflingstransport am 9. Mai 1864 ein. Bis Ende 1882 waren bereits 14099 Personen dorthin verschickt[2]).

Die Zahl der politischen Deportierten, welche während der Regierung Napoleons III. nach Guyana deportiert waren, betrug etwa 1200[3]).

---

[1]) Bericht des Admirals Rigaux de Genoully für den internationalen Gefängniskongrefs zu London. (Vgl. Blätter für Gefängniskunde, Bd. 21, S. 121.)

[2]) De Lanessau, L'expansion coloniale de la France (Paris 1886). p. 649—675.

[3]) Bertheau, De la transportation des récidivistes incorrigibles (Paris 1882). p. 54 f.

## 4. Von 1870 bis zur Gegenwart.

Die Ereignisse der Jahre 1870/71 hatten den Sturz des Kaiserreichs und die Erhebung der Kommune in Paris zur Folge. Die Regierung der nationalen Verteidigung hob sofort die politischen Dekrete Napoleons und sein „loi de sûreté générale" auf. Die noch vorhandenen 563 politischen Deportierten wurden in Freiheit gesetzt. Dagegen mufste die gesetzliche déportation nach dem code pénal gegen die Communards zur Anwendung gebracht werden[1]). An Stelle der Marquesas-Inseln, welche keinen Raum boten, wurde durch Gesetz vom 23. März 1872 die Halbinsel Ducos in Neukaledonien zur Verbüfsung der „déportation dans une enceinte fortifiée" und die Insel Pins, im Notfalle auch die Insel Maré (beide zu Neukaledonien gehörig) zur Verbüfsung der déportation simple bestimmt. Von den forçats wurden die politischen Deportierten in Neucaledonien ganz getrennt gehalten, im übrigen wurde ihre Lage durch ein Gesetz vom 25. März 1873 näher geordnet.

All dies hat jetzt nur noch historische Bedeutung. Denn sämtliche politischen Deportierten sind durch ein Amnestie-Gesetz vom 11. Juni 1880 in Freiheit gesetzt und zurücktransportiert worden.

Gegenwärtig giebt es nur einen politischen Deportierten, den Kapitän Dreyfus[2]). Der Landesverrats-Prozefs gegen ihn hat Veranlassung zu einem besonderen Gesetz vom 9. Februar 1895 gegeben, dessen einziger Artikel lautet[3]):

> „La presqu'île Ducos dans la Nouvelle-Calédonie et les îles du Salut sont déclarés lieux de déportation dans une enceinte fortifiée."

Dieses Gesetz hat gegen Dreyfus bereits Anwendung gefunden. Er verbüfst seine Strafe auf der zu den îles du Salut vor Cayenne gehörigen „île du Diable".

Während so die „déportation" fast aufser Gebrauch kam, wurde die Verschickung gemeiner Verbrecher erweitert. Der letzte Bagno (Toulon) wurde 1874 geschlossen. Mehr als 3000 schwere Verbrecher waren bis 1885 nach den beiden Straf-

---

[1]) Vgl. Dalloz Supplément, Bd. 12 (1873), s. v. „Peine" Nr. 621 f.

[2]) Cor, La transportation, p. 44.

[3]) Journ. offic., 1895, v. 12. Febr.

kolonien transportiert worden. Dennoch mehrte sich in Frankreich die Zahl der Verbrechen und namentlich auch der schweren Verbrechen seit 1852 in beunruhigendem Maſse. Man schrieb dies nicht mit Unrecht der wachsenden Zahl der Rückfälligen (der récidivistes) zu, die sich an den schweren Verbrechen in erster Linie beteiligten. Unter den Insassen der maisons centrales (Zuchthäuser) waren im Jahre 1880 87 % vorbestraft, unter den wegen „crimes" Verurteilten:

1850: 28 %,
1869: 42 „
1879: 50 „
1885: 53 „

unter den wegen „délits" Verurteilten:

1851—55: 21 % } im Jahresdurch-
1881—85: 44 „ } schnitt[1]).

Eine Reihe aufsehenerregender Verbrechen brachte die Bevölkerung geradezu in Aufruhr gegen die Recidivisten. Politiker und Journalisten, wie Joseph Reinach, dessen Schrift „Les récidivistes" (Paris 1885) besondere Beachtung fand, waren darüber einig, daſs nur die Deportation der récidivistes gegen die übermäſsige Zunahme der Verbrechen etwas helfen könne. Diese Ansicht wurde so volkstümlich[2]), daſs eine groſse Zahl von Petitionen an die gesetzgebenden Körperschaften mit Millionen von Unterschriften, zahlreiche Beschlüsse von Generalräten und Stadtverordneten-Versammlungen und viele politische Wahlprogramme die Verschickung der rückfälligen Verbrecher nach den Kolonien forderten. Unter dem Drucke der öffentlichen Meinung legte die Regierung im Jahre 1882 einen Gesetzentwurf vor, der dem allgemeinen Verlangen entsprach, aber nicht zur Annahme gelangte, weil seine Durchberatung sich verzögerte. Bald darauf jedoch, da Presse und Wähler drängten, kam das Gesetz vom 27. Mai 1885 (sur la relégation des récidivistes) zu stande.

---

[1]) Bertheau, l. c., p. 3.

[2]) Vgl. Garraud, Bericht in v. Liszts Zeitschr. für Strafrechtswiss. Bd. 3, S. 152, 153; André, La récidive (Paris 1892), p. 49; Dalloz, jurisprudence générale, Supplém. (Bd. 15, Paris 1895). s. v. „Récidive" Nr. 101.

Dasselbe führte für die rückfälligen Verbrecher (récidivistes) die neue Zusatzstrafe der relégation ein. Art. 1 des Gesetzes lautet:

„La relégation consistera dans l'internement perpétuel sur le territoire de colonies ou possessions françaises des condamnés que la présente loi a pour objet d'éloigner de la France."

Zur relégation bestimmt sind nach Art. 4 folgende vier Klassen von Verbrechern, die in den letzten zehn Jahren vor ihrer letzten Verurteilung mit Einrechnung dieser verurteilt sind:

1. Zweimal zu travaux forcés oder réclusion (Zuchthaus).
2. Dreimal, und zwar einmal zu travaux forcés oder réclusion und zweimal zu Gefängnis (emprisonnement) wegen crime oder wegen eines der 7 im Gesetz benannten délits:
   vol (Diebstahl) — escroquerie (Betrug) — abus de confiance (Untreue) — outrage public à la pudeur (öffentl. Verletzung der Schamhaftigkeit) — excitation habituelle des mineurs à la débauche (Verführung Minderjähriger) — vagabondage ou mendicité (Landstreicherei und Betteln) bei erschwerenden Umständen (Art. 277, 279 code pénal),

   im Falle einer Strafe wegen eines der délits jedoch nur, wenn sie mehr als drei Monate beträgt.
3. Viermal wegen crime oder eines der sieben délits, wenn die Strafe des délit mehr als drei Monate beträgt.
4. Siebenmal, und zwar:
   mindestens zweimal wegen eines der zu 1—3 bezeichneten Vergehen,
   im übrigen auch wegen Landstreicherei oder Bannbruchs, wenn die Strafe dafür in wenigstens zwei Fällen mehr als drei Monate beträgt.

Ausgenommen sind politische und mit solchen konnexe Strafthaten (Art. 3).

Frauen unterliegen bei relégation — abweichend von der transportation des forçats — der Verschickung in gleicher Weise wie Männer.

Die relégation ist obligatorische Zusatzstrafe: sind ihre Voraussetzungen vorhanden, so mufs das Gericht sie mit der letzten Hauptstrafe zugleich aussprechen (Art. 4, 10).

Ehrenstrafen treten durch die relégation nicht ein. Doch sind sie meist durch eine der vorangegangenen Verurteilungen verwirkt.

Indem das Gesetz die relégation auch dann eintreten liefs, wenn die der letzten Verurteilung vorangegangenen Strafurteile vor Erlafs des Gesetzes lagen, sicherte es seine sofortige Anwendbarkeit.

Der Ort der Strafverbüfsung ist im Gesetze ebensowenig bestimmt als die Art und Weise des Strafvollzuges in den Kolonien. („Une véritable abdication du législateur“ [1]).) Alles ist der Justizverwaltung überlassen worden.

Diese ergänzte die Lücken des Gesetzes durch das sehr eingehende Ausführungsdekret vom 26. November 1885, mit welchem zugleich das Gesetz am 26. November 1885 in Kraft trat. — Ort der relégation ist danach in erster Linie Guyana, im Bedarfsfalle auch Neukaledonien. Der „Bedarfsfall“ trat sofort ein, und seither hat sich das Verhältnis so gestaltet, dafs etwa die Hälfte der relégués nach Guyana, die andere Hälfte nach Neukaledonien gekommen ist. Von 1886 bis 1890 sind 2207 relégués nach Guyana, 1790 nach Neukaledonien geschickt worden [2]). Bis Ende 1892 sind 5504 Personen infolge relégation deportiert worden [3]).

Der Strafvollzug ist entweder relégation collective — gemeinsame Zwangsarbeit in speciellen Anstalten — oder relégation individuelle, blofse Internierung in der Kolonie, mit Überwachung, aber ohne Arbeitszwang, bei besonders begünstigten relégués.

Die Ergebnisse der Deportation, wie sie Frankreich nunmehr in dreifacher Art (déportation — transportation — relégation) ausübte, waren höchst unbefriedigend, sowohl was den Strafvollzug, als auch was die Kolonisation betrifft. Daher erschien eine verbesserte Organisation des Deportationswesens notwendig. Das Jahr 1889 bezeichnet einen Wendepunkt in der Geschichte der französischen Deportation. Ein Dekret vom 16. November 1889 beauftragte den Unterstaatssekretär der Kolonien, welcher

---

[1]) Teisseire, p. 344.

[2]) Journal officiel 1895, p. 2905 (Bericht des Kolonialministers v. 22. Mai 1895).

[3]) Dalloz, l. c., s. v. „Récidive“.

dem Marineminister unterstellt war, mit der Bestimmung des Deportationsorts in jedem einzelnen Falle. Damit erlangte dieser Beamte ein Recht fast über Leben und Tod der zur Deportation Verurteilten, denn Guyana bedeutet regelmäfsig Krankheit oder Tod. Zu seiner Unterstützung bei der Auswahl der Kolonie fungiert die „commission permanente du régime pénitentiaire“, der alle wichtigen Verwaltungsfragen, Verordnungsentwürfe und Reglements vorzulegen sind, und der auch die Akten, sowie die Berichte der Gefängnisverwaltung über die Verurteilten zugehen. Sie übt eine beratende und begutachtende Thätigkeit. Grundsatz ist, besonders gefährliche und als unverbesserlich angesehene Verbrecher nach Guyana, besserungsfähige, ferner alte und schwache, nach Neukaledonien zu schicken.

Im Jahre 1894 wurde die administration pénitentiaire des colonies, welche schon vorher innerhalb des Marineministeriums eine ganz selbständige Stellung eingenommen hatte, dem Minister der Kolonien unterstellt. (Gesetz vom 20. März 1894.)

Seit 1889 hat man wieder angefangen, weifse Sträflinge nach Guyana zu schicken, wo inzwischen gesundere Orte zur Anlage von Strafanstalten ausfindig gemacht waren. Dagegen sind für farbige Sträflinge aufser den bisherigen noch zwei weitere Deportationsorte bestimmt worden, nämlich Obock an der Küste des Roten Meeres für Neger und Indier (Dekret v. 3. März 1886) und Gabun (Gabon) in Westafrika für Anamiten und Chinesen (Dekret v. 3. Okt. 1887). Doch haben diese Strafstationen nur geringe Bedeutung. In Obock sind 100, in Gabun 50 Sträflinge vorgesehen, während für Guyana 5200, für Neukaledonien 10000 forçats gerechnet sind (Budget von 1892[1]). Dazu kommen ca. 2700 relégués (am 31. Dezember 1890: 1395 in Guyana, 1308 in Neukaledonien)[2]).

Die Zahl der Relegationsfälle wurden in den letzten Jahren um zwei vermehrt.

Ein Gesetz vom 19. Dezember 1893 (loi sur les associations des malfacteurs) droht relégation facultativ (nicht obligatorisch) neben travaux forcés denjenigen an, die sich einer

---

[1]) Vgl. Dalloz, l. c., s. v. „Prisons“ (Bd. 13, 1893).

[2]) Journal offic. 1895, p. 2905 f. (Bericht des Kolonialministers v. 22. Mai 1895).

verbrecherischen Vereinigung zur Begehung von Verbrechen gegen Eigentum oder Personen anschliefsen.

Ferner hat ein Gesetz vom 28. Juli 1894 (loi contre les menées anarchistes) die relégation gegen die Anarchisten eingeführt, wenn sie:

1. öffentlich zu gewissen Verbrechen, namentlich Mord, Raub, Diebstahl, Brandstiftung, militärischen Ungehorsam auffordern oder solche Verbrechen öffentlich verteidigen, oder — auch nicht öffentlich — zum Zwecke anarchistischer Aufwieglung („dans un but de propagande anarchiste") derartige Verbrechen fordern oder verteidigen;
2. eine Hauptstrafe von mehr als ein Jahr Gefängnis erleiden und in den letzten zehn Jahren vorher entweder wegen einer in diesem Gesetze bedrohten Strafthat oder wegen anderer gemeiner Vergehen mit travaux forcés, réclusion oder Gefängnis über drei Monate bestraft sind.

Auch unter diesen Voraussetzungen ist die relégation nach dem Gesetz vom 28. Juli 1894 nur fakultativ, nicht obligatorisch. Die anarchistischen Verbrechen sind also nicht, wie die politischen, von der relégation ganz ausgenommen.

Zum Schlusse unserer geschichtlichen Übersicht sei erwähnt, dafs von 1852 bis Ende 1894 aus Frankreich und Algier deportiert worden sind:

47 887 forçats,
davon nach Guyana: 27 503,
„ „ Neukaledonien: 20 382[1]).

Hierzu kamen von 1886 bis Ende 1892: 5504 relégués.

Die Zahl der vom Staate in den Kolonien erhaltenen Sträflinge und Strafentlassenen dürfte zusammen jetzt 20 000 übersteigen. Teisseire gab sie für 1893 auf 18 500 an[2]).

## II. System der französischen Deportation.

Es giebt in Frankreich keine einheitliche Deportationsstrafe, sondern drei zu verschiedenen Zeiten entstandene und auf verschiedenen Gründen beruhende Strafarten, déportation, transportation (des forçats) und relégation. Nach französischem Sprachgebrauch kann man alle drei unter dem Namen „trans-

[1]) Cor, La transportation (Paris 1895), p. 94 f.
[2]) Teisseire, p. 91.

portation" zusammenfassen. Im engeren Sinne bedeutet transportation nur die Verschickung der zu travaux forcés Verurteilten.

## 1. Déportation[1]).

a. Voraussetzungen. — Die déportation ist eine Strafe für politische Verbrechen, eingeführt durch den code pénal und abgeändert durch das Gesetz vom 8. Juni 1850, welches zwei Unterarten herstellte:

1. Die déportation dans une enceinte fortifiée. Sie findet in den Fällen statt, in welchen bis 1848 Todesstrafe angedroht war: Art. 75, 76, 77, 80, 81, 83, 91, 92, 93, 94, 95, 96, 97 des code pénal (Hochverrat, Landesverrat, Erregung von Bürgerkrieg).

Die Art. 86 und 87 des code pénal, welche von Attentat oder Komplott gegen den Kaiser und Mitglieder der kaiserlichen Familie handeln, sind jetzt insofern gültig, als sie Attentat oder Komplott zum Umsturz der Regierung oder zur Anwendung von Waffen gegen den Präsidenten der Republik mit déportation dans une enceinte fortifiée bedrohen.

2. Die déportation simple. Sie tritt ein: in den soeben erwähnten Fällen, falls mildernde Umstände vorhanden sind, ferner in den vom code pénal mit déportation schlechthin bedrohten Fällen (Art. 82, 84, 94, 98, 124, 203, 206). (Verrat von Festungsplänen, feindselige Handlungen, ungesetzliche Aushebung von Truppen, Teilnahme an bewaffneter Empörung, gesetzwidrige Verabredungen unter Civil- oder Militärbeamten, Aufreizung zur Empörung durch Priester.)

b. Inhalt der Strafe. — Die déportation hat niemals Einsperrung in ein Gefängnis oder Arbeitszwang zur Folge, sondern nur Verschickung mit darauf folgender lebenslänglicher Internierung in der Kolonie.

Beschäftigung ist dem Deportierten nur auf seinen Wunsch anzuweisen. Im übrigen hat er das Recht zum Müßiggange. Bei Mittellosigkeit sorgt der Staat für ihn.

---

[1]) Dalloz, l. c., Bd. 12, s. v. „Peine", Nr. 621—628; Bd. 13, s. v. „Prisons" Nr. 90—95. Garraud, Traité du droit pénal français (Paris 1888), Bd. 1 Nr. 291. Rivière, In v. Liszts Strafgesetzgebg. der Gegenwart, S. 446. v. Holtzendorff, S. 404—423.

Während der ganzen Strafdauer hat er die polizeilichen Überwachungs- und Ordnungsvorschriften zu beobachten, welche im Dekret vom 31. Mai 1872 vorgesehen sind.

Fluchtversuche werden mit Gefängnis von 6 Monaten bis zu einem Jahre bestraft (Art. 245 code pén.). Unerlaubte Rückkehr nach Frankreich zieht lebenslängliche Verurteilung zu travaux forcés nach sich (Art. 17 c. p.).

Verbrechen und Vergehen des déporté urteilt der conseil de guerre der Kolonie ab (Gesetz vom 25. März 1873, Art. 2).

c. Rechtsfolgen. — Die déportation gilt als „peine afflictive et infamante" nach Art. 7 des code pénal. Ihre gesetzlichen Folgen sind daher dégradation civique und interdiction légale, wie sie in Art. 28, 29, 30, 34 des c. p. näher bestimmt werden: Unfähigkeit, Geschworener, Zeuge, Sachverständiger, Vormund oder Pfleger zu sein — Ausschlufs von öffentlichen Wahlen und Ämtern, sowie vom Militärdienst — ferner gesetzliche Entmündigung und Bestellung eines Pflegers.

Dazu tritt nach Art. 3 und 4 des Gesetzes vom 31. Mai 1851 noch die Unfähigkeit, durch Schenkung oder Testament zu verfügen oder zu erwerben, und die Nichtigkeit eines vor der Verurteilung errichteten Testamentes. Jedoch kann die Regierung den Deportierten von den Nebenstrafen des Gesetzes vom 31. Mai 1851 (nicht des code pénal) ganz oder teilweise befreien, ihm auch die Ausübung von Privatrechten in der Kolonie trotz der Entmündigung gestatten.

Wie man sieht, sind von der Einrichtung der „mort civile" noch recht starke Spuren im Strafrecht übrig geblieben.

d. Ort der Strafe ist nunmehr für déportation simple die kleine Insel Pins, im Bedarfsfall die Insel Maré bei Neukaledonien, für déportation dans une enceinte fortifiée die Halbinsel Ducos in Neukaledonien oder eine der îles du Salut bei Cayenne (Gesetz vom 9. Februar 1895).

Alle diese Orte sind gesund. Aber während die îles du Salut kahle Felsen ohne Vegetation sind, haben die anderen Inseln und die Halbinsel Ducos fruchtbaren Boden und reichen Pflanzenwuchs.

e. Unterschiede beider Arten von déportation. In ihrer Wirkung unterscheiden sich einfache und qualifizierte déportation aufser durch den Strafort in folgenden Punkten:

Die déportation dans une enceinte fortifiée wird innerhalb des befestigten Gebietes verbüfst, zu welchem aber auch freies Feld gehören kann. Die déportation simple gestattet, da die Befestigungsgrenze nicht hindert, freiere Bewegung.

Die privatrechtliche Handlungsfähigheit ist dem Deportierten bei der einfachen déportation in der Kolonie von Rechts wegen gegeben, bei der qualifizierten nur mit besonderer Erlaubnis der Regierung.

Bei einfacher déportation kann dem Verurteilten die Erlaubnis gegeben werden, sein Vermögen in Frankreich selbständig zu verwalten, bei déportation dans une enceinte fortifiée dagegen nicht.

Aufserdem ist der Landerwerb bei déportation simple leichter gemacht als bei déportation aggravée.

f. Ausnahmebestimmungen. Gegen Personen, die bei der Verurteilung schon 70 Jahre alt sind, tritt statt déportation lebenslängliche Festungshaft (détention) ein (Art. 70, 71 c. p.).

Deportierte, die ihre Familie ernähren können, sind berechtigt, Frau und Kinder auf Staatskosten nachkommen zu lassen. Sie dürfen dann zu gunsten ihrer Ehegattinnen unter Lebenden und von Todes wegen frei über ihr Vermögen verfügen.

g. Rangordnung der déportation im Strafensystem. Die déportation ist eine „peine criminelle, perpétuelle, afflictive et infamante". Sie nimmt unter den Strafen für crimes die dritte Stelle ein, nach der Todesstrafe und travaux forcés à perpétuité, vor travaux forcés à temps und réclusion.

Für Vergehen i. e. S. (délits) wird déportation nicht verhängt.

Für politische Verbrechen ist sie, seit Abschaffung der Todesstrafe für diese (1848), die schwerste Strafe. Unter ihr folgen der Reihe nach bei politischen Verbrechen: détention (lebenslängliche Festungshaft), bannissement (Verbannung) und dégradation civique (Verlust der bürgerlichen Ehrenrechte als Hauptstrafe).

h. Zweck und Wirkung der déportation. Die déportation gleicht in mancher Hinsicht der römischen deportatio. Wie diese ist sie gegen politische Verbrecher gerichtet, mit Verlust der „civitas" verbunden und nicht mit Arbeitszwang verknüpft, also ohne kolonisatorisches Ziel.

Doch ist das französische Gesetz, im Gegensatz zum römischen, human: der Staat sorgt für den Unterhalt der unbemittelten Deportierten und läfst ihnen sogar auf seine Kosten die Familie nachkommen. Auch sind die gewählten Orte der Internierung nicht von abschreckender Natur (aufser den îles du Salut).

Die lebenslängliche Dauer teilt die déportation ebenfalls mit der römischen deportatio. Indessen ist die Lebenslänglichkeit dieser Strafart nur im Gesetzestext, nicht in Wirklichkeit vorhanden. Denn bisher sind die politischen Deportierten regelmäfsig nach einigen Jahren begnadigt worden.

Unter diesen Umständen ist die déportation schädlich für den Verurteilten selbst und nutzlos für den Staat. Viele der déportés sind aus Langeweile und mangels jeder ernsten Beschäftigung der Trunksucht und anderen Lastern anheimgefallen. Der Staat hat die hohen Transport- und Unterhaltungskosten zu bezahlen[1]), ohne eine Gegenleistung zu erhalten.

Der einzige vernünftige Zweck, den die déportation verfolgt, die Sicherung des Staates gegen weitere Angriffe der Deportierten durch Isolierung derselben, kann mit weit geringeren Kosten und Umständen mittels Festungshaft oder Verbannung erreicht werden. Daher geht die allgemeine Ansicht der französischen Juristen auf Abschaffung der déportation, und die seit einigen Jahren thätige Kommission zur Revision des code pénal hat in ihrem Gesetzesentwurfe die Strafe der déportation beseitigt.

## 2. Transportation[2]).

Die durch das Gesetz vom 30. Mai 1854 angeordnete Verschickung der zu travaux forcés Verurteilten nach den Kolonien hat nicht nur den Ort, sondern auch die Art der Strafverbüfsung geändert. Von dem Vollzuge der Bagnostrafe unterscheidet sich die transportation durch ihren kolonisatorischen Zweck: die Sträflinge sollen zum Nutzen der Kolonie beschäftigt werden, und sie sollen nach Ablauf ihrer Strafzeit noch dauernd oder wenigstens für längere Jahre in der Kolonie bleiben.

---

[1]) Die déportation des Kapitän Dreyfus soll Frankreich allein 50000 fr. jährlich kosten. (Vgl. Blätter für Gefängniskunde 1896, letztes Heft.)

[2]) Teisseire, p. 87—139. Dalloz, l. c. „Peine“ No. 604—620, „Prisons“ No. 66—74.

a. Voraussetzungen der travaux forcés.

Die Verurteilung zu travaux forcés, welche nach Art. 20 des code pénal noch körperliche Brandmarkung zur Folge hatte, findet nur wegen der schwersten gemeinen Verbrechen statt, namentlich wegen Totschlags (Art. 304), schwerer Körperverletzung (Art. 310), Raub und schweren Diebstahls (Art. 381—385), schwerer Erpressung (Art. 305), Brandstiftung (Art. 434—436), betrügerischen Bankerotts (Art. 402), Falschmünzerei und schwerer Urkundenfälschung (Art. 132—134), Meineid (Art. 361, 364), Freiheitsberaubung (Art. 341, 342), Entführung von Mädchen unter 16 Jahren (Art. 355), Notzucht gegen Kinder (Art. 332), bewaffneten Landfriedensbruchs (Art. 210) und schwerer Amtsverbrechen (Art. 169, 170, 173, 239).

Die Todesstrafe ist im code pénal noch in 39 Fällen angedroht, gegenwärtig aber nur noch in 13 Fällen. Da nun erfahrungsmäfsig in Frankreich 98—99 Prozent der zum Tode Verurteilten zu travaux forcés begnadigt werden[1]), so stellen die „forçats" eine Auslese der gefährlichsten und gewaltthätigsten Verbrecher dar.

b. Unterscheidungsmerkmale.

Von der déportation unterscheidet sich die transportation, aufser durch den Strafort und den Grund der Verurteilung, in folgenden Punkten:

1. durch die Zulässigkeit der Verurteilung auf beschränkte Zeit,
2. durch den kolonisatorischen Zweck, mit nachfolgender Residenzpflicht nach Strafablauf,
3. durch die Zwangsarbeit.

Im Laufe der Strafvollstreckung kann man vier Stadien unterscheiden:

1. Provisorischer Aufenthalt in den Depot-Anstalten Frankreichs (St. Martin de Ré und Avignon) und Algiers (l'Harrach), von der Überführung aus dem Untersuchungsgefängnis bis zur Abfahrt, welche von der Insel Aix aus (bei St. Martin de Ré) stattfindet. Bis dahin verlaufen regelmäfsig mehrere Monate[2]).

---

[1]) Dalloz, „Peine" No. 598.

[2]) Dalloz, „Prisons" No. 67.

2. Transport zu Schiff nach den Strafkolonien. Die Reise nach Cayenne dauert 14 Tage, nach Neukaledonien 2 Monate. Die Schiffe stehen unter militärischer Aufsicht.
3. Strafzeit in der Kolonie.
4. Residenzpflicht in der Kolonie.

### c. Zwangsarbeit[1]).

Die Arbeiten der forçats sind teils industrielle und handwerksmäfsige, teils land- und forstwirtschaftliche oder Bergwerksarbeit.

In beiden Strafkolonien hat die administration pénitentiaire grofse Werkstätten und Magazine für den eigenen Bedarf angelegt.

In Guyana befinden sich zu Cayenne 1 Druckerei, 1 Schiffsbauanstalt, 1 Ziegelei, 1 Dampfsägemühle, sowie Hauptmagazin und Reparaturwerkstätten; auf den îles du Salut (St. Joseph und Royale) Tischler-, Schuster-, Schneider-, Zimmerer- und Schmiedewerkstätten, sowie eine Ölpresse; am Maroni und am Kourou Holz- und Zimmerplätze. — Alle Handwerksarbeit wird von Gefangenen gethan. — Eine grofse Anzahl derselben ist mit Forstarbeit (Abholzungen) am Maroni beschäftigt, eine kleinere Zahl mit Landwirtschaft (am Maroni und in der Ansiedlung Les roches de Kourou), und einige versehen den Landungsdienst, sowie die Entladung und Beladung der Schiffe im Hafen von Cayenne. — In Montagne d'Argent ist ein Abteilung Gefangener mit Bergbau befafst.

In Neukaledonien sind grofse Werkstätten und Magazine der administration pénitentiaire auf der Insel Nou und zu Nouméa. — Landwirtschaft (Mais-, Gemüse-, Gartenbau) wird in den Ackerbauanstalten von Bourail und Koé betrieben, sowie auf der Insel Nou. — Für Abholzungs- und Rodungsarbeiten sind „camps mobiles“ an verschiedenen Punkten des Inneren der Kolonie errichtet worden.

In beiden Kolonien werden die Gefangenen zur Errichtung und Reparatur von Bauten der administration pénitentiaire (Strafanstaltsgebäude, Magazine, Baracken, Hospitäler, Beamtenwohnungen) hauptsächlich herangezogen.

---

[1]) De Lanessau, L'expansion coloniale de la France, p. 843—873.

Die öffentlichen Arbeiten in den Kolonien waren bis auf die letzten Jahre vernachlässigt. Doch sind eine Anzahl Gefangener mit Wegebau beschäftigt worden.

Die Mehrzahl der Gefangenen arbeitet innerhalb der Strafanstalten oder in unmittelbarer Nähe derselben, so dafs sie am Tage zur Arbeit ausziehen, nachts aber dorthin zurückkehren. Eine Minderzahl wird in besonderen Lagerplätzen (camps) unabhängig von den Strafanstalten gehalten, unter Aufsicht von surveillants militaires. Eine auserlesene Arbeitertruppe bildet eine fliegende Kolonne von Sträflingen (section mobile), welche nicht nur in der Strafkolonie, sondern auch in anderen Kolonien, falls diese es wünschen, zu kolonisatorischen Werken in Thätigkeit treten kann.

Für die Arbeiten aufserhalb der Anstalt herrschte bis vor einigen Jahren das Entreprise-System: die Sträflinge wurden als Arbeiter an Bergwerksbesitzer, Fabrikbesitzer und sonstige Unternehmer gegen eine pro Kopf und Tag an den Staat zu zahlende Abgabe vermietet. Die durch langjährige Kontrakte gesicherte Herrschaft der Unternehmer über die Sträflinge führte zur Erschütterung der Disciplin und zur Schädigung der freien Industriearbeiter. Deshalb ist durch Dekret vom 15. September 1891 und neuerdings durch Dekret vom 13. Dezember 1894[1]) die Fabrik- und Bergwerksarbeit für fremde Rechnung abgeschafft worden. Nur „travaux de colonisation ou d'utilité publique" sind für fremde Rechnung noch zulässig. Doch darf der Kontrakt nicht über 3 Jahre hinaus abgeschlossen werden. Die Arbeitszeit mufs die gleiche sein wie in den Strafanstalten (8 Stunden täglich). Mehr als 200 Sträflinge dürfen nicht an einen Unternehmer vermietet werden. Die in Entreprise gegebenen Sträflinge haben stets die Sträflingstracht zu tragen, abends nach den Strafanstalten zurückzukehren und stehen unter dauernder Aufsicht der surveillants militaires. Inspektion durch Beamte der Strafanstalten ist jederzeit zulässig. Erhebliche Kontraktsverletzungen haben Aufhebung des Vertragsverhältnisses zur Folge.

Die Unternehmer haben für Arbeiten im Freien einen abgegrenzten Lagerplatz herzustellen, für Unterkunft der Aufseher zu sorgen und ein Feldlazarett zu unterhalten. Für ihre Ver-

---

[1]) Journ. offic. 1895, p. 422. Cor, p. 116—118.

pflichtungen haben sie Kaution zu stellen. Ihre Abgabe an die administration pénitentiaire beträgt 1,50 Francs pro Kopf und Tag der Arbeit der Gefangenen.

Aufser für Rechnung von Unternehmern können Sträflinge auch für Rechnung von Gemeinde- und Lokalverwaltungen gegen 1,50 Francs tägliche Entschädigung vermietet werden. Andere Staats-Verwaltungsressorts haben 1 Franc pro Kopf und Tag zu zahlen (z. B. Marineressort, Gendarmerie).

Für einzelne vorübergehende Arbeiten dringlicher Natur, wie Erntearbeiten, Ent- und Beladung von Schiffen, Urbarmachungs- und Trockenlegungsarbeiten, können die Gefangenen auch an Privatpersonen, gegen 2 Francs tägliche Entschädigung pro Kopf, vermietet werden.

Das hiermit inhaltlich wiedergegebene Dekret vom 13. Dez. 1894 hat nicht nur die Mietsabgabe an den Staat beträchtlich gegen früher erhöht[1]), sondern auch die unentgeltliche Überlassung von Gefangenen an Gemeinde- und Lokalverwaltungen, welche früher dem Marineminister freistand, beseitigt.

### d. Disciplin[2]).

Die Disciplin der forçats war bis 1880 nicht speciell geordnet. Nach einem Dekret vom 19. August 1855 sollten sie der militärischen Disciplin unterworfen sein. Körperliche Züchtigung, die mittels 20 bis 50 Peitschenhieben vollzogen wurde[3]) (bastonnade), war üblich. Verbrechen der Deportierten wurden vor dem Conseil de guerre der Kolonie abgeurteilt.

Durch Dekret vom 18. Juni 1880 wurde die körperliche Züchtigung, weil Mifsbrauch mit derselben vorgekommen war, und weil sie mit den Sitten der französischen Nation unvereinbar schien, aufgehoben. Die Gefangenen wurden nach ihrer Führung und ihren Arbeitsleistungen in fünf Klassen eingeteilt, die jedoch bei der Arbeit nicht getrennt gehalten wurden. Sie erhielten ihre Tagesration, auch wenn sie zu wenig oder gar nicht arbeiteten, und in den ersten beiden Klassen auch ein „salaire" von 40—60 Centimes täglich. Die Todesstrafe wurde dem Spruch des Gouverneurs der Kolonie entzogen und dem Ermessen des

---

[1]) Früher wurden 0,50 fr. pro Kopf und Tag bezahlt.
[2]) Cor, p. 99—115.
[3]) Teisseire, p. 102.

Präsidenten der Republik vorbehalten (Ministerial-Verordnung vom 1. April 1880), welcher sie nicht vollstrecken, sondern regelmäfsig Begnadigung eintreten liefs. Dieses allzu humane Regiment hatte eine Vermehrung der von Deportierten begangenen Verbrechen zur Folge, ohne dafs die während der Strafzeit begangenen neuen Strafthaten die gebührende Ahndung fanden. Denn nach dem geltenden Rechte konnten die neuen Strafen, wie réclusion, emprisonnement, erst nach Verbüfsung der travaux forcés vollstreckt werden, also bei lebenslänglicher Verurteilung zu travaux forcés überhaupt nicht. Kein Wunder, dafs einzelne Deportierte durch aufeinander folgende Urteile bis 150, einer sogar, wie Leveillé[1]) mitteilt, 234 Jahre travaux forcés auf sich häuften.

Diesem Zustande machte das Dekret vom 4. September 1891 ein Ende[2]). — Es werden drei Klassen von Sträflingen unterschieden. Schon vor ihrer Abreise werden sie nach ihren Bestrafungen und ihren Fähigkeiten in die dritte oder zweite Klasse gewiesen. In die dritte Klasse kommen die besonders gefährlichen oder zugleich rückfälligen Verbrecher, ferner in der Kolonie die wegen neuer Vergehen oder Disciplinarstrafen Zurückversetzten. — Die Sträflinge dritter Klasse sollen zu den anstrengendsten Arbeiten verwendet und von den anderen Gefangenen gänzlich getrennt in besonderen Anstaltsräumen gehalten werden. Sie bleiben bis zur Arbeit in Baracken eingeschlossen und nachts — soweit die Räumlichkeiten es gestatten — voneinander getrennt. Sie sind ferner Tag und Nacht zu völligem Stillschweigen verpflichtet.

Die als unverbesserlich befundenen Sträflinge dritter Klasse werden in besondere quartiers oder camps disciplinaires gebracht; gegen sie sind schärfere Strafmittel zulässig als gegen andere Sträflinge[3]), und sie bleiben auf die einfachste Kost angewiesen, während andere Gefangene durch Arbeit ihre Kost verbessern können (Art. 42—46 des Dekrets).

Für die Sträflinge dritter Klasse ist die Strafanstalt auf der Insel Nou bestimmt, welche gegen 80 Baracken zu je 100

---

[1]) Les institutions pénitentiaires de la France en 1895. (Paris 1895· herausgeg. von der „société générale des prisons.")

[2]) Abgedruckt Dalloz, „Prisons", p. 732—734.

[3]) Doppelt so hohe Strafmaxima als bei anderen Sträflingen für Disciplinarstrafen.

Mann enthält und von einer etwa 12 Fuſs hohen Mauer umgeben ist (De Lanessau). Eine Kompagnie Marine-Infanterie dient als Schutzwache dieser Anstalt.

Zur zweiten Klasse werden die leichter bestraften und als besserungsfähig geltenden Gefangenen genommen. Sträflinge dritter Klasse gelangen erst nach mindestens zweijähriger Strafzeit in der Kolonie in die zweite Klasse. — Die Gefangenen zweiter Klasse haben gemeinschaftlich kolonisatorische oder gemeinnützige Arbeiten auszuführen (Art. 5) und werden auch nachts nicht voneinander getrennt. Das Schweigegebot gilt für sie nur insofern, als störende Gespräche zu vermeiden sind.

In die erste Klasse kommen nur die gebesserten und zuverlässig befundenen Gefangenen, frühestens nach Ablauf der halben Strafzeit, bei mehr als 20jähriger Strafdauer oder lebenslänglicher frühestens nach 10 Jahren. Vor der Zeit können Gefangene zweiter Klasse zur ersten Klasse versetzt werden durch besondere Verfügung des Kolonialministers.

Die Gefangenen erster Klasse dürfen allein zur bedingten Entlassung oder Begnadigung vorgeschlagen werden; andere Gefangene müssen sich diese Gunst durch „actes de courage ou de dévouement“ verdienen. Nur Gefangenen erster Klasse sind Konzessionen zu Landwirtschaft oder Gewerbebetrieb für eigene Rechnung zu gewähren, und nur ihnen ist die Erlaubnis zu geben, sich als Arbeiter bei Privatpersonen zu vermieten. Erlangen sie weder eine concession, noch eine Dienststelle (assignation), so können sie als Werkmeister (mit salaire) bei den öffentlichen Arbeiten dienen oder als Pachtanwärter nach den Ackerbauanstalten geschickt werden. Auch sie aber haben stets Sträflingstracht zu tragen.

Mit der Klasseneinteilung hängt die Kost der Gefangenen zusammen. Ein gesunder Sträfling, welcher nicht arbeitet, hat nur Anspruch auf Wasser und Brot; denn — wie der Vorbericht des Ministers zum Dekret vom 4. September 1891 sagt — „le transporté, qui se refuse au travail, est donc un rebelle, qu'il faut punir.“ Durch die vorgeschriebene Arbeitsleistung erwirbt er den „bon de cantine“, eine Anweisung auf die normale Tagesration. Die bessere Sonntagsration erhält er nur, wenn er mindestens viermal in der Woche die Tagesration erhalten hat. Durch besondere Leistungen oder löbliches Verhalten kann er Extrabons auf Kostverbesserungen erwerben.

Geld dürfen die Sträflinge, aufser den concessionnaires und assignés, niemals empfangen, da die Arbeit nicht ihr Verdienst, sondern ihre Strafe sein soll. Doch werden drei Zehntel des Arbeitsertrags ihnen als Sparfonds (pécule) bis zur Entlassung aufgehoben [1]).

Disciplinarstrafen sind:

1. Einschliefsung während der Nacht (prison de nuit) bis zu 1 Monat;
2. Einzelhaft (cellule) mit Arbeitszwang, Ausschlufs von Besuchen, Beschränkung der Kost auf Wasser und Brot an jedem dritten Tage und Ankettung (à la boucle simple, am einfachen Ringe) bei Nacht, — bis zu 2 Monaten;
3. Dunkelarrest (cachot), mit Beschränkung der Kost auf Wasser und Brot an je 2 von 3 Tagen und Fesselung à la double boucle bei Nacht.

   „La double boucle“ ist eine Eisenstange mit je einem Eisenringe an jedem Ende, welcher je ein Bein des Gefangenen umschliefst, so dafs dieser in sitzender Stellung verbleiben mufs [2]).

Für die „Unverbesserlichen“ giebt es noch eine besondere Strafe, genannt „salle de discipline“, welche in Art. 45 des Dekrets vom 4. September 1891 wie folgt beschrieben wird [3]):

> „Les condamnés punis de „salle de discipline“ sont réunis sous la garde permanente d'un ou plusieurs surveillants dans un local où ils sont tenus de marcher au pas et à la file depuis le lever jusqu'au coucher du soleil; la marche est interrompue toutes les demi-heures par un repos d'un quart d'heure, durant lequel les condamnés sont assis sur des dés en pierre ou en bois suffisamment espacés. Les repas sont pris sur places, pendant l'une des interruptions de marche. Le silence le plus absolu doit être observé.“

Nach Art. 3 des Gesetzes vom 30. Mai 1854 können ferner die Gefangenen, wenn die Aufrechterhaltung der Ordnung es erfordert, zu zwei und zwei aneinander gekettet oder mit einer Kanonenkugel am Fufse (zum Nachschleppen) versehen werden.

---

[1]) Dalloz, „Prisons“ No. 51.

[2]) Cor, p. 104.

[3]) Diese Strafart ist zuerst im Zuchthause zu Melun geübt worden, von dort nach Neukaledonien übertragen.

Wie ersichtlich, ist zwar die körperliche Züchtigung verboten, aber körperliche Qual als Disciplinarmittel durch Strafen, wie cachot, double boucle und salle de discipline, in weitgehender Weise verwertet, wobei noch erwähnt sein mag, dafs bei Widerstand und Gewaltthätigkeit Fesselung à la double boucle bis zur Dauer von 3 Tagen und Nächten hintereinander zulässig ist.

### e. Gerichtsbarkeit, gerichtliche Strafen, Fluchtstrafen[1]).

An die Stelle der conseils de guerre, welche provisorisch (nach Art. 10 des Gesetzes vom 30. Mai 1854) zur Aburteilung von Verbrechen und Vergehen der Deportierten angewiesen waren, sind seit Dekret vom 4. Oktober 1889 tribunaux maritimes speciales für jede Kolonie eingerichtet worden, bestehend aus Richtern, Verwaltungs- und Gefängnisbeamten, so dafs jetzt eine bessere Kenntnis der einzelnen Angeklagten bei dem erkennenden Gericht gesichert ist.

Die Strafen für crimes und délits der forçats — contraventions werden nur disciplinarisch bestraft — sind geregelt durch das Dekret vom 5. Oktober 1889 („véritable code des bagnes"). Dasselbe betrifft aufser den gemeinen Verbrechen zwei Specialdelikte: Angriffe gegen Beamte und Arbeitsverweigerung. Die Strafen sind folgende:

1. Todesstrafe. Sie steht insbesondere auch auf lebensgefährliche Angriffe (voie de fait) gegen Aufseher oder sonstige Angestellte der Strafanstalten (Art. 6). Das Todesurteil kann jetzt, im Gegensatz zum früheren Recht, vom Gouverneur der Kolonie sofort vollstreckt werden, wenn nicht mindestens zwei Stimmen im conseil privé der Kolonie für Aufschub bis zur Entscheidung des Präsidenten der Republik sind (Dekret vom 4. Oktober 1889).

2. Einzelhaft (Réclusion cellulaire). Sie besteht in Einsperrung bei Tag und Nacht mit Arbeitszwang und mit Ausschlufs von Besuchen. Ihre Dauer beträgt 6 Monate bis zu 2 Jahren. Sie wird bei denjenigen Verbrechern verhängt, welche mit peines afflictives et infamantes bestraft werden. Bei Zu-

---

[1]) Dalloz, „Peine" No. 613. Cor, p. 109, 101. Teisseire.

sammentreffen mehrerer Verbrechen kann sie bis auf 5 Jahre erhöht werden.

3. Gefängnis (emprisonnement), bestehend in gemeinschaftlicher Zwangsarbeit innerhalb des Gefängnisgebäudes unter absolutem Schweigen und Trennung bei Nacht, von 6 Monaten bis zu 5 Jahren, für délits.

Réclusion cellulaire und emprisonnement treten sofort während der Strafzeit der travaux forcés in Vollzug, und zwar ohne auf die letztere in Anrechnung zu kommen.

Arbeitsverweigerung wird je nach den Umständen mit Gefängnis von 6 Monaten bis zu 2 Jahren oder mit réclusion von gleicher Dauer bestraft.

Fluchtversuche und Entweichungen sind im Gesetz vom 30. Mai 1854 mit travaux forcés von 2 bis 5 Jahren bedroht, bei lebenslänglich Verurteilten mit Anwendung der „double chaîne“.

Jede Verurteilung wegen crime oder délit hat Strafversetzung in die dritte Klasse der Gefangenen auf mindestens 2 Jahre, bei längerer Dauer der erkannten Strafe für die gleiche Dauer zur Folge, jede Verurteilung zur double chaîne Versetzung in die camps disciplinaires für mindestens 1 Jahr.

### f. Beköstigung, Kleidung.

Die Nahrung der Sträflinge war bisher überaus reichlich und gut. Nach der von Moncelon[1]) und Teisseire[2]) mitgeteilten offiziellen Tagesration erhielten sie nämlich aufser einer genügenden Menge von Brot, Speck, Reis und Hülsenfrüchten täglich morgens Kaffee und Zucker, in Guyana dreimal, in Neukaledonien sechsmal wöchentlich Wein und Fleisch zu Mittag, an einigen Tagen sogar Rum (tafia) und Tabak. Diese Verpflegung übertraf diejenige der Marinesoldaten und wurde mit der Notwendigkeit, die Sträflinge gegen das Klima zu stärken, begründet. Die Entziehung von Wein und Rum wurde als Disciplinarmittel bei kleineren Verstöfsen gegen die Disciplin angewendet. Gegenwärtig soll die gewöhnliche Tagesration nicht mehr als 47 Centimes kosten. Wein, Rum, Kaffee, Zucker und

---

[1]) Moncelon, Le bagne et la colonisation pénale à la Nouvelle Calédonie, Paris 1886, p. 42.

[2]) Teisseire, p. 98, 99.

Tabak sollen den Gefangenen nicht mehr verabfolgt werden, Fleisch nur am Sonntage. Indessen kann durch den Erwerb von bons supplémentaires Verbesserung der gewöhnlichen Kost bewirkt werden, und bei schwerer Aufsenarbeit, wie in den sections mobiles, wird kräftigere Kost (Fleisch, Kaffee) gewährt[1]).

Die Kleidung der Sträflinge besteht in weifsen Leinwandhosen und -Jacke, Strohhut, Schuhen, wollner Jacke und Wolldecke[2]). Mittels der Wolldecke können sie ihr hartes Lager — Matratzen erhalten sie nicht — verbessern.

### g. Vergünstigungen.

Ein System von Belohnungen bezweckt, den Arbeitseifer der Gefangenen anzuspornen und sie zu gutem Betragen zu veranlassen.

Während der Strafzeit dienen als Belohnung: Aufrücken in eine höhere Klasse, verbesserte Kost und bedingte Entlassung. Diese, in Frankreich durch Gesetz vom 14. August 1885 eingeführt, kann nach Verbüfsung der halben Strafzeit eintreten. Bei lebenslänglich Verurteilten müfste die Verwandlung der lebenslänglichen in eine zeitlich bestimmte Strafe vorangehen[3]).

Wichtiger als diese äufserst selten angewendete Vergünstigung sind für die forçats zwei andere Erleichterungen ihrer Lage: die Erlaubnis, sich an Privatpersonen zu vermieten (assignation), und die, für eigene Rechnung Landwirtschaft oder Handwerk zu treiben (Concession, rurale oder urbaine).

Die „assignation individuelle“ wird nur Gefangenen erster Klasse nach Ablauf der halben Strafzeit gewährt. Sie ist jetzt durch Dekret vom 13. Dezember 1894[4]) geordnet, welches an die Stelle des früheren Dekrets vom 15. September 1891 getreten ist. Danach können bis zu 50 Sträflinge einer Privatperson als Arbeiter zugewiesen werden. Sind mehr als 25 zu-

---

1) Die Insassen der maisons centrales in Frankreich erhalten nur Brot und Mehlsuppen oder Wasser, abends Kartoffeln, Erbsen; Fleisch nur an Sonn- und Feiertagen, sowie an Donnerstagen, Rum und Wein niemals. (d'Haussonville, p. 184—186.)

2) Teisseire, p. 429.

3) Dalloz, „Peine“ No. 312, 313, 317.

4) Journal officiel 1895, p. 422, Art. 30—42 des Dekrets.

sammen, so ist auch ein Aufseher notwendig. Der „patron" hat einen Monatslohn zu zahlen, von welchem 2/5 der Staatskasse, 2/5 dem Sparfonds (pécule réservé) des Sträflings und 1/5 dem letzteren direkt zufliefst. Der patron hat ferner für gesunde Wohnung, Verpflegung und ärztliche Behandlung des Sträflings zu sorgen und ihn in der vereinbarten Art zu beschäftigen. Monatlich hat der patron der administration pénitentiaire Bericht über das Verhalten des Sträflings zu erstatten, aufserdem alle wichtigen Ereignisse, wie Wechsel des Aufenthalts oder Entfernung des Sträflings, sogleich anzuzeigen. Leih- und Kreditgeschäfte mit den Sträflingen sind ihm verboten. Als Kaution für die Erfüllung seiner Pflichten hat er 25 fr. für jeden überwiesenen Sträfling zu deponieren. Es wird mit dem patron schriftlicher Vertrag auf höchstens ein Jahr abgeschlossen.

Der assigné hat Sträflingstracht zu tragen und darf den ihm angewiesenen Aufenthaltsort nicht verlassen. Inspektion und Haussuchung nach ihm sind jederzeit zulässig. Der Anstaltsdisciplin bleibt er unterworfen (wenigstens de jure, denn de facto ist er frei, soweit sein patron es gestattet).

Das Konzessions-System beruht jetzt auf Dekret vom 18. Januar 1895[1]). — Das früher geltende Dekret vom 31. August 1878 hatte die Konzessionen im wesentlichen dem Ermessen der administration pénitentiaire überlassen, wodurch willkürliche Verleihung von Land an noch nicht gebesserte Sträflinge ermöglicht war. Der Sträfling bekam das Land geschenkt, dafür mufste er aber es selbst erst urbar machen und sich, mit 100 bis 300 fr. Regierungsunterstützung, ein Wohnhaus darauf erbauen[2]). Gegenwärtig erhalten nur Gefangene erster Klasse eine Konzession, wenn sie so weit bemittelt sind, um 100 fr. Kaution an die Anstaltskasse zu zahlen. Der concessionnaire erhält jetzt das Land — 3 bis 10 ha je nach der Bodenqualität und der Zahl der Familienmitglieder — in urbarem Zustande übergeben, ferner ein fertiges Wohnhaus und den notwendigen Hausrat, sowie Ackergerät. Für die ersten sechs Monate (früher 30 Monate) liefert der Staat für ihn und seine Familie die Verpflegung, während des ersten Jahres auch die ärztliche Behandlung.

---

1) Journ. offic. 1895, p. 598.
2) Moncelon, p. 21. Cor, p. 142.

Der concessionnaire muſs auf dem Grundstück bleiben, er darf es weder verpachten, noch verpfänden, sondern ist vorläufig selbst Pächter auf Staatsland. Er erhält das Grundstück nicht mehr geschenkt, sondern hat nach den ersten zwei Jahren eine halbjährlich fällige Rente zu zahlen, die je nach Gröſse und Wert des Grundstücks 10 bis 20 fr. pro Jahr und Hektar beträgt (Art. 3 des Dekrets).

Im ersten Jahre hat der concessionnaire die eine Hälfte, im zweiten die andere Hälfte des Grundstücks ertragsfähig zu machen.

Während der ersten fünf Jahre ist die Konzession eine provisorische. Sie erlischt bei Verurteilung des concessionnaire zu einer peine criminelle, Flucht oder Fluchtversuch und bei Nichtzahlung der Rente binnen sechs Monaten nach Fälligkeit[1]).

Sie kann ferner zurückgezogen werden: bei Verurteilung zu peine correctionnelle, bei schlechter Führung, Ungehorsam, Verletzung der Aufenthaltsbeschränkungen, unbefugter Verpachtung oder Verpfändung, bei Vernachlässigung der Landwirtschaft oder der sonstigen aus dem Konzessionsschein sich ergebenden Verpflichtungen.

Bei Verlust der Konzession büſsen deren bisherige Inhaber auch ihre Aufwendungen für das Grundstück und — ganz oder teilweise — auch ihre Kaution (dépôt de garantie) ein. Sie werden auſserdem sogleich zur Strafanstalt zurückgeschafft. Doch kann der Frau und den Kindern, falls solche vorhanden, der Besitz des Grundstücks belassen werden.

Definitiv wird die Konzession mit Ablauf des fünften Jahres nach der Verleihung. Mit Rücksicht darauf, daſs nicht nur Strafentlassene eine Konzession erhalten, ist bestimmt, daſs bei Sträflingen nur zwei Jahre der Strafzeit auf die fünfjährige Frist in Anrechnung kommen, so daſs sie also mindestens noch drei Jahre nach ihrer Entlassung provisorische Besitzer bleiben. Nach definitivem Erwerb des Grundstücks erhält der concessionnaire einen Besitztitel, und seine Kaution wird ihm zurückgezahlt. Die Rente kann er gegen Zahlung von 400 bis 600 fr. Kapital pro Hektar ablösen. Verkauft oder verschenkt er das Grundstück, so ist die Rente sofort in Kapital rückzahlbar, eine Vor-

[1]) Doch ist Stundung bei unverschuldetem Verzuge zulässig.

schrift, welche vorzeitige Veräufserung erschwert. Gegen frühere Gläubiger schützt den concessionnaire Art. 38 des Dekrets:

„Les créances antérieurs aux concessions n'ouvrent pas d'action sur les biens concédés ni sur les fruits."

Besteht die concession in der Erlaubnis zum selbständigen Handels- oder Gewerbebetriebe, so gewährt der Staat für den Anfang auf drei Monate Verpflegung (oder Geldentschädigung für dieselbe). Die Rente beträgt 10 bis 50 fr. jährlich.

Innerhalb ihrer erlaubten Geschäfte ist den concessionnaires Veräufserungs-, Verpflichtungs- und Erwerbsfähigkeit allgemein zugestanden, mit Ausnahme der lebenslänglich Verurteilten, deren Rechtsgeschäfte besonderer Genehmigung bedürfen [1]).

### h. Orte der Strafverbüfsung.

Die Strafe der travaux forcés wird verbüfst:

1. In Guyana zu Cayenne, auf den îles du Salut vor Cayenne und am Maroni (St. Laurent).

   Von den îles du Salut enthält die gröfste (île Royale) den Landungsplatz der Deportierten und die Depotanstalt, die mittlere (île St. Joseph) Werkstätten und Baracken für Unverbesserliche, die kleinste (île du diable) dient gegenwärtig als Aufenthaltsort eines déporté (Kap. Dreyfus).

   Eine weitere kleine Insel (l'Ilet-la-Mère) trägt die Strafanstalt für Greise, Kranke und Schwache.

   Weitere Detentionsorte für forçats sind im Küstenlande: Les Roches du Kourou, Guatemala und Montagne d'Argent, im Innern am Maroni St. Pierre und St. Jean.

2. In Neukaledonien befinden sich Landungsplatz und Aufnahmedepot auf der Insel Nou, ein zweites Depot auf der Insel Pins. Strafanstalten sind, aufser auf diesen Inseln, namentlich zu Yahoué, Bourai, Canala, an der Bai de Prony und auf der Halbinsel Ducos.

3. In Obock (Ostafrika) } für farbige Sträflinge.
4. In Gabon (Westafrika) } für farbige Sträflinge.

5. In Frankreich selbst. Hier bleiben folgende zu travaux forcés Verurteilte:

[1]) Cor, p. 150. 151.

1. Die Frauen, soweit sie nicht freiwillig nach den Strafkolonien gehen wollen [1]).
2. Männer, die bei der Verurteilung mehr als 60 Jahre alt sind. Sie erhalten statt travaux forcés réclusion von gleicher Dauer (Zuchthausstrafe in den maisons centrales).
3. Gefangene, welche in der Strafanstalt selbst ein neues, mit travaux forcés bedrohtes Verbrechen begehen. Diese werden nach einem Gesetz vom 25. Dezember 1880 nicht deportiert, sondern haben réclusion von mindestens gleicher Dauer als die vor dem neuen Verbrechen verbüfste Strafe in den maisons centrales zu verbüfsen.

Dieses Gesetz wurde notwendig durch zahlreiche Attentate gegen Gefängnisbeamte, die von réclusionnaires begangen wurden, um mittels Verurteilung zu travaux forcés deportiert zu werden. Ihre Berechnung ist damit durchkreuzt worden.

### i. Dauer.

Die Strafe der travaux forcés ist entweder eine lebenslängliche oder eine zeitweilige von mindestens 5 bis zu 20 Jahren (Art. 19 c. p.) [2]).

Als nachfolgende Nebenstrafe ist die Residenzpflicht der forçats anzusehen. Sie müssen nach verbüfster Strafzeit, wenn dieselbe unter acht Jahren betrug, die gleiche Zeit, wenn sie acht Jahre oder mehr betrug, lebenslänglich in der Strafkolonie bleiben. Hiervon ist kein Dispens statthaft, nur zeitweilige Beurlaubung für Reisen, jedoch nicht nach Frankreich (Art. 6 des Gesetzes vom 20. Mai 1854).

Verletzung der Residenzpflicht hat travaux forcés von ein bis drei Jahren zur Folge (Art. 8 des Gesetzes).

### k. Rang der travaux forcés.

Die Verurteilung zu travaux forcés ist eine peine afflictive et infamante und hat deshalb stets dégradation civique und interdiction légale zur gesetzlichen Konsequenz (Art. 28, 29 c. p.),

---

[1]) Im Jahre 1885 gab es in den maisons centrales 714 zu travaux forcés verurteilte Frauen.

[2]) Da auf die mindestens fünfjährige Strafzeit eine ebenso lange Residenzzeit folgt, so hat jeder forçat mindestens zehn Jahre in der Strafkolonie zu bleiben.

bei lebenslänglicher Verurteilung ferner den Verlust des Rechts, durch Schenkung oder Testament zu verfügen oder zu erwerben, und Nichtigkeit des bereits errichtet gewesenen Testaments (Gesetz vom 31. Mai 1854, Art. 3).

Von den privatrechtlichen Beschränkungen kann der deportierte forçat in der Kolonie durch die Regierung befreit werden, niemals jedoch kann er politische Rechte wieder erlangen[1]).

Für gemeine Verbrechen (crimes) ist die Strafe der travaux forcés die schwerste nächst der Todesstrafe. Ihr folgen:

réclusion (Zuchthaus, von fünf bis zehn Jahren),
dégradation civique als Hauptstrafe bei Amtsverbrechen (Art. 167, 183 code pénal).

Berücksichtigt man auch die crimes politiques, so ergiebt sich folgende Rangordnung:

1. Mort,
2. Travaux forcés à perpétuité,
3. Déportation (stets lebenslänglich),
4. Travaux forcés à temps,
5. Détention (lebenslänglich Festung — aufser Gebrauch),
6. Réclusion,
7. Bannissement (Verbannung von fünf bis zehn Jahren),
8. Dégradation civique[2]).

Die transportation der forçats ist die hauptsächliche Art der Deportation Frankreichs. Eingeführt, um die in Mifskredit gekommenen Bagnos zu ersetzen, ist sie selbst jetzt in Mifskredit geraten[3]), so dafs die Kommission zur Revision des code pénal, welche seit 1887 ihre Arbeit begonnen hat, in ihrem Gesetzentwurf sich für Abschaffung der transportation erklärt hat.

## 3. Relégation[4]).

Die Verschickung rückfälliger Verbrecher nach den Strafkolonien ist in dem Gesetz vom 27. Mai 1885 „relégation" be-

[1]) Teisseire, p. 129.

[2]) Dalloz, „Peine" Nr. 54.

[3]) Vgl. Dalloz, „Peine", „Prisons". Teisseire, préface, p. 41—68, p. 404 f. Moncelon, Le bagne et la colonisation pénale de la Nouvelle-Calédonie, Paris 1886.

[4]) Teisseire, p. 144—404. Dalloz, „Récidive" (Bd. 15), No. 100—221. „Prisons" (Bd. 13) No. 75—89.

nannt worden, obgleich die Strafe mit der römischen relegatio nur wenig gemein hat. Man könnte als Ähnlichkeiten anführen, daſs sie nicht Verlust der droits civiques bewirkt, und daſs sie auch bei den leichteren Vergehen zugelassen ist. Aber im übrigen zeigt die relégation Besonderheiten, welche sie der römischen relegatio ganz unähnlich machen. Namentlich bedeutet die relégation in dem regelmäſsigen Falle nicht Freiheit am Internierungsort, sondern Zwangsarbeit und gemeinschaftliche Haft in Strafanstalten. Die Deputiertenkammer hatte das Wort relégation mit gutem Grunde gewählt, weil sie das Gesetz dahin entworfen hatte, daſs die danach Deportierten, im Gegensatz zu den forçats, in der Kolonie volle Freiheit haben sollten. Der Senat hat das Wesen der Strafe geändert, aber das Wort als Bezeichnung der neuen Strafe bestehen lassen.

Das ganze Gesetz ist übereilt gearbeitet, voller Unklarheiten und Lücken, so daſs zahllose Streitfragen daraus entsprungen sind, selbst über wesentlichste Grundsätze. Garraud erklärt[1]), er kenne kein schlechter gearbeitetes Gesetz, und Teisseire[2]) spricht sich noch schärfer aus.

### a. Besonderheiten der relégation.

Die relégation ist notwendig lebenslängliche Strafe, insofern ähnlich der déportation und abweichend von der transportation.

Der Unterschied von der déportation liegt in erster Linie darin, daſs relégation nur für gemeine, nie für politische Verbrechen eintritt, und ferner darin, daſs sie in dem regelmäſsigen Falle (relégation collective) Gemeinschaftshaft und Zwangsarbeit bedeutet.

Von der transportation unterscheidet sie sich:

1. in der Voraussetzung: wiederholte Vorbestrafung;
2. in der Zulässigkeit über den Kreis der crimes hinaus;
3. in dem Fehlen der gesetzlichen Nebenstrafen (Interdiction légale, dégradation civique);
4. in der Möglichkeit, durch Gewährung der „relégation individuelle“ von Anfang an innerhalb der Kolonie frei zu sein.

---

[1]) Garraud, Droit pénal, I, p. 310.
[2]) Teisseire, p. 450.

Dagegen ist der Strafvollzug der relégation collective demjenigen der travaux forcés fast ganz ähnlich; auch der Deportationsort (Guyana oder Neukaledonien) ist der gleiche wie bei travaux forcés, nur dafs die relégués von den forçats innerhalb dieser Kolonien territorial getrennt gehalten werden.

### b. Voraussetzungen.

Die Vorbedingungen der relégation sind:

1. Zwei-, drei-, vier- oder siebenmalige Bestrafung;
2. bestimmter Minimalbetrag der erkannten Strafe: 3 Monate Gefängnis;
3. gesetzlich bestimmte Strafthaten: crimes, 7 délits, Landstreicherei, Bannbruch.

Von Vergehen sind diejenigen im Wiederholungsfalle mit relégation bedroht, welche erfahrungsmäfsig die gröfsten Rückfallziffern zeigen und Eigentum oder Sittlichkeit gefährden.

4. Eine Frist von 10 Jahren, von der letzten Strafthat rückwärts gerechnet, innerhalb welcher die vorher begangenen Strafthaten liegen müssen.

Im einzelnen gelten folgende Regeln:

Es zählen nur rechtskräftige Urteile und nur solche, die der letzten That zeitlich vorangehen; sie müssen in dem relégation verhängenden Urteile einzeln aufgeführt werden (Art. 10 des Ges.).

Die einfache Begnadigung bewirkt nicht, dafs das Strafurteil für die Anrechnung ausscheidet, wohl aber die formelle réhabilitation, welche das französische Recht als gesetzliche Einrichtung kennt (Art. 5).

Es werden ferner nur die von ordentlichen Gerichten erkannten Strafen, nicht die Urteile von Special- oder Ausnahmegerichten oder ausländischen Gerichten mitgezählt. Die von Militär- und Marinegerichten aufserhalb des Kriegs- oder Belagerungszustandes verhängten Strafen können (nicht: müssen) mitgerechnet werden (Art. 2).

Strafen wegen politischer und mit solchen verknüpfter Verbrechen zählen nicht mit (Art. 3).

Die letzte, neu zu verkündende Strafe ist dagegen mitzuzählen. Streitig ist, ob verjährte Strafen und ob die einzelnen in einer Gesamtstrafe enthaltenen Strafen mitzurechnen sind.

Die zehnjährige Frist ist zu berechnen unter Abzug der Strafdauer der erlittenen Strafen; denn nach der Absicht des Gesetzes sollen die 10 Jahre eine Probezeit sein, und innerhalb der Strafanstalten konnte der Delinquent nicht rückfällig werden.

Streitig ist, ob die Frist vom Tage der letzten Verurteilung oder vom Tage der letzten Strafthat an zu berechnen ist; die Praxis hat sich für das letztere entschieden. Bei den früheren Delikten hält man sich dagegen, weil man sonst auf unlösbare Schwierigkeiten stofsen würde, an das Datum der Verkündung der Urteile.

### c. Accessorischer Charakter der relégation. Hauptstrafen neben ihr.

Die relégation kann niemals selbständig für sich allein, sondern mufs stets neben einer Hauptstrafe ausgesprochen werden. Hauptstrafe kann sein:

1. Travaux forcés, wenn für bestimmte Zeit verhängt. In diesem Falle knüpft sich an den Ablauf der Periode der travaux forcés die lebenslängliche relégation. Bei lebenslänglichen travaux forcés ist dagegen relégation nicht mehr möglich, weil sie erst nach verbüfster Hauptstrafe eintreten könnte.

   Forçats, welche zugleich zu relégation verurteilt sind, gehören stets der dritten Sträflingsklasse an.

Sonderbare Konsequenzen ergeben sich daraus, dafs die Residenzpflicht und Art. 1 und 2 des Gesetzes vom 30. Mai 1854 ausdrücklich aufrecht erhalten sind: wenn die forçats weniger als 8 Jahre Strafe haben, so bleiben sie zunächst ebensolange libérés, d. h. in der Kolonie interniert, aber frei, gemäfs Gesetz von 1854; sodann tritt relégation und damit zugleich Zwangsarbeit ein, falls sie sich nicht selbständig ernähren können. Haben dagegen die forçats 8 Jahre oder längere Strafe, so sind sie lebenslänglich freie Leute nach Gesetz von 1854, nur lebenslänglich an die Kolonie gefesselt, und die relégation kann für sie nur insofern in Betracht kommen, als sie durch Straferlafs von der Hauptstrafe befreit werden können, ohne dafs die relégation erlassen wird.

2. Réclusion (5 bis 10 Jahre).
3. Emprisonnement, und zwar regelmäfsig mehr als 3 Monate.

Gefängnis unter 3 Monaten kann nur wegen Vagabondage oder Bannbruchs vorkommen und kommt nur dann in Betracht, wenn wenigstens zwei der erkannten Strafen mehr als 3 Monate betragen (Art. 4, Nr. 4 des Gesetzes).

Im einzelnen ist noch folgendes hervorzuheben:

Es genügen sehr geringfügige Delikte, um relégation eintreten zu lassen. So gehört zum Begriff „Vol" (Diebstahl) auch der einfache Feld- und Forstdiebstahl. Gewöhnliche Landstreicherei und einfache Übertretung der polizeilichen Aufenthaltsbeschränkungen seitens Strafentlassener können gleichfalls relégation unter Umständen (Art. 4, Nr. 4) nach sich ziehen.

Als Vagabunden werden auch betrachtet [1]:

„tous les individus qui, soit qu'ils aient ou non un domicile certain, ne tirent habituellement leur subsistance que du fait de pratiquer ou de faciliter sur la voie publique l'exercice de jeux illicites ou la prostitution d'autrui sur la voie publique" (Art. 4, fin.).

Hiernach sind die „bonneteurs et souteneurs" (Bauernfänger und Zuhälter) bei mehrfachen Bestrafungen der relégation unterworfen.

Wie sich in Wirklichkeit die Verteilung der relégués auf die vier vom Gesetz unterschiedenen Klassen von Strafen gestaltet hat, ergiebt für die Jahre 1886—1890 folgende Zusammenstellung [2]:

Es wurden relegiert:

1. In der ersten Strafklasse: niemand.
   (Weil eventuell transportation stattfindet.)
2. In der zweiten: 233.
3. In der dritten: 3201.
4. In der vierten: 1305.

Mehr als die Hälfte der relégués waren rückfällige Diebe, etwa ein Fünftel Landstreicher und Bettler, der Rest verteilte sich auf Betrug (343 Verurteilungen) und sonstige Delikte [3].

### d. Obligatorischer Charakter.

Gesetzlich mufs die relégation ausgesprochen werden, sobald ihre Voraussetzungen vorliegen. Aber die Gerichte haben es in

[1] Dalloz, „Récidive" Nr. 166. Teisseire, p. 226.

[2] Teisseire, p. 242.

[3] Teisseire, p. 241.

der Hand, durch die Strafzumessung die relégation auszuschliefsen. Sie können bei Verbrechen mildernde Umstände bewilligen und dadurch travaux forcés oder réclusion durch emprisonnement ersetzen. Bei délits können sie auf Strafen unter 3 Monaten Gefängnis erkennen. Auf diese Weise ist der obligatorische Charakter der Strafe in Wirklichkeit sehr gemildert worden [1]).

Ausnahmsweise ist die relégation auch gesetzlich fakultativ in den beiden oben bereits erwähnten Fällen (Gesetz vom 19. Dezember 1893 und 28. Juli 1894).

### e. Beginn der relégation. Vorbereitung und Transport [2]).

Die relégation tritt in Kraft mit dem Ablauf der Hauptstrafe (Art. 12 des Gesetzes). Der Verurteilte wird nach Ablauf der Haft aus den maisons centrales oder prisons départementales nach den Depotanstalten gebracht, in welchen er bis zum Abgang eines Transports nach der ihm vorgeschriebenen Strafkolonie zu bleiben hat. Seine Überführung nach den Depots ist schon vor Ablauf der Hauptstrafe zulässig, damit der Transport vorbereitet werden kann. In den dépôts haben die Verurteilten meist 3—6 Monate auf den Transport zu warten. Gewöhnlich sammeln sich dort ca. 1000 relégués an, deren Beschäftigung grofse Schwierigkeiten verursacht. Sie sollen zwar auf die Arbeit in den Kolonien vorbereitet werden, doch sind bisher besondere Einrichtungen hierzu mangels der erforderlichen Mittel nicht getroffen worden. Sie werden gruppenweise zu den verschiedenen im Depot möglichen Arbeiten herangezogen, aber bei der Arbeit kommen die Strafgefangenen aus den Gefängnissen und Zuchthäusern, die unter den relégués ja beide vertreten sind, durcheinander, so dafs die Disciplin erschwert ist. Nur die zu travaux forcés Verurteilten bleiben abgesondert, ebenso die Frauen [3]).

Die Abfahrt erfolgt von der Insel Aix bei St. Martin de Ré. Den Transport besorgen zwei gemietete Dampfer, die je 300 bezw. 500 Gefangene und 20 bezw. 30 Aufseher, sowie 1 bis 2

---

[1]) Dalloz, Nr. 112, „Récidive".

[2]) Dalloz, „Prisons" Nr. 77.

[3]) Dekret v. 26. November 1885, Art. 12—17.

Schiffsärzte mitnehmen. Die Reise nach Cayenne dauert 14 Tage, nach Neukaledonien (durch den Suezkanal) etwa 2 Monate[1]).

### f. Orte der Strafverbüfsung.

Guyana und Neukaledonien sind ziemlich gleichmäfsig mit relégués bedacht worden, obgleich letztere Kolonie nur herangezogen werden sollte „si les bésoins l'exigent“ (Art. 4 des Dekrets vom 26. November 1885). Bis 1890 waren von 4000 relégués 2207 nach Guyana, die übrigen nach Neukaledonien transportiert worden[2]).

Die Benennung anderer Kolonien als Strafort ist der Regierung vorbehalten geblieben (Art. 4 des Dekr.).

Sections mobiles von Relegierten können auch aufserhalb der Strafkolonien zur Verwendung bei öffentlichen Arbeiten gelangen, wenn eine andere Kolonie darum bittet. Bis jetzt ist dies jedoch nicht geschehen.

Die Bestimmung des Deportationsortes in jedem einzelnen Falle trifft der Unterstaatssekretär der Kolonien nach Anhörung der „commission de classement“ und des Ministers des Innern, welchem in Frankreich alle inländischen Gefängnisse unterstellt sind (Art. 23 des Dekrets).

Innerhalb der beiden Strafkolonien sind für die relégués besondere Strafanstalten und Arbeitsplätze reserviert: in Guyana St. Jean, St. Louis und ein chantier forestier (Holzplatz) am oberen Maroni; in Neukaledonien die früher für déportés vorbehaltene, jetzt freigewordene Insel Pins, die Bai von Prony und die Insel Brun, ferner Ouaménie.

„Sections mobiles“ von Relegierten sind für Haute-Maroni und für Ouaménie gebildet worden.

### g. Strafinhalt. (Relégation individuelle und collective.)

Der Inhalt der Strafe ist gänzlich verschieden, je nachdem relégation individuelle oder collective beschlossen wird. Der Unterschied beruht nicht auf dem Gesetz, sondern auf dem Aus-

---

[1]) Bericht des Kolonialministers v. 22. Mai 1895, Journal officiel 1895, p. 2905.

[2]) Bericht des Kolonialministers l. c.

führungsdekret. Das Gesetz bestimmt nur, dafs diejenigen Relegierten, die vom Staate unterhalten werden, zur Arbeit verpflichtet sind (Art. 1, a. E.). Im übrigen ist der Justizverwaltung freie Hand gelassen.

Die relégation individuelle[1]) ist eine Vergünstigung, zu welcher zugelassen werden:

1. Vor der Verschickung nach den Kolonien diejenigen, welche sich in den Strafanstalten gut geführt und den Nachweis erbracht haben, dafs sie genügende, ehrlich erworbene Mittel zum eigenen Unterhalt besitzen oder sich durch Handwerk, Gewerbebetrieb oder Landwirtschaft selbständig ernähren können.

   Die Bewilligung erfolgt durch Verfügung des Ministers des Innern, nach eingeholtem Gutachten der „commission de classement".

2. In den Kolonien belohnungsweise diejenigen, welche entweder dieselben Bedingungen nachträglich erfüllen oder zu concession oder assignation gelangen.

   Die Bewilligung erfolgt durch Verfügung des Ministers der Kolonien nach eingeholtem Gutachten einer örtlichen „commission de classement" in der Kolonie.

Der relégué individuel ist zur Arbeit nicht verpflichtet, sondern innerhalb der Kolonie frei und nur den polizeilichen Überwachungsvorschriften unterworfen. Er hat der Polizeibehörde seinen Aufenthaltsort zu melden, ein Ordnungsbuch (livret) mit seinem Namen und Signalement bei sich zu führen und dasselbe zweimal jährlich visitieren zu lassen. Der Aufenthalt an bestimmten Orten ist ihm verboten (Dekret vom 25. November 1887).

Verletzung dieser Vorschriften, ferner Begehung von Verbrechen oder Vergehen in der Kolonie, notorisch schlechte Führung, Bannbruch oder unerlaubte Entfernung aus der Landkonzession werden mit Entziehung der relégation individuelle bestraft.

Dagegen fällt diese nicht von selbst fort, wenn der Relegierte sich nicht mehr selbständig ernähren kann. Vielmehr ist er alsdann als Arbeiter gegen Lohn in den staatlichen Werkstätten

---

[1]) Dekret v. 26. November 1885, Art. 2, 6, 9. Teisseire, p. 357 bis 360, 363—365.

oder landwirtschaftlichen Anstalten zuzulassen. In diesem Falle ist er freilich auch der Anstaltsdisciplin während der Arbeitszeit unterworfen (Art. 34 des Dekrets vom 26. November 1885 und Art. 10 des Dekrets vom 25. November 1887).

Zu erwähnen ist noch, dafs der relégué individuel den ordentlichen Gerichten und dem bürgerlichen Gesetz untersteht.

Für den Fall einer Hospitalbehandlung hat er eine Kaution zu hinterlegen (Art. 9 des Dekrets vom 25. November 1887).

Die relégation individuelle kann in jeder französischen Kolonie verbüfst werden, welche die Regierung bestimmt [1]).

In Wirklichkeit giebt es relégués individuels nur in Guyana und Neukaledonien, und zwar nur in geringer Zahl. Ende 1890 waren 27 in Guyana (am Maroni) und 137 in Neukaledonien. Bis 1891 waren nur 26 Verurteilte vor ihrer Abreise nach den Kolonien zur relégation individuelle zugelassen [2]). Dieselbe spielt also in der Praxis der Deportation keine grofse Rolle. Der weitaus gröfste Teil der relégués ist eben mittellos und zu selbständigem Erwerbe unfähig.

Die relégation collective, die gewöhnliche Form der Strafe, besteht neben der Internierung in der Kolonie in der Haft und Zwangsarbeit innerhalb bestimmter Anstalten oder unter Aufsicht derselben.

Aus den Aufnahmedepots (Ile Royale bei Cayenne, Insel Nou oder Pins bei Nouméa), wo sie zuerst in vorbereitenden Arbeiten geübt werden, kommen sie in die einzelnen Strafanstalten, in denen sie zu Arbeitern oder Handwerkern herangebildet werden sollen. Doch sind die Leistungen der relégués, mit Ausnahme der in den sections mobiles vereinigten auserlesenen Mannschaft, sehr geringe gewesen.

### h. Disciplin und Gerichtsbarkeit.

Ähnlich den forçats sind die relégués collectivs — nach Dekret vom 22. August 1887 — folgenden Disciplinarstrafen unterworfen:

1. Entziehung der bons supplémentaires oder des salaire.
2. Prison de nuit.
3. Cellule.
4. Cachot.

---

[1]) Dekret v. 26. November 1885, Art. 4 u. 11.

[2]) Bericht des Kolonialministers, l. c.

Körperliche Züchtigung ist verboten. Fluchtversuche werden mit Gefängnis bis zu 2, im Rückfall bis zu 5 Jahren bestraft, ebenso unerlaubte Entfernung aus der Kolonie oder Urlaubsüberschreitung (Art. 14 des Gesetzes vom 5. Mai 1885).

Sonstige Verbrechen oder Vergehen der relégués collectifs gegen das gemeine Recht sind Specialgerichten der Kolonien unterstellt (Art. 3 des Dekrets vom 26. November 1885).

### i. Vergünstigungen.

Die Relegierten erhalten ein salaire für ihre Arbeit, die Mitglieder der sections mobiles 40—80 Centimes täglich, die anderen weniger. Der Staat behält vom Arbeitsertrage ein Drittel zur Deckung der Unterhaltskosten, ein Drittel wird als Spargeld für die Zeit der Freilassung des Gefangenen zurückgelegt, und das letzte Drittel als salaire ausgezahlt (Dekret vom 26. November 1885, Art. 35, und Dekret vom 5. September 1887, Art. 4).

Den Relegierten kann nicht nur Urlaub zu dringenden Reisen, sondern auch, durch Verfügung des Ministers der Kolonien, die Erlaubnis zur zeitweiligen Rückkehr nach Frankreich bis zu 6 Monaten erteilt werden (Art. 13 des Ges.).

Zur Ausübung von Privatrechten und Abschlufs von Rechtsgeschäften in der Kolonie können sie ermächtigt werden (Art. 17 des Ges.).

Ein besonderes Reglement über concession und assignation für Relegierte ist nicht erschienen. In der Gewährung dieser Wohlthaten ist die Justizverwaltung freier gestellt als bei der transportation.

### k. Beköstigung und Kleidung.

Die relégués collectifs haben gleichmäfsige Sträflingstracht (Art. 5 des Dekrets vom 5. September 1887). Ihre normale Tagesration enthält weder Wein noch Rum noch Kaffee und Zucker (Art. 13 das.). Sie soll nur höchstens 47 Centimes für die gewöhnlichen Relegierten, 70 Centimes für die sections mobiles kosten [1]). Doch sind bons supplémentaires durch höhere Arbeitsleistungen erreichbar.

---

[1]) Bericht des Kolonialministers v. 1895.

1. Ausnahmen. Persönliche Anwendbarkeit.

Frauen sind von der Verschickung nach den Kolonien nicht ausgeschlossen. Sie werden dort in besonderen Anstalten verwahrt und mit Arbeiten nach Maſsgabe ihrer Fähigkeiten beschäftigt. Wenn sie zur relégation individuelle zugelassen sind, so wird ihnen nötigenfalls Arbeit in maisons d'assistance zuerteilt (Art. 28 und 30 des Dekrets vom 26. November 1885).

Am 31. Dezember 1890 waren in Guyana 153, in Neukaledonien 179 relegierte Frauen[1]).

Fast alle relegierten Frauen sind, wie Teisseire[2]) bemerkt, durch vorgerücktes Alter und körperliche Unvollkommenheit für die Kolonien unbrauchbar.

Fremde Staatsangehörige können statt Ausweisung auch relégation erleiden, was gegen solche Ausländer, die trotz der Ausweisung wiederkommen und Verbrechen begehen, ein wirksames Mittel ist.

Kranke und Schwache, die zur Arbeit überhaupt nicht fähig sind, werden nicht verschickt. Sie können zunächst provisorisch auf ein Jahr in den Depotanstalten Frankreichs in Haft bleiben. Ihr definitiver Dispens erfolgt auf Anordnung des Ministers des Innern nach eingeholtem Gutachten der commission de classement (Art. 11 des Dekrets). Sie werden alsdann, da das Gesetz keine andere Strafe substituiert hat, in Freiheit gesetzt[3]).

Personen, die noch nicht 21 oder über 60 Jahre alt sind, werden nicht nur von der Verschickung ausgenommen, sondern dürfen auch zur relégation nicht verurteilt werden. Das Alter wird bestimmt nach der Zeit der Verbüſsung der letzten Hauptstrafe. Das Gericht, welches die Dauer dieser von ihm selbst zu verkündenden Strafe vom Tage der Urteilsverkündung an zu berechnen hat, kann durch die längere oder kürzere Bemessung der Strafzeit die relégation ermöglichen oder ausschlieſsen[4]). Hier ist vom Gesetz, falls an sich relégation möglich wäre, bei den Minderjährigen Unterbringung in eine Besserungsanstalt, bei den mehr als 60 Jahre Alten lebenslängliche

[1]) Bericht des Kolonialministers.
[2]) Teisseire, p. 185. („Des véritables non-valeurs.")
[3]) Dalloz, „Prisons" Nr. 79.
[4]) Dalloz, „Récidive" Nr. 125, 126.

liche Beschränkung des Aufenthaltsrechtes (interdiction de séjour) substituiert (Art. 8).

m. Dauer.

Die relégation ist zwar lebenslänglich, aber der relégué kann frei werden:

1. Durch Dispens wegen Krankheit oder Schwäche vor der Verschickung.
2. Durch Begnadigung, falls sie sich ausdrücklich auch auf die relégation, nicht allein auf die Hauptstrafe bezieht (Art. 15 des Ges.).
3. Durch bedingte Entlassung, falls dieselbe für die Hauptstrafe bewilligt und durch Ablauf von 10 Jahren nach der Entlassung unwiderruflich geworden ist. Vorher kann, infolge bedingter Entlassung bei der Hauptstrafe, die Strafvollstreckung bezüglich der relégation aufgeschoben werden (Gesetz vom 14. August 1885, Art. 2)[1]).
4. Durch remis judiciaire, d. h. Gerichtsbeschlufs auf formelles Gesuch des Relegierten, wenn derselbe sich 6 Jahre lang in der Kolonie gut geführt und der letzteren gute Dienste geleistet hat, auch genügende Mittel zum eigenen Unterhalt besitzt (Art. 16 des Ges.).

n. Rang.

Die relégation nimmt insofern eine eigentümliche Stellung im Strafsystem ein, als sie zwei verschiedene Strafarten (relégation individuelle und collective) in sich schliefst.

Die relégation individuelle läfst sich der déportation, die relégation collective der transportation an Gewicht gleichstellen.

Die relégation collective ist zwar nicht nur bei Verbrechen (crimes), sondern auch bei Vergehen (délits) zulässig. Gleichwohl ist sie durch ihre lebenslängliche Dauer, in Verbindung mit Zwangsarbeit und möglichem Aufenthalt in gesundheitsschädlichem Klima, theoretisch betrachtet von solcher Härte, dafs sie die réclusion und sogar travaux forcés auf bestimmte Zeit übertrifft.

Hieran wird wenig dadurch geändert, dafs mit der relégation die dégradation civique und interdiction légale nicht gesetzlich

---

[1]) Dalloz, „Peine“ Nr. 329.

verbunden ist. Denn diese Ehrenstrafen hätten bei einer lebenslänglichen Strafdauer keine wesentliche Bedeutung für den Verurteilten. Die Möglichkeit, im Kriegsfalle zu militärischen Dienstleistungen verwendet zu werden, bei relégation individuelle auch im corps disciplinaire der Kolonie zu dienen (wie ein Dekret vom 26. November 1888 vorsieht), dürfte in den Augen der relégués ebenfalls nicht als besondere Gunst und Ehre erscheinen, die sie mit ihrem übrigen Schicksal versöhnen könnte.

Die neue Strafe der relégation hat die in sie gesetzten Hoffnungen nicht erfüllt. Die Kommission zur Revision des code pénal läfst sie im Gesetzentwurf zwar bestehen, aber mit der Einschränkung, dafs nur solche Verbrecher deportiert werden sollen, welche nach einer Strafe von mindestens 5 Jahren Gefängnis wiederum mindestens 1 Jahr Gefängnis erhalten. Es sollen also die leichteren Vergehen in Zukunft, auch wenn sie mehrmals begangen sind, nicht zur Deportation führen.

### 4. Organisation der Verwaltung des Deportationswesens[1]).

Die Gefängnisse Frankreichs stehen unter der Verwaltung des Ministers des Innern. Dieser hat auch über die zur Deportation Verurteilten die nötigen Anordnungen und Entscheidungen zu treffen, solange sie sich innerhalb Frankreichs befinden. Mit der Abreise aber treten sie unter die „administration pénitentiaire aux colonies", welche zum Kolonialministerium gehört (seit Gesetz vom 20. März 1894, früher zum Marineministerium) und von einem Unterstaatssekretär geleitet wird.

Dem Unterstaatssekretär steht als beratende und verwaltende Behörde die „Commission permanente du régime pénitentiaire" zur Seite; eine Unterkommission dieser aus höheren Verwaltungs-, Gefängnis- und Gerichtsbeamten zusammengesetzten Körperschaft, deren Sitz Paris ist, trifft mit dem Unterstaatssekretär die Wahl der Strafkolonie (Dekret vom 16. November 1889 und Verfügung vom 20. November 1889).

Für die Anwendung des Gesetzes vom 27. Mai 1885 ist Centralbehörde die „Commission de classement" zu Paris, vom Minister des Innern ernannt, bestehend aus je zwei Mitgliedern oder Delegierten der drei Ministerien der Justiz, der Marine und

---

1) Dalloz, „Prisons" Nr. 64.

der Kolonien, unter Vorsitz eines Staatsrats (Art. 7 des Dekrets vom 26. November 1885). Sie entscheidet insbesondere auch über Gewährung von Dispensen und relégation individuelle.

In den Kolonien steht an der Spitze der Justizverwaltung und der Specialgerichtsbarkeit für Deportierte der Gouverneur. Ihm stehen als beratende und verwaltende Behörden zur Seite lokale commissions de classement, welche die Verteilung der Deportierten leiten, über Gewährung der relégation individuelle oder Entziehung derselben beschliefsen und concessions gewähren, überhaupt alle wichtigeren Angelegenheiten des Strafvollzugs ordnen (Art. 8 des Dekrets vom 26. November 1885). Sie werden vom Gouverneur ernannt.

Die letzte Entscheidung liegt überall beim Kolonialminister, dessen Anweisungen die Gouverneure zu befolgen haben.

Innerhalb der einzelnen Strafanstalten sind als Disciplinargerichte „commissions disciplinaires“ bestellt, bestehend aus dem Leiter der Anstalt und zwei Beamten, mit einem Protokollführer und mündlicher Verhandlung.

Das Personal der „administration pénitentiaire“ in jeder Kolonie wird gebildet aus einem Direktor, einem Unterdirektor, den Leitern der Strafanstalten (commandants des pénitenciers), einer Anzahl Bureaubeamten und den Aufsehern (surveillants militaires, durchweg ehemaligen Soldaten). Dazu kommen einige Ärzte, Pharmaceuten, Geistliche (Jesuiten) und Krankenpflegerinnen (Schwestern des Heil. Joseph und sœurs de charité)[1]. — Direktor und Unterdirektor können jederzeit den Vorsitz in den commissions disciplinaires übernehmen. —

Zu erwähnen sind endlich als Specialgerichte für crimes oder délits der Deportierten die tribunaux maritimes der Kolonien (Dekret vom 4. Oktober 1889).

Eine regelmäfsige Inspektion der administration pénitentiaire in den Kolonien von Frankreich aus besteht nicht. Dagegen haben die chefs du service judiciaire in Cayenne und Nouméa mindestens einmal jährlich die Strafanstalten zu besichtigen (Dekret vom 20. März 1895)[2].

---

[1]) Teisseire, p. 94, 95.

[2]) Cor, p. 111, 112.

## III. Die Wirkungen der Deportation auf Frankreich und die Kolonien.

### 1. Finanzielle Folgen.

Frankreich hat gegenwärtig für etwa 20000 Deportierte zu sorgen, deren Zahl sich mit jedem Jahre vermehrt. Der dadurch veranlafste Aufwand von Staatsmitteln ist aufserordentlich beträchtlich. Er betrug: [1])

| | |
|---|---|
| 1. Für Guyana (1852–1894) . . . . . | 124 348 000 fr. |
| 2. Für Neukaledonien (1863—1894) . . | 106 217 000 „ |
| 3. Für Obock und Gubon . . . . . . | 1 458 000 „ |
| | 232 023 000 fr. |

Das jährliche Budget der „administration pénitentiaire aux colonies" beträgt nahezu 10 Millionen fr. Nach dem Budget von 1895 setzte es sich wie folgt zusammen: [2])

| | |
|---|---|
| 1. Personal . . . . . . . . . . . . . | 2 545 600 fr. |
| 2. Verpflegung, Kleidung, Hospitäler . . | 4 498 650 „ |
| 3. Transportkosten . . . . . . . . . . | 1 269 500 „ |
| 4. Material . . . . . . . . . . . . . | 1 554 000 „ |
| | 9 867 750 fr. |

Jeder Deportierte kostet, wenn man diese Ausgaben auf den Kopf berechnet, den französischen Steuerzahlern, nach officiellen Angaben, 900 fr. jährlich [3]). Speciell für die relégués berechnet der Kolonialminister die Kosten im Jahre 1890 auf je 1036,10 fr. in Guyana und 859,45 fr. in Neukaledonien [4]).

Die Transportkosten allein (einschliefslich der Verpflegung auf dem Schiffe) stellen sich auf 375 fr. durchschnittlich für jeden Gefangenen (275 fr. nach Guyana, 475 fr. nach Neukaledonien). Hierzu treten aber noch die höheren Transport- und Verpflegungkosten der begleitenden Aufsichtsbeamten, Offiziere und Mannschaften, welche — je nach der Rangklasse — nach Guyana 500, 375, 275 fr., nach Neukaledonien 800,

---

[1]) Cor, p. 94.

[2]) Journal officiel 1895 (Verhandlung der Deputiertenkammer vom 4. März 1895).

[3]) Schreiben des Unterstaatssekretärs Jamais an die commission permanente pénitentiaire vom 10. Oktober 1892 (Dalloz, „Prisons" Nr. 64).

[4]) Bericht des Ministers vom 22. Mai 1885 (Journ. off., p. 2905).

550, 400 fr. pro Mann betragen. Es werden mindestens sechs Aufseher für je hundert Gefangene auf dem Schiffe gerechnet. Der Unterhalt eines Gefangenen in den Strafkolonien kostet 2,15 fr. täglich oder ca. 800 fr. jährlich. (Offiz. Bericht des Ministers v. 13. Dezember 1894, Journ. off. 1895, p. 421.)

Um die Bedeutung dieser Zahlen richtig würdigen zu können, mufs man mit ihnen folgende vergleichen.

In Frankreich kostet der Unterhalt eines Gefangenen täglich 90 ctm. oder jährlich 328 fr.[1]). — Die Verpflegung und der sonstige Unterhalt eines Deportierten ist also mehr als doppelt so teuer als in Frankreich. Rechnet man noch die Transportkosten hinzu, so ist er dreifach so teuer.

Der Unterhalt eines Soldaten kostet Frankreich weniger als der eines Deportierten. Der Aufwand für den letzteren erreicht fast den durchschnittlichen Jahreslohn eines städtischen Arbeiters[2]).

Zum Umbau der prisons départementales, der eigentlichen Gefängnisse Frankreichs, sind etwa 35 Millionen fr. erforderlich[3]). Aber während bisher 250 Millionen fr. für Strafkolonien geopfert sind, war diese Summe von 35 Millionen fr., die — auf zehn Jahre verteilt — 3,5 Millionen pro Jahr betragen würde, bisher nicht zu erschwingen!

## 2. Kriminalität in Frankreich.

Die Deportation hat ihr Ziel, die Zahl der schweren und der rückfälligen Verbrecher im Lande zu vermindern und dadurch die Kriminalität im ganzen herabzudrücken, nicht erreicht. Diesen Satz darf man aussprechen, ohne selbst von den noch vorhandenen Verteidigern der Deportation eine Widerlegung befürchten zu müssen; denn er ist in Frankreich allgemein anerkannt.

Seit 1852, dem Beginn der transportation, ist die Zahl der crimes und délits in Frankreich stetig gewachsen. Sie betrug[4]):

---

[1]) André, La récidive, p. 53. (Paris 1892.)

[2]) Bericht des Unterstaatssekretärs Jamais (Dalloz, „Prisons“ Nr. 64).

[3]) Les institutions pénitentiaires de France (Paris 1895, herausgeg. von der société générale des prisons), p. 140.

[4]) Dalloz, „Peine“ Nr. 830.

| | |
|---|---|
| 1825: | 58 000, |
| 1856—1860: | 123 000, |
| 1867: | 162 000, |
| 1876—1880: | 171 000, |
| 1881—1885: | 184 000. |

Das Wachstum der Verbrechen und Vergehen war verhältnismäfsig stärker als das der Bevölkerung. Im Jahre 1837 gab es auf je 100 000 Einwohner 237 wegen Verbrechen oder Vergehen Verurteilte, im Jahre 1887 dagegen 552, das heifst: die Anzahl der Verbrecher hat sich in 50 Jahren um 133 % vermehrt.

Die maisons centrales, die Zuchthäuser Frankreichs, sind nicht leer geworden. Im Jahre 1852 waren darin 19 720 Gefangene [1]), jetzt 24 000.

Besonders zugenommen hat die Anzahl der Rückfälligen, d. h. schon mit Freiheitsstrafe Vorbestraften. Der Prozentsatz derselben unter den jährlich wegen crime oder délit Verurteilten betrug [2]):

| | crimes | délits |
|---|---|---|
| 1851—55 | 33 % | 21 % |
| 1855—60 | 36 „ | 27 „ |
| 1860—65 | 38 „ | 31 „ |
| 1866—70 | 41 „ | 36 „ |
| 1871—75 | 44 „ | 37 „ |
| 1876—80 | 49 „ | 40 „ |
| 1881—85 | 54 „ | 44 „ |

Im Jahre 1886 begann die Deportation der récidivistes. Seitdem betrugen die entsprechenden Zahlen:

| | | |
|---|---|---|
| 1887 | 55 % | 45 % |
| 1888 | 56 „ | 47 „ |
| 1889 | 56 „ | 47,1 „ |
| 1890 | 57 „ | 48 „ |
| 1891 [3]) | 56 „ | 47 „ |
| 1892 | 58,8 „ | 42 „ |
| 1893 | 58 „ | 42 „ |

Der Prozentsatz der Rückfälligen hat sich also seit 1852 bei crimes und délits nahezu verdoppelt, und das Gesetz vom 27. Mai 1885 ist nicht im stande gewesen, etwas hieran zu ändern.

---

[1]) v. Holtzendorff, Deportation, p. 450.

[2]) Teisseire, p. 146. Dalloz, „Peine“ Nr. 47 — „Récidive“ Nr. 3, 5.

[3]) Journ. offic., Bericht des Justizministers über die jährl. Kriminalstatistik (Mai 1894, 95, 96).

Die Zahl der wegen délits verurteilten récidivistes betrug:

| | |
|---|---|
| 1886: | 91 055, |
| 1887: | 92 204, |
| 1888: | 94 137, |
| 1889: | 96 449, |
| 1890: | 99 098, |
| 1892: | 105 380. |

Die Flut der rückfälligen Verbrecher steigt also, trotz der Deportation, mit der Sicherheit eines Naturphänomens. Es war vergeblich, dagegen mit der relégation anzukämpfen. Schon im Jahre 1891 sagte der Justizminister in seinem Bericht über die Kriminalität des Jahres 1888 [1]):

„Das Gesetz vom 27. Mai 1885 hat nicht diejenigen Resultate gezeitigt, welche man von ihm erwarten konnte."

Die folgenden Jahre haben dieses Urteil voll bestätigt. Gerade diejenigen Delikte, welche mit relégation bedroht sind, haben an Zahl bedeutend zugenommen, von 1891—92 fast um 5000! Im einzelnen waren die Zahlen nach der Kriminalstatistik folgende:

| 1888 | 1888 | 1889 | 1890 | 1891 | 1892 |
|---|---|---|---|---|---|
| a) Vagabondage . . . . | 18 400 | 19 700 | 19 900 | 17 800 | 19 300 |
| b) Mendicité . . . . . | 14 400 | 15 100 | 15 300 | 14 700 | 15 770 |
| c) Vol . . . . . . . . . | 48 800 | 50 400 | 49 800 | 50 800 | 53 175 |
| d) Abus de confiance . . | 4 400 | 4 800 | 4 200 | 4 100 | 4 252 |
| e) Escroquerie . . . . . | 4 400 | 4 300 | 4 500 | 4 073 | 4 020 |
| f) Outrage public à la pudeur . . . . . . | 2 800 | 2 800 | 3 025 | 3 092 | 3 240 |

„Die Jugend der Schuldigen, ihre Verwegenheit und Geschicklichkeit scheint täglich zuzunehmen, und wenn es nötig ist, vor einem definitiven Urteil noch die Erfahrungen einiger Jahre abzuwarten, so bezweifeln wir doch, dafs die künftigen Ergebnisse besser sein werden als die jetzigen." Mit diesen Worten bricht der berufenste Sachverständige, der Vorsitzende der commission de classement des récidivistes in einem Bericht für das Jahr 1891 den Stab über das Gesetz vom 27. Mai 1885 [2]).

Unter solchen Umständen ist es erklärlich, dafs die Gerichte der Anwendung der relégation zunehmenden Widerstand entgegensetzen. Bei Erlafs des Gesetzes hatte man auf 4500 Ver-

---

[1]) Dalloz, „Récidive" Nr. 8—10.

[2]) Dalloz, „Récidive" Nr. 102—104; Journal offic. v. 7. Februar 1894.

urteilungen zur relégation jährlich gerechnet. Aber in Wirklichkeit erfolgten Verurteilungen hierzu:

| | |
|---|---|
| 1885/86: | 1739, |
| 1887: | 1934, |
| 1888: | 1628, |
| 1889: | 1231, |
| 1890: | 1035, |
| 1891: | 965, |
| 1892: | 925. |

Ebensowenig wie die rückfälligen Verbrecher sind die schwersten Verbrecher wesentlich vermindert worden. Die todeswürdigen Verbrechen haben sogar zugenommen, so daſs man in Frankreich glaubt, die Todesstrafe nicht entbehren zu können, und der Senat vor einigen Jahren erst, auf Anregung des Senators Bérenger, einen Gesetzentwurf genehmigte, wonach die zum Tode verurteilten, aber begnadigten Verbrecher vor der Deportation einige Jahre Zellenhaft durchmachen sollten. — Die Zahl des zu travaux forcés Verurteilten bleibt seit langer Zeit auf ungefähr gleicher Höhe [1]). Sie betrug in den letzten Jahren:

| | 1888 | 1889 | 1890 | 1891 | 1892 |
|---|---|---|---|---|---|
| a) Verbrechen gegen Personen: | 335 | 319 | 330 | 316 | 303, |
| b) Verbrechen gegen Eigentum: | 557 | 535 | 563 | 527 | 432. |

Die schwersten Verbrechen gegen Personen nehmen noch zu. Es wurden zu travaux forcés verurteilt:

a) wegen absichtlicher Tötung (einschlieſslich Todesurteile):

| 1889 | 1890 | 1891 | 1892 | 1893 |
|---|---|---|---|---|
| 372 | 420 | 399 | 400 | 429; |

b) wegen Körperverletzung mit tödlichem Ausgange:

1891: 110, 1892: 121, 1893: 142;

c) Notzucht:

| 1889 | 1890 | 1891 | 1892 | 1893 |
|---|---|---|---|---|
| 64 | 72 | 60 | 70 | 78; |

d) Sittlichkeitsverbrechen gegen Kinder:

1889: 539, 1893: 651.

Auch die transportation hat also, obwohl sie 48000 schwere Verbrecher seit 1852 aus Frankreich entfernt hat, die Zahl der schweren Verbrechen nicht zu vermindern vermocht.

---

[1]) Bericht des Justizministers über die Kriminalstatistik des Jahres 1893 (Journal officiel v. 10. Mai 1896).

### 3. Die Entwicklung der Strafkolonien.

Die beiden Kolonien, nach welchen Frankreich deportiert, sind in Klima, Bodenbeschaffenheit und Gesundheitsverhältnissen sehr verschieden.

#### Guyana[1]).

Guyana, mit dem stolzen Beinamen „la France équinoxiale“, gehört ganz zur tropischen Zone. Das Land umfaſst 78 900 qkm, etwa die Gröſse des Königreichs Bayern. Die Grenzen sind im Norden der Atlantische Ozean, im Westen der Fluſs Maroni, welcher es von Niederländisch-Guyana scheidet, im Osten und Süden Brasilien, zum Teil der Fluſs Oyapuk. Die Bewässerung ist sehr reichlich. Zwischen Maroni und Oyapuk giebt es 22 Flüsse, von Süd nach Nord flieſsend, mit zahlreichen Nebenflüssen, auſserdem viele Seen. Schiffbar sind die Flüsse aber nur in einem Teile ihres nördlichen Laufes, der Maroni auf 15 Meilen, während der Oberlauf durch Wasserfälle abgesperrt und die Mündung versumpft ist.

Die Bodenfläche unterscheidet sich in „terres basses“ (Niederung) und „terres hautes“ (Hochland). Die Niederung, etwa 150 km breit von der Küste nach innen, ist flaches Schwemmland; die Küste selbst ist versandet und sumpfig, so daſs nur kleinere Schiffe landen können. Der einzige Hafen ist Cayenne. Auf die Küste folgt nach innen Hügelland mit breiten Grasflächen (Savannen) und vielen feuchten Bodensenkungen, deren sumpfiger Grund dichte Vegetation trägt. Dahinter erhebt sich der Boden um 500—600 m, und es beginnt das Gebirgsland, welches den ganzen Süden der Kolonie einnimmt. Dieser südliche Teil des Landes ist erst in den Jahren 1883—1891 von Coudreau durchforscht worden. Ungeheuerer Urwald bedeckt alles, nur einzelne Lichtungen und Savannen freilassend, die zur Regenzeit Seen sind.

Das Klima ist sehr heiſs und zugleich sehr feucht. Die Temperatur schwankt zwischen 21° und 34° und beträgt im

[1]) v. Holtzendorff, Deportation, S. 522—560. Coudreau, La France équinoxiale (Paris 1886), p. 53—67. De Lanessan, L'expansion coloniale de la France (Paris 1886), p. 683—727. Teisseire, p. 110, 111. Cor, De la transportation (Paris 1895), p. 74—87.

Durchschnitt des Jahres 22°. Die Regenzeit dauert acht Monate (November bis Juni), und die Luft enthält stets Feuchtigkeit in grofser Menge.

Die Fruchbarkeit ist aufserordentlich. Die Niederung hat eine gewaltige Humusschicht, aber auch der Süden des Landes ist fruchtbar. Zuckerrohr, Kaffee, Kakao, Mais und Reis gedeihen gut. Die Savannen sind zur Viehzucht geeignet. Die Wälder bergen unermefsliche Reichtümer an Nutz- und Bauhölzern.

Silber und an einigen Flüssen nahe der Küste auch Gold ist in ziemlich reichlicher Menge zu finden.

Die Bevölkerung betrug 1890: 29 650 Seelen, davon nur 7000 Weifse einschliefslich der Deportierten, im übrigen Indianer, Neger, Mulatten und ostindische Kulis. — Die Hauptstadt Cayenne, auf der gleichnamigen Insel belegen, hatte (1890) 13 491 Einwohner. Aufser Cayenne giebt es nur noch einige Dörfer, von welchen Sinnimarie mit 1000 und St. Laurent mit 1000 Einwohnern die bedeutendsten sind.

Im Jahre 1836 betrug die Bevölkerung bereits 22 361 Seelen, darunter 16 705 Sklaven. Die Aufhebung der Sklaverei im Jahre 1848 versetzte dem Wohlstande der Kolonie einen tödlichen Stofs. Die fehlenden Sklaven konnten nicht ersetzt werden. Im Jahre 1853 war die Volkszahl auf 13 200 zurückgegangen, Cayenne auf 3000 Einwohner gesunken. Die Kolonie schien dem Untergange verfallen. Da sendete das Machtwort Napoleons III. die Sträflinge aus Frankreichs Bagnos dorthin. Sie sollten offenbar die Sklaven ersetzen. Aber man hatte die Rechnung ohne das Klima gemacht.

Kaum hatten die neu erbauten Strafanstalten ihre Thätigkeit eröffnet, hielt das gelbe Fieber seinen Einzug. Die Sträflinge, schlecht verpflegt und an das Klima nicht gewöhnt, starben in Masse. In den ersten Jahren der Deportation betrug die Sterblichkeit nach den von de Lanessan mitgeteilten amtlichen Angaben:

| | | | |
|---|---|---|---|
| 1. Isles du Salut . . . . | 1855 | 36 % des Bestandes, | |
| 2. St. Marie, St. Augustin | 1854—1856 | 22 bis 25 % | jährlich. |
| 3. St. Georges . . . . . | 1853—1865 | 25 „ 33 „ | |

| | | |
|---|---|---|
| Montagne d'Argent: | 1853: | 33,3 %, |
| | 1854: | 21,3 „ , |
| | 1856: | 63,3 „ . |

Der Beiname „die trockene Guillotine", den Viktor Hugo der Deportation nach Cayenne gab, war also nicht ungerechtfertigt.

Bei solcher Sterblichkeit war von Kolonisation nicht mehr die Rede. Die Anstalten, welche man 1852—1856 in St. Georges, St. Marie, St. Philippe, St. Augustin und Montagne d'Argent, sämtlich in den terres basses, begründet hatte, wurden in den Jahren 1856—1865 wieder aufgegeben, und im Jahre 1867 wurde die Verschickung weifser Sträflinge nach Guyana gänzlich eingestellt, nachdem die administration pénitentiaire zu der Einsicht gelangt war, dafs Weifse die Zwangsarbeit in Guyana nicht ertragen könnten. Von den 17000 Deportierten, welche in den Jahren 1852—1866 dorthin gekommen waren, befanden sich Mitte 1866 nur ca. 2000 noch am Leben [1]).

Indessen versuchte man nunmehr, die Strafanstalten aus der Nähe der sumpfigen Flufsmündungen und Ufer, an welchen sie unvorsichtigerweise gegründet worden waren, nach dem gesunderen Hochlande der Kolonie zu verlegen, wo die Nächte kühler und die reinigenden Ostwinde häufiger sind. Seit 1857 entstanden im Innern des Landes, am Maroni, mitten im Urwalde die Weiler St. Pierre, St. Jean, St. Laurent (1858), St. Maurice, St. Louis. Aber auch hier mufste eine Ansiedlung nach der anderen wieder verlassen werden. Am besten hielt sich St. Laurent. Hier arbeiteten die concessionnaires der ganzen Kolonie auf eigene Rechnung. Es wurden 147 Hektar Land mit Zuckerrohr, Kaffee, Mais angebaut. Im Jahre 1880 zählte St. Laurent 1222 Deportierte, darunter 357 Europäer, 73 weifse Frauen, mehr als die Hälfte der Einwohner waren concessionnaires. In St. Maurice begründete der Staat eine Zuckerfabrik, um den Ansiedlern ihre Zuckerernte abzunehmen. Aber je mehr die staatliche Unterstützung aufhörte, die während der ersten Jahre durch Lebensmittel, Lieferung von Vieh und Werkzeugen und durch bare Gelder reichlich geboten wurde, desto rascher sank auch St. Laurent wieder von seiner Höhe herab. Die weifsen Ansiedler konnten auch dort auf die Dauer dem Klima und dem Fieber der Tropen keinen Widerstand leisten. Pater Brunetti, der 1888 zu Missionszwecken Guyana bereiste, fand in St. Laurent nur noch 800

---

[1]) Bericht des Admirals Rigeaux de Genouilly für den Kongrefs zu London (1872).

Deportierte und die Landwirtschaft in Verfall [1]). Aber Zuckerrohr wird noch gebaut. Nicht wenig zum Rückgange der Ansiedlung hat der Mangel an Frauen beigetragen, welcher geschlechtliche Laster zeitigte, die wiederum zu Repressivmafsregeln der Regierung Veranlassung gaben. Von Cayenne wurde „das neue Sodom am Maroni" so lange bekämpft, bis den Ansiedlern schliefslich die Lust verging, überhaupt noch zu arbeiten [2]). Cor, ein Verteidiger der Deportation, mufs zugeben [3]):

„Le Maroni connut un moment de quasi-prospérité, mais il fut de courte durée."

Immerhin sind auch jetzt noch am Maroni die Hauptanstalten der administration pénitentiaire, und neuerdings erst sind St. Jean und St. Louis den relégués angewiesen worden, welche dort namentlich mit Abholzungen beschäftigt sind.

Neben den Anstalten am Maroni sind an der Küste diejenigen zu Cayenne und auf den îles du Salut in Benutzung geblieben. In Cayenne [4]) waren die Gefangenen früher auf zwei im Hafen verankerten Schiffen untergebracht („Pénitenciers flottants"). Nachdem aber eines der Schiffe mitten im Hafen gesunken war, wurden die Gefangenen besser verwahrt.

Etwa 60, die zu den Hafenarbeiten verwendet werden, sind in der Anstalt „La Truite" am Hafen. Die grofse Mehrzahl ist aber in Baracken und Kasernen der administration pénitentiaire und findet in deren Fabriken und Werkstätten (Ziegelei, Sägemühle, Schiffsbauanstalt, Druckerei, Reparaturwerkstätten) Beschäftigung. Eine gröfsere Anzahl dient zur Anlegung und Instandhaltung der Wege um Cayenne herum. Im Jahre 1884 gab es in Cayenne 1264 Deportierte.

Die îles du Salut [5]) sind drei kleine Inseln 12 Meilen nordwestlich von Cayenne, vulkanischen Ursprungs, ohne Humus und Vegetation. Nur einige kleine Gemüsegärten sind mühsam angelegt worden, im übrigen tritt überall, wo nicht der Sand des Strandes liegt, der kahle Felsen zu Tage. Das Klima ist

---

[1]) Brunetti, La Guyane française, Tours 1890 (Petermanns geograph. Mitteilungen 1892, Litteraturbericht, S. 130).

[2]) Coudreau, p. 54, 55.

[3]) Cor, p. 82.

[4]) Teisseire, p. 89.

[5]) Cor, p. 78.

infolge der Seewinde erträglicher als in Cayenne. Die gröfste der Inseln (île Royale) ist der Landungsplatz der Transportschiffe, mit Depot und Werkstätten. Ile St. Joseph dient als Detentionsort für Unverbesserliche, die dort in mehreren Baracken untergebracht sind. Da der Erdboden fehlt, können die Leichen der dort verstorbenen Sträflinge nicht an Ort und Stelle begraben werden; sie werden ins Meer geworfen, zum Frafs der Haifische, welche in Scharen die Inseln umkreisen[1]).

Gegenwärtig ist die Sterblichkeit der Deportierten in Guyana infolge der vorsichtigeren Auswahl der Detentionsorte nicht mehr so grofs als früher. Auch der verbesserten Verpflegung und dem geordneten Hospitalwesen dürfte ein Teil des Verdienstes hieran zuzuschreiben sein. Die Sterblichkeit betrug 1867: 7,4 %, 1868: 5,50 %, 1869: 4,9 %, 1870: 4,7 %[2]). Dabei ist jedoch nicht zu vergessen, dafs in dieser Zeit fast nur noch farbige Sträflinge in Guyana waren, welche das Klima besser als weifse vertragen. Seitdem wieder weifse Sträflinge hingeschickt werden (1887), ist die Sterblichkeit auf 10—12 % jährlich gestiegen, abgesehen von Epidemie-Jahren, in welchen sie das Doppelte bis Dreifache erreicht[3]).

Die hauptsächlich zu fürchtenden Krankheiten sind die einheimische Malaria, die Dysenterie der Tropen und das periodisch auftretende gelbe Fieber. In jedem Falle wirkt das Klima auf die Weifsen entnervend, sie werden nach einigen Jahren blutarm und kraftlos. Allerdings können sich Europäer auch in Cayenne gesund erhalten; Cor hat, wie er erzählt, 14 Jahre dort gewohnt, ohne krank zu werden. Aber dieses ist ein seltener Ausnahmefall, und Cor selbst bestätigt, dafs noch immer zur Erhaltung der Gesundheit dasjenige Verhalten für Europäer notwendig ist, welches de Bonnefoux[4]) anrät:

---

[1]) Den Proviant für die Strafgefangenen in Cayenne und den îles du Salut liefern zum Teil einige hundert Sträflinge, welche in der Anstalt „Les roches du Kourou" nahe der Mündung des Kourou mit Gemüse- und Ackerbau beschäftigt werden (de Lanessan). — Wegen ungesunden Klimas wurde diese Anstalt mehrfach schon geräumt.

[2]) Teisseire, p. 100.

[3]) Cor, p. 15. — In den französischen maisons centrales beträgt die Sterblichkeit durchschnittlich 4—5 % jährlich.

[4]) Vergl. v. Holtzendorff, S. 543. Cor, p. 36.

„Der Europäer darf niemals anhaltende körperliche Arbeit verrichten. Er mufs in einem genügenden Zustande körperlicher Bequemlichkeit hinsichtlich aller materiellen Bedürfnisse leben, mit innerer Heiterkeit des Gemütes und in gänzlicher Sicherheit vor geistigen Aufregungen.“

Der Komfort, welchen die französische Regierung ihren Sträflingen bieten kann, reicht nicht hin, um diesen Anforderungen zu entsprechen.

Die kolonisatorischen Leistungen der Deportierten in Guyana sind sehr gering. Ein Teil von ihnen befindet sich fortgesetzt in den Hospitälern, und von den übrigen sind nur wenige arbeitsfähig genug, um anstrengende Thätigkeit zu ertragen. Coudreau äufsert sich über die Leistungen der Deportierten folgendermafsen[1]):

„Sagt einem Bretagner Bauern, dafs ein Herr, der 30 Jahre hindurch über 3000 Arbeiter verfügt, welchen er nichts bezahlt, etwas Ordentliches leisten kann, so wird er euch sagen, das glaube er wohl!

Sagt ihr aber dasselbe einem Direktor der Strafanstalten in Guyana, so wird er euch die Versicherung geben, dafs es unmöglich sei, mit solchen Elementen etwas zu leisten.“

Coudreau erklärt ferner, die Sträflinge hätten wohl durch Wege-, Kanal- und Brückenbau dem Lande nützlich werden können, aber dies sei nicht geschehen; statt dessen hätten sie vergeblich Plantagenbau betrieben, und jetzt sei alles, wie es zuvor gewesen. „Ohne genügende Bevölkerung und ohne Kredit geht die Kolonie dem völligen Ruin entgegen.“

De Lanessan[2]), welcher im Auftrage des Ministers de Freycinet die Strafkolonien in den Jahren 1886/87 besucht hat, fand Guyana ohne Industrie, ohne Handel, Ackerbau und Viehzucht gering, nicht einmal für den eigenen Bedarf der Ansiedler ausreichend. Sogar Bauholz, das in den Wäldern in Menge vorhanden sei, müsse aus Nordamerika importiert werden. Vor allem fehle es an Wegen; aufser bei Cayenne seien solche in der ganzen Kolonie nicht zu finden. Die Flüsse seien nur wenige Meilen von der Mündung landeinwärts schiffbar. Es sei auch unmöglich, mit weifsen Arbeitern dort den Boden auf-

---

1) Coudreau, t. I, p. 52.

2) L'expansion coloniale de la France, p. 700—729.

zubrechen; denn in ihm nisteten die Keime der Malaria und anderer Seuchen. De Lanessan giebt seinen Rat dahin:

zuerst durch Neger und Kulis die Wege bahnen, die Sümpfe austrocknen und das Land urbar machen zu lassen, und dann erst Weifse anzusiedeln („aux travaux moins pénibles dans les localités déjà assainies").

Was er aber fordert, steht im offenen Widerspruch zu dem Gesetz vom 30. Mai 1854, welches für die forçats als Strafe ihrer schweren Verbrechen „les travaux les plus pénibles de la colonisation" vorschreibt.

Leisten schon die forçats nichts, so erwiesen sich die relégués, genau wie Coudreau und de Lanessan als Kenner des Landes vorhergesagt hatten, erst recht ohnmächtig, weil sie meist älter und schwächer sind als die forçats. Ihre geringere Widerstandskraft drückt sich schon in ihrer Sterblichkeitsziffer aus, welche nach dem Bericht des Ministers der Kolonien vom 22. Mai 1895 (Journ. offic., p. 2905 fg.) betrug:

| | | |
|---|---|---|
| 1888: | 9,87 %, | |
| 1889: | 20,47 „ | (gelbes Fieber), |
| 1890: | 12,78 „ , | |
| 1891: | 16,6 „ , | |
| 1892: | 28,8 „ | (gelbes Fieber), |
| 1893: | 13,5 „ , | |
| 1894: | 9,2 „ . | |

Der Minister giebt unumwunden zu, dafs von den relégués für die Kolonisation nichts zu erwarten sei. Fast alle seien zur anstrengenden Arbeit untauglich, ohne Kenntnis von Handwerk oder Ackerbau, dabei von einer tief eingewurzelten Arbeitsscheu. Nur ein Viertel der Relegierten sei brauchbar, zwei Viertel seien nur mit Holzspalten und Lasttragen, unter fortwährenden Strafen und Drohungen, zu beschäftigen gewesen, und ein Viertel, bestehend aus den ganz Unverbesserlichen, befinde sich dauernd in den quartiers und camps disciplinaires.

Einige Wegebauten auf der Insel Cayenne, die Wasserleitung der Stadt Cayenne, eine Telegraphenlinie zwischen Cayenne und dem Maroni und einige Plantagen, die keinen Gewinn für Staat oder Kolonie abwerfen: das ist alles, was die Deportierten vollbracht haben [1]). Von den Werken der Relegierten weifs der

---

[1]) Cor, p. 85.

Bericht des Ministers nur anzuführen, dafs sie 3 km Wege gebaut, Holzbrücken über ein paar Bäche am Maroni gelegt und das sumpfige Ufer vor St. Jean so weit aufgeschüttet haben, dafs Kähne landen können. Aufserdem haben sie mehrere Waldparzellen abgeholzt.

Waren die Leistungen der Sträflinge gering, so hoffte man doch, mit den Strafentlassenen der Kolonie ein tüchtiges Element zuzuführen. Aber auch diese Hoffnung war trügerisch. Die Strafentlassenen, welche in der Kolonie bleiben mufsten, thaten fast ausnahmslos nichts, sondern ergaben sich dem Trunke und der Bettelei. Cor konstatiert[1]), dafs fast alle Strafentlassenen der Staatskasse zur Last blieben.

Gegenwärtig besteht in der Kolonie eine einzige Zuckerfabrik, zu welcher von St. Laurent aus die einzige Eisenbahn (von 1 km Länge) führt. Der Hafen von Cayenne ist so seicht, dafs nur Schiffe von geringem Tiefgange dort landen können. Industrie und Handel giebt es nicht, nur etwas Goldwäscherei. Die Einfuhr betrifft fast nur den Bedarf der administration pénitentiaire und der Garnison von 400 Mann, welche Frankreich in Guyana unterhalten mufs. Die Ausfuhr besteht zu $^3/_4$ ihres Wertes aus Gold (jährliche Produktion durchschnittlich 1975 Kilo) und im übrigen aus Kakao und Roukou (Farbholz). Der Wert der Einfuhr betrug (1893) 8,8 Mill. Mark, die Ausfuhr 3,8 Mill. Mark[2]). Die Bevölkerungszahl hat sich trotz der Deportation nicht gehoben. Ab- und Zugang der Deportierten halten sich etwa die Wage. Die meisten von ihnen — $^9/_{10}$ — sind unverheiratet. Im Jahre 1893 gab es in Guyana 128 Familien von Deportierten, was Teisseire[3]) bereits als einen grofsen Erfolg betrachtet. Zur Vermehrung der Volkszahl haben auch diese Ehen nichts beigetragen. Sehr häufig bleiben sie kinderlos, was zum Teil der schädlichen Einwirkung des Klimas auf die Genitalfunktionen der Frauen zuzuschreiben ist. Wenn Kinder geboren werden, sind sie schwächlich und erreichen selten das Alter der Mündigkeit. Die Kindersterblichkeit ist eine ungeheuere[4]).

---

[1]) Cor, p. 95, 96.

[2]) Ritter, geographisch-statistisches Lexikon, 1895. — Hübner, geogr.-statist. Tabellen, 1896.

[3]) Teisseire, p. 97.

[4]) Cor, p. 83. De Lanessan, l. c.

Angesichts dieser Thatsachen hofft die freie Bevölkerung Guyanas nichts mehr von der Deportation, sondern ist derselben durchaus abgeneigt. Sie hat unter den Räubereien und Diebeszügen der entlaufenen Sträflinge und der Strafentlassenen mehr zu leiden, als sie jemals von der Arbeit der Gefangenen profitiert hat[1]). Weit lieber wäre ihr der Import von Kulis auf Staatskosten, welchen auch Cor als Rettungsmittel empfiehlt.

Wie die Verhältnisse liegen, ist Guyana trotz der seit 1852 fortgesetzten Deportation von allen französischen Kolonien am meisten zurückgeblieben und am wenigsten ergiebig.

Zum Vergleiche diene die Entwicklung einer auf freier Einwanderung beruhenden Kolonie in gleicher geographischer Lage: Britisch-Guyana[2]). Dieses Land hat 278 328 Einwohner, 35 km Eisenbahn, 11 759 km Telegraphenlinien, 115 Zuckerfabriken und eine Hauptstadt von 53 000 Einwohnern (Georgtown). Die Einfuhr von Britisch-Guyana betrug (1894) 33,6 Mill. Mark, die Ausfuhr 31,1 Mill. Mark.

## Neukaledonien[3]).

Neukaledonien ist eine Insel von 16 712 qkm Flächeninhalt, d. h. etwas gröſser als das Groſsherzogtum Baden. Zwischen dem 161. und 164. Grade ö. L. und dem 20. und 23. südl. Br. gelegen, erstreckt sich die Insel schmal und lang von Nordost nach Südwest. Ihre Länge beträgt etwa 270 km, ihre Breite 35—50 km. Einige kleine Inseln in umittelbarer Nähe der Hauptinsel, so die Inseln Nou, Pins, Maré, werden verwaltungsrechtlich zu ihr gerechnet. Zum „Archipel von Neukaledonien" gehören ferner noch die Loyalitäts-, Huon- und Chesterfieldinseln, deren Flächeninhalt etwa 3300 qkm beträgt.

Die Hauptinsel wird der Länge nach von einem Gebirge durchzogen, dessen Gipfel im Innern bis 1700 m emporragen, und von welchem zahlreiche kleine Flüsse teils nach Osten, teils

---

[1]) Cor, p. 83. Teisseire, p. 116.

[2]) Hübner, Geogr.-statist. Tabellen, 1896.

[3]) Teisseire, p. 90—92, 452 fg. De Lanessan, p. 649—675, 850 fg. Bertheau, De la transportation des récidivistes incorrigibles (Paris 1882), p. 63 fg. Moncelon, Le bagne et la colonisation pénale à la Nouvelle-Calédonie, par un témoin oculaire (Paris 1886). Graf Lanjus (österreich. Marinelieutenant), Reisebericht, Petermanns geogr. Mitteil. 1893, S. 125 fg. Denys, Le Bagne d'aujourd'hui (Nouvelle Revue, 1. avril 1884). Cor, p. 88—93.

nach Westen sich in die Ebene ergiefsen. Diese Flüfschen sind nur für Kähne auf einige Kilometer weit schiffbar. Die nach Westen fliefsenden versickern, ehe sie das Meer erreichen, die nach Osten fliefsenden bilden an ihren Mündungen Sümpfe.

Vom Hauptgebirge gehen Seitenketten nach Ost und West. Sie bilden Thäler, durch welche die Gebirgsbäche ihren Lauf nehmen. Diese Thäler, besonders die im Südwesten der Insel, enthalten den fruchtbarsten Boden. Felsen und Sand nehmen einen grofsen Teil des übrigen Areals fort. Im ganzen ist nur der dritte Teil der Oberfläche des Landes nutzbar für Ackerbau und Viehzucht. Überwiegend ist der Boden nur als Weideland zu benutzen. Grofse Rinderherden (1885: 119379 Rinder) weiden auf den Savannen im Innern und an den Abhängen des Gebirges. Pferde-, Schaf- und Schweinezucht sind weniger bedeutend.

Seeschiffe finden nur einen Hafen: Nouméa, welcher noch dazu infolge der gefährlichen Korallenriffe, die ringsherum liegen, schwer zugänglich ist. Die übrigen Häfen sind nur mit Kähnen erreichbar und dienen lediglich dem Lokalverkehr.

Mineralien sind mannigfach vertreten. Es werden Kohlen, Kupfer, Gold, namentlich aber Nickel (24 Bergwerke), Kobalt (14 Bergwerke) und Chrom (8) gebaut. Im ganzen sind etwa 50 Bergwerke vorhanden, und der Bergbau ist neben der Viehzucht der wichtigste Erwerbszweig der Bevölkerung.

Das Klima der Insel ist ein aufserordentlich angenehmes, warm, aber gleichmäfsig, trocken und heiter. Allzu grofse Hitze wird, obwohl die Lage noch innerhalb der heifsen Zone solche vermuten läfst, durch die Seewinde gemildert. In der kühlen Jahreszeit — die kältesten Monate sind Juli und August — beträgt die Durchschnittstemperatur 21—22° C., für die übrige Jahreszeit 27° C. Unter 16° sinkt das Thermometer am Tage nie. Stürme sind äufserst selten; die Insel liegt aufserhalb der gewöhnlichen Bahn der Cyklone. Regen fällt regelmäfsig von Januar bis April, sonst nur vereinzelt. Die versengenden Winde, welche selbst Pau und Nizza mitunter stören, fehlen in Neukaledonien. Es herrscht ewiger Frühling.

Dieser Gunst des Klimas entsprechend, ist der Gesundheitszustand der Bevölkerung sehr gut. Sumpffieber, überhaupt specifische Krankheiten, fehlen ganz. Die weifsen Einwanderer fühlen sich dort wohl und können unbeschadet ihrer Gesundheit im Freien arbeiten.

Der Ackerbau beschränkt sich im ganzen auf den Südwesten der Insel, die Umgegend von Nouméa. Neben den tropischen Pflanzen (Kokospalmen, Bananen, Vanille, Orangen, Reis, Mais, Kaffee, Zuckerrohr) gedeihen auch europäische Getreide (Gerste, Roggen), Gemüse und Obstsorten. Nur Weizen hält sich nicht gut. Der Anbau des Zuckerrohrs, früher sehr verbreitet, wird jetzt als nicht mehr rentabel aufgegeben, wogegen der Kaffeebau mehr Ausdehnung genommen hat.

Das gebirgige Innere ist den Eingeborenen überlassen. Es hat reichen Waldbestand.

Neukaledonien hat (1892) 67 750 Einwohner mit Einschlufs der Nebeninseln, die Hauptinsel allein 41 694, davon 17 282 Weifse. Den Rest bilden die Kanaken, Eingeborene melanesischen Stammes, geschickt im Ackerbau und mancher Handfertigkeit, aber von wildem und kriegerischem Charakter, von alters her Kannibalen und der Kultur abgeneigt. Ihre Zahl vermindert sich rasch durch Trunksucht, Krankheit und schlechte Ernährung. Sie erkennen die französische Oberherrschaft an und betreten Nouméa nur mit Erlaubnis der Regierung. Als Hülfspolizei leisten sie bei der Verfolgung von Verbrechern vorzügliche Dienste. Die weifse Bevölkerung wohnt in Nouméa und einer Anzahl kleinerer Ansiedlungen, hauptsächlich im Südwesten der Insel. Im Nordosten befinden sich nur Militärposten. Nouméa, Sitz der Regierung, der administration pénitentiaire und der Specialpolizei zur Überwachung der assignés und zur Verfolgung flüchtiger Verbrecher, enthält die Hauptwerkstätten und -Magazine für die Sträflinge. Die Stadt zählt 7000 Einwohner, hat gerade, saubere, mit Bäumen bepflanzte Strafsen und gute Bewässerung. Sie besitzt öffentliche Gärten, viele Restaurants und ein Theater. Neben Nouméa sind als kleine Hafenplätze Kanala und St. Vincent, als gröfsere Ansiedlungen Koé und Bourail an der Küste, Foa im Innern der Insel zu erwähnen.

Die Zahl der Deportierten beläuft sich auf etwa 11 000, darunter 4200 Strafentlassene, die nach verbüfster Strafe dort interniert sind. — Die freien Einwohner bilden eine Minorität von etwa 4400 Farmern, Kaufleuten und Gewerbetreibenden und 3000 Beamten, sowie Militärpersonen mit ihren Angehörigen.

Diese gegenwärtige weiſse Bevölkerung ist das Ergebnis einer Kolonisation, welche der im Jahre 1853 vollzogenen Besitzergreifung seit 1864 folgte. Am 9. Mai 1864 trafen die ersten Deportierten auf der Insel ein, die 1867—1889 sämtliche forçats weiſser Rasse aufnahm, im ganzen bisher mindestens 18 000 forçats und — seit 1886 — 2000 relégués empfangen hat. Gegenwärtig werden die forçats weiſser Rasse wieder zwischen beiden Strafkolonien geteilt, dagegen die arabischen Sträflinge ausschlieſslich nach Neukaledonien geschickt, wo sie nicht so leicht entweichen können als in Guyana.

Die Gefangenen landen auf der Insel Nou und werden teils dauernd dort behalten, teils an andere Strafanstalten abgegeben. Die Sträflinge dritter Klasse bleiben in den Baracken auf Nou; die anderen zu Nou in Haſt behaltenen werden über die schmale Meerenge in Kähnen regelmäſsig des Morgens nach Nouméa und des Abends zurückgebracht [1]). In Nouméa haben sie Hafendienst, Straſsen- und Werkstättenarbeit.

Ferner bestehen Strafanstalten für forçats zu Yahoué, Ourail und Kanala, Ackerbaukolonien für dieselben zu Koé und Bourail. Eine „section mobile" ist zu Ouaménie thätig; sie hat dort 60 ha Land urbar gemacht, 15 Häuser und 1 Dampfsägemühle errichtet, Kaffee angepflanzt und die nötigen Verbindungswege hergestellt, so daſs 15 Kolonistenfamilien dort angesiedelt werden konnten [2]). Eine Anzahl „camps" — darunter die camps disciplinaires für Unverbesserliche — sind auf dem Lande zerstreut, mit Abholzungen, Erdarbeiten und Entwässerung von Sümpfen beschäftigt.

Für die Relegierten sind die Insel Pins (für Ackerbau) und die Bai von Prony (zu Forstwirtschaft, Holzplätzen) reserviert.

Die Leistungen der Sträflinge sind hiermit bereits bezeichnet. Im ganzen waren sie nicht bedeutend und auſser Verhältnis zu der groſsen Zahl der Deportierten. Die Mehrzahl der Sträflinge ist in den Werkstätten der administration pénitentiaire für deren eigenen Bedarf thätig. Bei allen Bauten derselben dienen sie als Bauhandwerker. Ackerbau treibt die administration pénitentiaire nur in beschränktem Umfange: bei Bourail, Koé, Nouméa sind zwar einige Landflächen bebaut worden, aber die

---

1) Denys, l. c.

2) Bericht des Ministers der Kolonien v. 1895, l. c.

Kosten stellten sich so hoch, dafs die Erträge dazu in keinem Verhältnis stehen. Sträflingsarbeit ist in Wirklichkeit überhaupt sehr teuer; selbst der administration pénitentiaire wird vorgehalten, dafs sie die Arbeitsprodukte ihrer Werkstätten bedeutend billiger sich herstellen könnte, wenn sie freie Arbeiter annehmen oder von Lieferanten kaufen würde[1]). Denn naturgemäfs arbeiten die Sträflinge langsam, lässig und ungeschickt. In Neukaledonien gilt es als unstreitig, dafs 10 Sträflinge weniger leisten als ein tüchtiger freier Arbeiter[2]).

Die öffentlichen Arbeiten waren bis auf die letzten Jahre sehr im Rückstande. Es fehlte überall an Wegen, in Nouméa an Hafenanlagen, Docks, Bassins, Speichern. Jetzt sind einige Wege (bei Nouméa und zwischen dieser Stadt und Foa, Kanala, Bourail) von den forçats erbaut worden, im ganzen etwa 80 km. Ein Teil des Quais von Nouméa ist von ihnen hergestellt. Aber noch fehlen viele notwendigen Verkehrswege, Leuchtturm und andere Hafenanlagen, Eisenbahnen und Telegraphen.

Mit den assignés haben die Kolonisten schlechte Erfahrungen gemacht. Diese Sträflinge sollten von ihrem patron von Rechts wegen nur 6 fr. monatlich beziehen. Aber wenn man ihnen nicht mehr, etwa 20, 30 bis 50 fr., gab, leisteten sie entweder überhaupt nichts, oder sie wurden krank[3]). Die Folge davon war, dafs die Kolonisten schwarze Eingeborene von den benachbarten Neuen Hebriden heranzogen, um die nach Zahl und Leistungen unzureichenden assignés zu ersetzen[4]), und den Import von Kulis verlangen.

Concessionnaires giebt es in Neukaledonien etwa 1500. Indessen hat sich gezeigt, dafs die wenigsten von ihnen Ausdauer besitzen. Die meisten liefsen ihre concession im Stich, weil ihnen die Arbeit zu schwer, das Leben zu einsam oder der Ertrag zu gering war. Sie gingen entweder freiwillig nach Nouméa zurück, oder sie wurden von wucherischen Spekulanten ausgebeutet und vertrieben.

Direkt schädlich für die Kolonie war bisher das Entreprisesystem, nach welchem die administration pénitentiaire die Sträf-

---

[1]) De Lanessan, Teisseire.

[2]) Moncelon, p. 48, 83.

[3]) Moncelon, p. 47.

[4]) Teisseire, p. 425.

linge scharenweise als Arbeiter für Fabriken (Konserven-, Zuckerfabriken) und Bergwerke vermietete. Abgesehen von der Lockerung der Disciplin und der Vereitlung des Strafzwecks (welcher ja nach dem Gesetz in den mühevollsten Arbeiten der Kolonisation bestehen soll), wurde hierdurch die freie Arbeit erdrückt und den Strafentlassenen, welche etwa Arbeit suchten, die Gelegenheit zum ehrlichen Erwerbe entzogen. Infolgedessen soll nach dem Dekret vom 13. Dezember 1894 eine solche Verwendung von Sträflingen nicht mehr stattfinden, sondern nur noch Entreprise bei „travaux de colonisation ou d'utilité publique" und nur gegen 1,50 fr. Tagelohn statthaft bleiben.

Auf die Strafentlassenen setzte die Regierung grofse Hoffnungen für Neukaledonien, da hier ein gesundes Klima die allmähliche Zunahme der Zahl derselben sicherstellte. Allein wenn schon die Sträflinge nicht viel nützten, so waren die Leistungen der Strafentlassenen (libérés) noch viel weniger befriedigend.

Die Sterblichkeit war in Neukaledonien allerdings sehr gering, nur 2 bis 2½ % jährlich, das heifst: nur halb so grofs als in den französischen Strafanstalten[1]). Neukaledonien, dieses Land des ewigen Frühlings mit seiner paradiesischen Vegetation, wirkt geradezu wie ein klimatischer Kurort. Sogar bei den entnervten relégués, von denen noch vorzugsweise die ältesten und schwächsten nach der Insel geschickt werden, hat sich dieses bewährt. Ihre Sterblichkeit betrug:

1888: 1,99 %,
1889: 3,23 „ (Dysenterie-Epidemie),
1890: 2,03 „ .

Die Zahl der in der Kolonie verbleibenden Strafentlassenen mufste also von Jahr zu Jahr zunehmen; sie betrug Ende 1892 bereits 4200. Aber statt einer Stütze der Kolonisation sind die libérés der Fluch der Kolonie geworden. Regelmäfsig gehen sie aus den Strafanstalten so hervor, wie sie hineingekommen sind, arbeitsscheu und genufssüchtig. Als Ansiedler auf dem Lande unbrauchbar und unzufrieden, ziehen sie es vor, gegen Lohn in

---

[1]) In den maisons centrales Frankreichs beträgt die Sterblichkeit 4 bis 5 % jährlich, in einigen 7—8 %. (d'Haussonville, Les établissements pénit. en France etc., p. 562.)

[2]) Bericht des Kolonialministers, 1895, l. c.

den Städten und Dörfern zu arbeiten, wenn die Not sie dazu zwingt, im übrigen aber als Vagabunden zu leben. Kolonisten nehmen libérés nicht gern in Dienst, weil diese als unzuverlässig und anspruchsvoll bekannt sind. So bilden sich Banden von Tagedieben, die auf dem Lande umherziehen und die zerstreut wohnenden Ansiedler brandschatzen. Wollen dieselben nicht der Rache des Verbrechers ausgesetzt sein — und diese Gefahr wiegt schwer in einem wenig bevölkerten Lande —, so müssen sie ein Auge zudrücken, wenn einmal ein Stück Vieh verschwindet. Der Viehdiebstahl ist für die Strafentlassenen, wenn sie in Not sind, ein naheliegendes und beliebtes Auskunftsmittel. Im schlimmsten Falle mufs der Staat sie ernähren. Er hat ihnen auf der Halbinsel Ducos ein Asyl eröffnet, wohin sie zusammenströmen, und welches Moncelon als einen Sammelplatz der ärgsten Unsittlichkeit bezeichnet.

Im übrigen ist in einem Lande, wo kein Winter herrscht, und Bananen, Orangen, Kokosnüsse wild wachsen, die Not nicht zu Hause.

Wie wenig aber die libérés im allgemeinen Lust haben, in einem solchen Lande zu arbeiten, geht aus folgenden Äufserungen mafsgebender Kenner hervor, welche bei Besprechung der Interpellation des damaligen Abgeordneten de Lanessan im Jahre 1889 gefallen sind[1]):

1. Unterstaatssekretär der Kolonien M. Etienne:

„Die libérés wollten nicht arbeiten. Sie trieben sich lieber in den Strafsen von Nouméa herum. Im vorigen Jahre hätten alle Bergwerksbesitzer in den Zeitungen angekündigt, dafs sie 4–6 r. Tagelohn böten, und die Strafentlassenen aufgefordert, sich zur Arbeit einzufinden. Es habe sich aber niemand gemeldet.“

2. Admiral Jauréguiberry (im Senat):

„Zu seiner Zeit (1882) seien 3500 libérés von der Regierung in Neukaledonien unterhalten worden, welche nichts, absolut nichts gethan hätten. Wenn man sie brauchte, hätten sie so hohe Löhne verlangt wie europäische Handwerker. Infolgedessen hätten die Kolonisten sich farbige Arbeiter geholt.“

---

[1]) Teisseire, p. 427.

Angesichts solcher Zustände und des damals (1885) bevorstehenden Recidivistengesetzes rief Moncelon, der Deputierte Neukaledoniens, verzweifelt aus:

„Nun sende man uns nur noch ein paar tausend Recidivisten herüber, und dann mag die Hölle einen Begriff davon geben, was aus unserer schönen Kolonie wird“[1]).

Inzwischen sind aber die Recidivisten dort eingetroffen. Ihr Erscheinen hat jedenfalls dazu beigetragen, dafs gegen die Zuchtlosigkeit der libérés eingeschritten wurde[2]). Zunächst wurden sie durch Dekret vom 13. Januar 1888 bei Gefängnisstrafe verpflichtet, sich zum Nachweise ihrer Anwesenheit in der Kolonie zweimal jährlich der Behörde zu stellen und einen Vermerk über den Appell in einem Heft (livret) eintragen zu lassen. Ein Dekret vom 29. September 1890 fügte hierzu noch die ferneren Verpflichtungen, dieses Heft, welches ein Signalement enthält, stets zur Legitimation bei sich zu tragen, jeden Wohnungswechsel anzuzeigen und darin vermerken zu lassen, endlich — was die Hauptsache ist — genügende Existenzmittel nachzuweisen, nämlich entweder Betrieb von Landwirtschaft, Handel oder Gewerbe oder Arbeitsverhältnis oder Besitz von Vermögen, bei Strafe aus Art. 271 des code pénal (Gefängnis von 3 bis 6 Monaten wegen Landstreicherei). Gegen die Trunksucht der Strafentlassenen richtete sich ein Dekret vom 30. August 1889, welches den Betrieb von Schankgeschäften, Restaurationen, Cafés und Hotels in den Strafkolonien von der Konzession der Polizei abhängig macht.

Überhaupt war die französische Regierung — mindestens seit 1889 — ernstlich bemüht, die auch von ihr anerkannten Schäden der Strafkolonien zu beseitigen. So tadelte z. B. der Unterstaatssekretär der Kolonien in einem Schreiben an den Gouverneur von Neukaledonien, dafs bei einem Bestande von 7000 Sträflingen nur 373 zu Wegebauarbeiten verwendet würden[3]); in einem Schreiben vom 16. Oktober 1889 rügt der Unterstaatssekretär, dafs die Arbeiten der forçats in Neukaledonien für Staat und Kolonie nutzlos und mit übermäfsigen Kosten verbunden seien[4]). Die commission permanente péni-

---

[1]) Moncelon, p. 92.
[2]) Dalloz, „Prisons“, Nr. 73, 74. Teisseire, p. 131—134.
[3]) Teisseire, p. 439.
[4]) Dalloz, „Peine“, Nr. 71; „Prisons“. Nr. 615.

tentiaire konstatiert in ihrem Bericht vom 24. März 1892 folgendes[1]):

„Die Strafentlassenen seien entmutigt, ohne Heim und ohne Mittel. Sie fielen der Verwaltung zur Last oder sie führten ein Leben als Vagabunden oder als Verbrecher. Die vom Staate gebrachten Opfer seien verloren und das Werk der Kolonisation in Gefahr."

Bis 1874 waren nur 130 Strafentlassene als Gewerbetreibende in der Kolonie ansässig geworden[2]). Heute dürften es 300 bis 400 sein. Die grofse Mehrzahl der Strafentlassenen zeigt kein Interesse für die neue Heimat, sondern verläfst die Insel so bald als möglich, wenn die Internierungsfrist abgelaufen ist. Cor schlägt vor, dies dadurch zu verhindern, dafs alle forçats nach Strafverbüfsung noch der relégation individuelle unterworfen, also lebenslänglich an die Kolonie gefesselt würden[3]). Dagegen würde die freie Bevölkerung die Zwangskolonisten am liebsten ganz aus der Insel abschieben. Moncelon hat die Neuen Hebriden als Wohnort der libérés in Vorschlag gebracht[4]), weil sie dort keine Stütze an einer civilisierten Bevölkerung fänden und zur Arbeit gezwungen wären, um nicht zu verhungern. Dort sei es möglich, sie zu bessern, nicht aber in Neukaledonien, wo sie fortwährend im Zusammenhang mit ihren Kameraden aus dem Bagno blieben. Denjenigen, welche hoffen, aus den Strafentlassenen tüchtige Bürger in Neukaledonien zu machen, ruft Moncelon entgegen[5]):

„Während das Land von Sträflingskolonnen durchzogen wird, und der Freigelassene täglich die entehrende Sträflingstracht vor sich sieht, die er so lange Jahre selbst getragen hat, während seine früheren Kameraden ihm im Vorbeiziehen ihre cynischen Scherze zurufen, da träumt man von der „Regeneration" der Strafentlassenen?

Die freien Kolonisten sind jedenfalls derselben Überzeugung als Moncelon, ihr Vertreter. Sie stehen der Deportation ablehnend gegenüber. Ihre Interessen sind entgegengesetzte. Als

---

[1]) Dalloz, „Prisons", Nr. 73.
[2]) Teisseire, p. 116.
[3]) Cor, p. 168, 176.
[4]) Moncelon, p. 164—166.
[5]) Moncelon, p. 177.

Arbeiter würden sie Sträflinge gern beschäftigen, wenn sie dieselben billig bekämen. Da sie aber 1,50 fr. oder 2 fr. täglich zahlen sollen, dabei aber auf gute Leistungen und rasche Arbeit nicht rechnen können, so nützt ihnen die Armee von Sträflingen sehr wenig. Deshalb lassen sie Kulis kommen. Die Strafentlassenen sind gröfstenteils als gefährliche Vagabunden verhafst. Sie und die entsprungenen Sträflinge bringen den freien Kolonisten nur Schaden. Aus diesen Gründen ist das Leben in dem schönen Lande, sogar in Nouméa, nicht angenehm. Es fehlt der ehrbare Bürgerstand und die anständige freie Arbeiterschaft. Die ehrliche Bevölkerung vermeidet nach Möglichkeit den Verkehr mit Strafentlassenen. Verklagt man einen libéré, so hört man oft vor Gericht den Vorwurf, weshalb man sich denn mit einem Deportierten eingelassen habe [1]).

Mit Bitterkeit mufs es ferner die ehrlichen Leute in der Kolonie erfüllen, zu sehen, dafs Sträflinge, gerade weil sie schwere Verbrechen begangen haben, es besser haben als sie. Auch hier giebt Moncelon den Gefühlen seiner Landsleute Ausdruck [2]):

> „Der freie Bauer ist gezwungen, sich abzumühen, um leben zu können. Neben sich sieht er den Strafgefangenen, nachlässig im Schatten der Bananen ausgebreitet, mit einer hübschen Engelmacherin in den Armen, ohne Sorge für die Zukunft, sicher, dafs es ihm an nichts fehlen werde."

Besonderen Grund zur Beschwerde gab ein Dekret vom 16. August 1884, durch welches die administration pénitentiaire, obgleich schon vorher im Besitz der gröfsten Landfläche, sich weitere 110 000 ha besten Landes vorbehielt. Danach blieben für die freie Bevölkerung nur noch etwa 7000 ha übrig, die für Ackerbau und Plantagen geeignet sind.

Für Neukaledonien wäre wie für Guyana eine zahlreiche freie Einwanderung sehr erwünscht. Indessen ist dieselbe auch in Neukaledonien ausgeblieben, obgleich diese Kolonie weit verlockender ist als Guyana. Die Übermacht der administration pénitentiaire, welche das beste Land und die billigsten Arbeitskräfte in Besitz hat, läfst die freien Einwanderer nicht aufkommen. Durch Geburten vermehrt sich die Bevölkerung

---

1) Graf Lanjus, S. 125.

2) Moncelon, p. 22 fg.

ebenfalls nicht genügend, trotzdem Kinder weifser Eltern sich dort recht gut entwickeln. Es fehlt an Frauen. Von den Deportierten waren Ende 1893 nur 360 mit Familie ansässig[1]). Zwar thut die Regierung ihr möglichstes, um Frauen zur Heirat mit Deportierten heranzuziehen, aber ungeachtet der Gewährung freier Überfahrt an die in Frankreich zurückgebliebenen Frauen verheirateter Sträflinge und an Insassinnen der maisons centrales blieb die Zahl der Weiber gering. Ebensowenig Erfolg hatten die Werbungen bei den Kanaken; nur selten entschliefst sich eine Kanakin, ihren Stamm zu verlassen und einen Sträfling zu heiraten, denn sie weifs, dafs sie auf schlechte Behandlung gefafst sein mufs.

Auch die Ehen zwischen den Weibern aus den Zuchthäusern Frankreichs und den Deportierten verlaufen — wie es kaum anders zu erwarten stand — überwiegend schlecht. Die Regierung fördert solche Ehen. Die Frauen aus den maisons centrales werden in einer Art Kloster zu Bourail unter Aufsicht der Schwestern des heil. Joseph verwahrt. Dorthin kommen die Deportierten, welche heiraten wollen, und lassen sich Frauen vorführen. Sie dürfen sich mit den vorgeführten Frauen in einem Zimmer, das durch ein Gitter in zwei Hälften zerlegt ist, durch das Gitter hindurch im Beisein einer Schwester unterhalten[2]). Gefallen sich die beiden Heiratslustigen, so dürfen sie ohne weiteres die Ehe schliefsen. Von Aufgebot und sonstigen Formalitäten wird Abstand genommen; es genügt auch jede Art von Beurkundung[3]). Natürlich beruhen derartige Ehen — und hierin liegt das Unsittliche dabei — weder auf sorgfältiger Überlegung, noch auf gegenseitiger Achtung und Liebe, sondern auf niederen Beweggründen. Der Ehemann spekuliert häufig nur auf die Unterstützung von 150 fr., welche die Regierung für die Begründung des Haushalts zu gewähren pflegt, und auf die Ausbeutung der Frau. Diese rechnet auf ihre Aussteuer an Wirtschaftssachen, auf freie Verpflegung und gröfsere Freiheit als bisher. Was sie voneinander zu halten haben, wissen die Ehegatten von vornherein.

---

[1]) Teisseire, p. 96, 97.

[2]) Moncelon, p. 116—120.

[3]) Vgl. Dekret vom 11. November 1887 bezüglich der Heiraten der Relegierten, Teisseire, p. 382, 383.

Der gewöhnliche Verlauf solcher Ehen ist folgender: Die Frauen wollen keine schwere Arbeit thun und verstehen keine Ordnung zu halten. Der Mann will nicht mehr, sondern weniger als vor der Ehe zu thun haben, ergiebt sich dem Müfsiggange und dem Trunk und prügelt die Frau. Kommen Kinder — was nicht häufig ist —, so werden sie körperlich und geistig vernachlässigt; der Staat mufs eingreifen, um sie zu erziehen. Oft endete die Ehe durch Mord oder Totschlag. Häufiger ist aber, dafs die Frau bald nach der Eheschliefsung den Mann verläfst und sich — mit dessen Billigung — in Nouméa als öffentliche Dirne etabliert. Auf diese Weise hat Nouméa die gewerbsmäfsige Prostitution erhalten, welche vorher dort fremd war, und der verheiratete Deportierte wird Zuhälter.

Dafs einzelne Ehen auch glücklich verlaufen, ist ausdrücklich bezeugt, jedoch nur Ausnahme. Im allgemeinen ist von einer ehemaligen Kindesmörderin oder Kupplerin nicht zu hoffen, dafs sie eine gute Mutter wird.

Frankreich als Mutterland vermag der so weit entfernten Kolonie die fehlende Einwanderung nicht zu liefern; es leidet selbst an einer schwachen Volksvermehrung, und die Neigung der Franzosen zur Auswanderung ist gering. Daher rekrutieren sich die freien Einwanderer in Neukaledonien überwiegend aus Australien. Die Mehrzahl der freien Kolonisten ist englischen Stammes. Die englische Sprache ist im Handel und Verkehr herrschend [1]). Ohne die Deportation würde Neukaledonien sehr bald eine englische Bevölkerung haben.

Der Verkehr der Kolonie geht — Ein- und Ausfuhr — nach den nahen australischen Häfen Sydney und Auckland, nicht nach dem 3000 Meilen entfernten Mutterlande. Die Einfuhr betrug (1894) 7 Mill. Mark, die Ausfuhr 5,2 Mill. Mark [2]). Auf Frankreich entfiel nur $^1/_{10}$ der Einfuhr.

Im ganzen hat also die Kolonie wenig Vorteile für das Mutterland gebracht, welches dort 3000 Soldaten und Beamte unterhält. Viehzucht und Bergbau, die beiden Haupterwerbszweige von Neukaledonien, sind noch nicht so weit vorgeschritten, um im Export die Konkurrenz Australiens und Südamerikas er-

---

1) Graf Lanjus.

2) Hübner, Geogr.-statist. Tabellen.

tragen zu können. Das Hauptprodukt des Bergbaues, Nickel, ist unglücklicherweise in Frankreich nicht Münzmetall.

Wie sich die Zukunft in Neukaledonien gestalten wird, hängt in erster Linie von der weiteren Gestaltung der Deportation ab. Binnen 18—20 Jahren wird die Insel keinen Platz mehr für neue Deportierte bieten, denn es beginnt an brauchbarem Lande zu fehlen, und mehr als 80 000—100 000 Menschen vermag die Insel nicht zu ernähren [1]). Schon jetzt bilden die Strafentlassenen eine grofse und dauernde Verlegenheit für die Regierung; daher wird dieselbe dazu schreiten müssen, entweder die Deportation sehr einzuschränken oder die Kolonie von den libérés zu entlasten.

Die bisher ergriffenen Mafsregeln haben den gewünschten Erfolg bis heute nicht gehabt. Dieses beweisen folgende, dem Journal officiel entnommene Thatsachen:

1. Im Jahre 1895 wurde, um die überhandnehmenden Viehdiebstähle zu verhüten, eine neue Polizei-Verordnung nötig, welche Brandzeichen für Viehherden und Legitimationsurkunden für Viehverkäufer vorschreibt [2]).
2. Im Jahre 1896 hat die Verwaltung der Kolonie Kulis aus Java und Anam kommen lassen, ohne dafs der Nachfrage genügt werden konnte. Deshalb ist beabsichtigt, weitere Kuli-Transporte zu engagieren [3]).

Also weder Besserung der Sicherheits- noch der Arbeitsverhältnisse ist seit 1891 erzielt worden!

Endlich hat die französische Regierung ein richtiges Mittel gewählt, um die Kolonie zu fördern. Sie hat 189 französische Landwirte, welche über mindestens je 5000 fr. Kapital verfügten, auf Staatskosten von Marseille nach Neukaledonien befördern lassen, wo sie Kaffeeplantagen anlegten und in den Jahren 1893 bis 1895 den Kaffee-Export von 88 000 fr. auf 579,852 fr. hoben [4]).

Dieses Beispiel zeigt, was eine richtig geleitete freie Einwanderung in Neukaledonien leisten kann. Die Kolonie besitzt alle Eigenschaften, welche eine gedeihliche Entwicklung verheifsen. Sie würde eine blühende und reiche Pflanzstätte franzö-

---

[1]) Teisseire, p. 452, 453.
[2]) Journal officiel 1895, p. 4735.
[3]) Journal officiel 1896, p. 4333.
[4]) Journal officiel 1896, p. 4333.

sischen Volkstumes geworden sein, wenn — die Deportation nicht wäre [1]).

Zum Schlusse der Erörterung über die Strafkolonien Frankreichs mögen zwei Urteile von sachkundigen Männern angeführt sein, welche unabhängig voneinander und zu verschiedenen Zeiten (1885, 1895) zu denselben Ergebnissen gelangt sind:

1. Moncelon [2]): „Zur Zeit unterhält unsere Nation mit grofsen Kosten eine Armee von Müfsiggängern, welche allmählich zwei prächtige Kolonien aufzehren."
2. Der Minister der Kolonien, in der Sitzung der Deputiertenkammer vom 4. März 1895 [3]):

„Ich höre rufen: Unterdrücken Sie die transportation. Das ist eine Frage von Wichtigkeit. Was mich betrifft, so halte ich die transportation so, wie sie jetzt ist, für absolut unerträglich, sowohl im Hinblick auf die Ergebnisse der Strafjustiz, als auch wegen der Lage, welche die transportation unseren Kolonien bereitet.

Das Gesetz von 1854 enthält einen radikalen Fehler, nämlich, dafs der Strafentlassene dort bleiben mufs, wo er seine Strafe verbüfst hat. Die Anhäufung der Strafentlassenen, mit welchen sich seit einigen Jahren die relégués vereinigen, bildet den Grundfehler dieses Gesetzes, welches revidiert werden mufs."

---

[1]) Zum Vergleiche können die benachbarten (englischen) Fidschi-Inseln dienen: bei gleichem Flächeninhalt wie der Archipel von Neukaledonien haben sie doppelte Einwohnerzahl (1894: 121 867) und 11,8 Mill. Mark Ausfuhr. (Hübner, Geogr.-statist. Tabellen.)

[2]) Moncelon, p. 88.

[3]) Journ. off. (Beilage).

# III. Die Deportation Spaniens und Portugals.

## 1. Spanien.

In Spanien begann die Deportation von Verbrechern bald nach der Entdeckung Amerikas[1]). Kolumbus mufste bei seiner dritten Reise nach Amerika, da sich freie Auswanderer zur Ansiedlung in dem neu entdeckten Lande in genügender Zahl nicht fanden, 150 Verbrecher aus den Zuchthäusern als Kolonisten mitnehmen (1498), welchen König Ferdinand die Freiheit geschenkt hatte unter der Bedingung, dafs sie nach Amerika übersiedelten (Verfügung vom 22. Juni 1497). Mit ihrer Hülfe und mit etwa 100 freien Ansiedlern versuchte Kolumbus, die nach seiner zweiten Reise (1493) gegründete, aber in Verfall geratene Kolonie Isabella auf Hispaniola (Haïti) wiederherzustellen. Aber das 'deportierte Gesindel schlofs sich gegen ihn zusammen, so dafs er mit Rebellion und Verschwörungen zu kämpfen hatte, bis er (1500) Amerika verlassen mufste. Er hatte sich genötigt gesehen, da ihm keine ausreichende Militärmacht zur Seite stand, mit den Aufrührern Frieden zu schliefsen und sie sogar mit Ländereien zu belohnen, auf welchen die Indianer ihnen Frondienste zu leisten hatten. Gleichwohl wurde seine Rückkehr nach Spanien als Gefangener von der zügellosen Horde mit Jubel begrüfst. — Die Kolonie

---

[1]) Dr. A. Zimmermann, Die Kolonialpolitik Portugals und Spaniens, Berlin 1896. Teisseire, p. 20—22.

Isabella hielt sich nicht lange. Die ehemaligen Verbrecher wurden tyrannische Herren der armen Eingeborenen. Nachdem jedoch Krankheit einen Teil von ihnen fortgerafft hatte, wurde die Kolonie Isabella ihrer ungesunden Lage wegen aufgegeben und San Domingo begründet. Den Mifserfolg seiner Ansiedlungsversuche hat Kolumbus selbst immer dem schlechten Kolonistenpersonal zugeschrieben, mit welchem er versehen wurde.

Seitdem hat Spanien Verbrecher nach den verschiedensten Kolonien verschickt. Seit dem 16. Jahrhundert sind namentlich die kanarischen Inseln mit Verbrechern bevölkert worden. Auch Mexiko, Kalifornien, die Philippinen waren Deportationsorte. Indessen machte fast überall entweder der Verlust der Kolonie oder, wie auf der Insel Fernando-Pó im Golf von Guinea, das tödliche Klima der Deportation ein Ende. Gegenwärtig sind Deportationsorte nur noch die Philippinen (Inseln Mindanão), Kuba und die Mariannen-Inseln (wohin jetzt Rebellen aus den Philippinen gebracht werden). Auch ist die Zahl der aus Spanien dorthin Deportierten gering und eine Kolonisation mittels derselben nirgends beabsichtigt.

Zu beachten ist für das spanische Recht, dafs nicht jede Verschickung Deportation ist, sondern nur eine Verschickung nach weit entfernten Orten aufserhalb des spanischen Staatsgebiets als solche gelten kann.

Nach dem geltenden Strafgesetzbuch von 1870/71 sind folgende Strafarten zu unterscheiden[1]:

1. Trabajos duros y penosos, harte Zwangsarbeit mit einer Kette vom Gürtel zum Fufs (cadena), für schwerste gemeine Verbrechen, soweit nicht Todesstrafe erfolgt. Die Strafe kann lebenslänglich oder auf bestimmte Zeit verhängt werden. Die Sträflinge arbeiten auf Rechnung des Staates, ohne Lohn zu beziehen. Die Strafe ist mit dauerndem Ehrverlust verknüpft.

Diese Strafe, welche den französischen travaux forcés entspricht, wird verbüfst in den presidios (Festungen) Spaniens an der marokkanischen Küste (Ceuta, Melilla, Albucemas, peñon de la Gomera) und auf den gleichfalls an dieser Küste belegenen Chafarinas-Inseln. Die Sträflinge sind teils in den Zuchthäusern eingeschlossen, teils bewegen sie sich frei innerhalb der Cita-

[1]) Rosenfeld, in v. Liszt, Strafgesetzgebung der Gegenwart, 1894 (Spanien). Foinitzki, p. 227—231.

dellen, unter militärischer Aufsicht. Ihre Arbeiten können im Freien geschehen. Über die Festung hinaus dürfen die Spanier sich nicht wagen, da die umwohnenden Maurenstämme fanatische und blutgierige Feinde der Christen sind, welche jede Gelegenheit zu Überfällen benutzen.

Die presidios und die Chafarinas-Inseln gehören verwaltungsrechtlich zu Spanien. Sie sind nicht Kolonien, sondern Teile des Hauptlandes, grofse Zuchthausanstalten, welche von den übrigen spanischen Bezirken nur durch die Meerenge von Gibraltar getrennt werden. Deshalb gilt auch die Strafverbüfsung dort nicht als Deportation.

Frauen und Verurteilte von mehr als 60 Jahren werden nicht in die presidios geschickt, sondern bleiben in spanischen Gefängnissen.

Von Kolonisation ist bei den presidios nicht die Rede.

2. Die relegación: Verschickung des Schuldigen über das Meer (ultramar) nach einer der oben erwähnten Strafkolonien, ohne Arbeitszwang und ohne Verlust der bürgerlichen Ehrenrechte. Die Verschickten leben frei innerhalb des Internierungsortes, unter polizeilicher Aufsicht. Politische Rechte stehen ihnen nicht zu. Die Strafe ist lebenslänglich oder für bestimmte Zeit.

Die relegación entspricht der römischen relegatio und der französischen déportation. Sie ist aber auf einige schwere politische Verbrechen beschränkt[1]). Für gemeine Verbrecher ist sie nicht gebräuchlich.

3. Extranamiento, einfache Verbannung.

4. Confinamiento, Internierung auf den Balearen oder den kanarischen Inseln, mit Freiheit am Straforte. Beide Inselgruppen gehören verwaltungsrechtlich zu Spanien, sind Provinzen, nicht Kolonien, und haben direkte Vertretung in den Cortes zu Madrid.

Die kanarischen Inseln dienen auch als Strafort für relegación in milderen Fällen (womit jedoch deren Charakter als Deportationsstrafe aufhört).

---

[1]) Fani, La deportazione, Roma 1896, p. 15. (Art. 165—168 des spanischen Strafgesetzbuchs.)

Zu erwähnen ist, dafs nach Art. 106 des Strafgesetzbuchs die Verschickung gemeiner Verbrecher ultramar für zulässig erklärt ist. Doch ist dieselbe aufser Übung.

Sollten Kuba und die Philippinen noch für Spanien verloren gehen, so wird man von einer spanischen Deportation nicht mehr sprechen dürfen, zumal sie thatsächlich schon jetzt nicht mehr besteht.

## 2. Portugal[1]).

Vasco de Gamo und andere portugiesische Entdeckungsfahrer führten regelmäfsig Verbrecher mit sich, welche sie in den neu entdeckten Ländern aussetzten, um für später an ihnen Führer und Vermittler des Verkehrs mit den Eingeborenen zu haben. Brasilien, Indien, Mozambique wurden Deportationsorte. Um das Schicksal der Deportierten kümmerte Portugal sich nicht sonderlich; die meisten sind spurlos zu Grunde gegangen. Von einer geregelten Kolonisation ist nichts zu finden. Den Portugiesen kam es nur darauf an, den Handel mit den Eingeborenen für sich zu monopolisieren, nicht neue portugiesische Gemeinwesen zu schaffen[2]).

Gegenwärtig ist die Deportation von Portugal zwar auf Afrika beschränkt, aber das portugiesische Recht ist dasjenige, welches noch jetzt dieses Strafmittel in dem weitesten Umfange anwendet.

Nach dem Strafgesetzbuch von 1852 war die Deportation (degredo) entweder lebenslänglich oder auf 3 bis 15 Jahre anzuordnen. Lagen nach der Verurteilung erschwerende Umstände vor, so wurde der Verurteilte nach Ostafrika geschickt (das weiter entfernt und ungesund ist), sonst nach Westafrika.

Der codigo civil vom 1. Juli 1867 schaffte die Todesstrafe und die Strafe der Zwangsarbeit ab. Die erstere wurde durch lebenslängliche Einzelhaft (prisão maior cellular) ersetzt, die letztere durch Einzelhaft bis zu 3 Jahren mit nachfolgender

---

[1]) Foinitzki, p. 231—237. Teisseire, p. 16. Fani, La deportazione (1896), p. 16, 17. Tavares de Medeiros, in v. Liszt, Strafgesetzgebung der Gegenwart, 1894. De Blosseville, Histoire de la colonisation pénale (Evreux, 1859), p. 10 u. 11.

[2]) Vgl. Zimmermann, Die Kolonialpolitik Spaniens und Portugals, Berlin 1896.

Deportation von 3 bis 10 Jahren; statt lebenslänglicher Verurteilung tritt Einzelhaft von 8 Jahren Dauer mit nachfolgender Deportation auf 20 Jahre ein.

Das jetzt geltende Strafgesetzbuch vom 16. September 1886 ordnet Deportation an:

1. Als obligatorische Zusatzstrafe nach Verbüfsung von prisão maior cellular, für die schwersten gemeinen Verbrechen, auf 8 bis 20 Jahre (Art. 54—56).
2. Als Ersatz-(Haupt-)Strafe statt der gesetzlich eingeführten Einzelhaft, solange dieselbe mangels ausreichender Zellengefängnisse noch nicht ausführbar ist. — Bisher ist in Portugal nur ein Zellengefängnis (in Lissabon) eröffnet worden [1]).

   Einsperrung am Deportationsort auf 2 bis 10 Jahre ist zulässig (Art. 129).

Nach einem Gesetz vom 25. April 1892 [2]) ist die Deportation ferner eingeführt:

3. Als fakultative Zusatzstrafe bei rückfälligen Verbrechern, falls vorliegen (Art. 1):
   a. Drei Verurteilungen zu schweren Strafen (penas maiores) nach Art. 54—56, d. h. prisão maior cellular von 2 bis 8 Jahren.
   b. Vier Verurteilungen, zwei zu prisão maior celullar und zwei zu prisão correctional (Gefängnis).
   c. Fünf Verurteilungen, eine zu prisão maior celullar, vier zu prisão correctional.
   d. Sechs Verurteilungen zu prisão correctional.

   Ausgenommen sind Verurteilungen wegen politischer Verbrechen, Majestätsbeleidigung, Beleidigung, Verleumdung, Duell, fahrlässiger Tötung, fahrlässiger Körperverletzung und Verletzung des Schamgefühls durch Worte (Art. 5).

   Dagegen zählen Strafen wegen Landstreicherei mit (Art. 10).

   Die Deportation tritt nur ein, wenn durch das Urteil der Verurteilte zugleich nach Verbüfsung der Hauptstrafe der Regierung überwiesen worden ist (Art. 6).

---

1) Briefliche Mitteilung des Herrn Tavares de Medeiros, Advokat in Lissabon.

2) In Übersetzung abgedruckt: Blätter für Gefängniskunde, Bd. 27 (1893), S. 62—66.

Mit dem französischen Rechte verglichen, ist die portugiesische Deportation gerechter geordnet. Sie ist — gleich den travaux forcés — die zweitschwerste Strafe (in Portugal nicht nach der Todesstrafe, sondern nach der lebenslänglichen Einzelhaft). Aber sie ist nur in einigen schweren Fällen obligatorisch, auch in diesen erst nach vorgängiger Einzelhaft zulässig[1]). In allen anderen Fällen kann sie durch Freiheitsstrafe im Inlande ersetzt, also nach Ermessen des Gerichts vermieden werden. Von dieser Verbesserung abgesehen, ist das Gesetz vom 25. April 1892 eine getreue Nachahmung des französischen Gesetzes vom 27. Mai 1885.

Der Strafvollzug bei der Deportation ist gleichfalls dem in Frankreich üblichen ähnlich. Alle zur Deportation bestimmten Personen werden vor der Abreise ärztlich untersucht, Kranke und allzu Schwache im Inlande gefangen gehalten. Verurteilte unter 18 und über 60 Jahren sind von der Verschickung befreit.

Arbeitszwang besteht für solche Deportierte, die über 3 Jahre hinaus verurteilt sind. Die übrigen stehen, falls sie sich aus eigenen Mitteln unterhalten, nur unter polizeilicher Aufsicht und können jedes erlaubte Gewerbe ausüben. Diejenigen, welche sich nicht aus eigenen Mitteln unterhalten, müssen die eingeführten Arbeiten (6 bis 8 Stunden täglich) verrichten, wogegen der Staat für sie sorgt. Arbeitsverweigerung und unerlaubte Entfernung aus der Kolonie wird mit Gefängnis bis zu 2 Jahren bestraft.

Der Arbeitsertrag fällt zu zwei Drittel dem Staate zu, welcher damit zum Teil die Kosten der Doportation deckt, zu einem Drittel dem Deportierten, welcher den aufgesparten Betrag bei seiner Entlassung erhält.

Vergünstigungen sind: Versetzung in eine höhere Klasse; Erlaubnis zur Arbeit bei freien Kolonisten; Landzuweisung zunächst zur Pacht, dann zum Eigentum.

Bei guter Führung kann der Deportierte, wenn er nur prisão correctional hatte, nach 3 Jahren, sonst nach 6 Jahren den Erlafs der weiteren Strafe als sein Recht beim Gericht des Strafortes fordern.

---

[1]) Freilich dürften nach drei oder mehr Jahren Einzelhaft nur wenige Verurteilte noch brauchbare Kolonisten sein.

Die Kosten der Rückkehr hat niemals der Staat zu tragen[1]).

Der Transport erfolgt zu Schiff. Die Kosten desselben (einschliefslich Verpflegung) betragen pro Kopf der Deportierten:

| | | |
|---|---|---|
| nach Angola: | 184 | Mark, |
| nach Ostafrika: | 316,5 | „ [2]). |

Durch den Arbeitsertrag der Sträflinge in den Kolonien und freiwillige Liebesgaben sucht die Staatskasse ihre Zuschüsse zu den Kosten der Deportation zu vermindern.

Die Zahl der Deportierten betrug von 1837 bis 1864:

| | |
|---|---|
| 7 501 | Männer, |
| 208 | Frauen, |
| 7 709, | |

durchschnittlich im Jahre: 275.

In den Jahren 1868—1871 war die Zahl der jährlich Deportierten etwas höher, nämlich[3]):

| | |
|---|---|
| 1868: | 317, |
| 1869: | 422, |
| 1870: | 445. |

Doch ist die Zahl seitdem wieder auf die ursprüngliche Höhe zurückgegangen. Sie betrug:

| | | | | |
|---|---|---|---|---|
| 1893: | 449 | Männer, | 37 | Frauen, |
| 1894: | 188 | „ | 34 | „ |
| 1895: | 186 | „ | 12 | „ |

im Durchschnitt dieser letzten drei Jahre: 274 Männer, 27 Frauen[4]).

Die Wirkungen der portugiesischen Deportation auf Portugal selbst und dessen Kolonien lassen sich nicht beurteilen, weil statistische Daten und genaue Angaben über die Zustände in den Strafkolonien fehlen.

In Portugal ist die Deportation althergebracht. Deshalb und weil man noch nicht genug Zellengefängnisse hat erbauen können, wird sie noch längere Zeit bestehen bleiben, zumal man in Portugal selbst nur sehr wenig von den Wirkungen der Deportation weifs.

Die Strafkolonien sollen nach einem Gesetz von 1869 nur noch gesunde Länder, mit bequemer Verbindung zur See

---

[1]) Vgl. über all dies Gesetz vom 25. April 1892, Art. 1, 8, 11, 12—14.

[2]) Briefliche Mitteilung des Herrn Tavares de Medeiros.

[3]) Foinitzki, p. 232, 236.

[4]) Briefliche Mitteilung des Herrn Tavares de Medeiros.

und gutem Trinkwasser sein. Die Regierung wählt den Strafort; als günstiger gilt Westafrika. Jede Strafkolonie hat einen Direktor, Gefängnis, Schule, Bibliothek und je zwei getrennte Bezirke: den einen für die Sträflinge, den anderen für die Strafentlassenen. Die Gefangenen werden in drei Klassen geteilt: Gebesserte, Zweifelhafte und Schlechte. Im übrigen hängt die Behandlung und Beschäftigung der Deportierten vom Ermessen des einzelnen Gouverneurs ab; allgemeine Ausführungsverordnungen bestehen nicht.

Herrn Dr. jur. Esser, welcher im Jahre 1895 die portugiesischen Kolonien São Thomé, Principe und Angōla bereist hat, verdanke ich einige Mitteilungen über das Schicksal der Deportierten.

Seit einigen Jahrzehnten hat fast nur noch Westafrika für die Deportation Bedeutung gehabt. Nach Mozambique, das ungesund und wenig kultiviert ist, kamen nur vereinzelt Deportierte. In Westafrika waren hauptsächlich die Inseln São Thomé und Principe Aufnahmeorte derselben, daneben Angōla mit seinen verschiedenen Bezirken (Loanda, Benguela, Mossamedes).

Die Deportation nach São Thomé und Principe ist seit vorigem Jahre, auf Ansuchen der dortigen Pflanzer, eingestellt worden. Diese Inseln, im Golf von Guinea belegen, fruchtbar und gesund, wenn auch heifs, sind nämlich so weit emporgediehen, dafs sie die Hülfe von Deportierten nicht mehr brauchen. Es giebt dort reiche Pflanzer, die von Deportierten abstammen, aber nicht gern an ihren Ursprung erinnert werden. São Thomé ist die beste Kolonie Portugals, welche auf 929 qkm[1]) 60000 Einwohner (davon 5000 Weifse) ernährt, bedeutende Viehzucht und grofsartige Plantagen hat. Hauptkulturen sind Kakao und Kaffee. Der Export von Kakao ist von 50000 kg im Jahre 1869 auf 5⅜ Mill. kg im Jahre 1895 gestiegen. Der Kaffeeexport betrug fast 3 Mill. kg, der Wert der Gesamtausfuhr 15 Mill. Mark. Da Neger reichlich vorhanden sind und in einer Art kontraktlicher Sklaverei gehalten werden, so wäre dort für Sträflingsarbeit keine Verwendung mehr.

Angōla umfafst nominell 809400 qkm, ist also fast genau so grofs als Südwestafrika, an welches es im Süden grenzt. Der

[1]) Zum Vergleiche: Gröfse der Insel Rügen: 967 qkm.

Süden Angōlas (Mossamedes) ist trocken und gesund, der Norden feuchter und weniger gesund. Loanda, die Haupt- und Hafenstadt der Kolonie, mit mehr als 100000 Einwohnern, ist jetzt der Hauptdeportationsplatz. Im Fort St. Miguel sind die schlimmsten Verbrecher eingesperrt, andere weniger gefährliche bewegen sich frei innerhalb der Festungswälle. Wenn sie nach der Stadt kommen sollen, so mufs ein Bürger sie als Arbeiter oder Bediente engagieren und eine ziemlich hohe Kaution stellen, die bei Flucht des Gefangenen dem Staate anheimfällt. Viele noch in Strafhaft stehende Deportierte sind schon vorläufig nach der Stadt und deren Umgegend entlassen, auf Widerruf und unter Kaution eines Bürgers. Aufserdem aber werden diejenigen Sträflinge, welche sich zur vorläufigen Entlassung nicht eignen, als Strafsenreiniger, Wegebau- und Eisenbahnbauarbeiter beschäftigt, unter militärischer Bewachung. Es fällt dort nicht auf, weifse Gefangene von Negersoldaten bewacht zu sehen.

Die Sterblichkeit schätzt Herr Dr. Esser für Loanda auf 12—15 % jährlich.

Das Klima in Loanda kann danach für Gefangene ebensowenig zuträglich sein wie in Cayenne. Jedoch vertragen die an Hitze gewöhnten Portugiesen es besser als andere Europäer.

Angōla hat sich, obgleich seit 400 Jahren im Besitze Portugals, noch wenig entwickelt. Die Ausfuhr ist gering, und die Einfuhr stammt hauptsächlich aus England[1]). Die Deportierten haben diese Kolonie nicht gehoben, aber, da ihre Zahl nicht grofs ist, auch nicht geschädigt.

Herr Tavares de Medeiros, der die Deportation Portugals kennt, bedauert den Mangel an Ausführungsbestimmungen und die Erfolglosigkeit der bisherigen Versuche, die Deportierten zu Ackerbaukolonien oder Militärposten zusammenzuschliefsen[2]).

„Es erscheint unglaublich," schreibt er, „dafs man als typische Strafe eine Strafe dieser Art hinstellte, ohne den Einflufs des Klimas und der Arbeiten, zu welchen die Deportierten angehalten werden, zu kennen. Aber unglücklicherweise beruhen unsere Gesetze — und oft gerade die wichtigsten — nicht auf Erfahrung, sondern auf theoretischen Annahmen."

---

[1]) Der Handel leidet hauptsächlich durch die hohen Zölle der Portugiesen.

[2]) Briefliche Mitteilung an den Verfasser.

# IV. Die Deportation Rufslands[1]).

## I. Geschichte.

Rufsland übt die Deportation seit mindestens drei Jahrhunderten, um entfernte und unbesiedelte Gegenden des Reiches zu bevölkern und sich zugleich lästiger oder gefährlicher Einwohner zu entledigen.

1. Während der Moskowiterzeit (bis zur Begründung von St. Petersburg, 1703) diente die Deportation namentlich dazu, die zahlreichen Kriegsgefangenen, welche bis dahin niedergehauen zu werden pflegten, durch Ansiedlung in entfernten Provinzen nutzbar zu machen. Sie wurden nach Astrachan oder Sibirien geschickt, um dort mit Bergbau, Festungsanlagen und Landwirtschaft für Staatsrechnung beschäftigt zu werden. Nachdem die Tötung zuerst bei den Kriegsgefangenen durch Deportation ersetzt war, verfuhr man ebenso mit den zum Tode verurteilten Verbrechern: sie wurden oft begnadigt unter der Bedingung, dafs bei Flucht oder Rückfall die Todesstrafe nachträglich vollzogen würde.

Als gerichtliche Strafe findet sich Deportation zuerst in einer Gesetz- und Spruchsammlung vom Jahre 1582 erwähnt; sie ist Kleinadligen bei Diebstahl, Hehlerei und falschen Angaben vor Gericht neben Prangerstrafe und als deren Folge angedroht.

---

[1]) Foinitzki et Bonet-Maury, La transportation russe et anglaise (Paris 1895). Foinitzki in v. Liszt, Strafgesetzgebung der Gegenwart (Berlin 1894), Rufsland.

In ähnlicher Weise hat das Gesetzbuch des Zaren Alexis Michaelowitsch vom Jahre 1648 (die „Uloszénije") bei Diebstahl und anderen Verbrechen in 11 Fällen Deportation angeordnet. Der Verurteilte wurde dahin gebracht, wohin der Zar befahl, nach entfernten Orten Rufslands oder Sibiriens.

Gegen politisch verdächtige oder mifsliebige Personen diente die Deportation nach Städten des östlichen Rufsland oder Sibirien (Tomsk, Tobolsk, Kuznetsk) als politische Sicherheitsmafsregel. Die ganze Einwohnerschaft eroberter Städte wurde mitunter deportiert.

Die Vollziehung der Deportation war seit Anfang des 17. Jahrhunderts bereits durch vorgeschriebene Etappenwege und Etappenanstalten geregelt. Im Jahre 1696 bestand in Werkoturie, einer russischen Stadt an der Strafse nach Sibirien unweit der Grenze, schon ein eigenes mit Pallisaden umzäuntes Gebäude zur vorläufigen Aufnahme der Deportierten. Diese hatten anfangs für Kleidung, Verpflegung und Wagen selbst zu sorgen, bis der russische Staat auf vielfache Klagen und Bitten die Transportkosten übernahm.

Bei ihrer Ankunft in Sibirien wurden die Deportierten den Wojewoden überwiesen, welche sie je nach der Art ihres Verschuldens entweder in Gefängnisse brachten oder ihnen Städte zum freien Aufenthalt anwiesen. Die Mehrzahl wurde damals jedoch als Grenzmannschaft gegen die Chinesen und eingeborene Stämme verwendet. Sie hatten Festungsanlagen zu errichten und erhielten Land zur Bebauung zugewiesen. Der Arbeitsertrag fiel dem Staate zu. Da der Ackerbau nicht lohnte, wurde Bergbau anbefohlen.

Die Grenzprovinzen wurden auf diese Weise gegen feindliche Angriffe gesichert und mit geringen Kosten in Kultur gebracht. Doch bildeten damals ehrliche Leute — Kriegsgefangene, Leibeigene, ausgediente Soldaten, unterworfene Bürgerschaften — die Mehrzahl der Zwangsansiedler; nicht Verbrecher haben den erwähnten Erfolg allein erzielt oder überwiegend gefördert.

2. In der Petersburger Periode (1703—1822) begann eine aus dem Westen kommende Strömung der Deportation entgegenzuwirken. Peter I. versuchte 1703 und Katharina II. 1773 die Deportationsstrafe abzuschaffen [1]). Aber die Unmöglichkeit,

[1]) Peter I. verwendete Sträflinge in sehr grofser Zahl zum Bau von St. Petersburg.

alle Verbrecher Rufslands in Gefängnissen unterzubringen, und der dauernde Bedarf der Grenzländer an Wachmannschaft und Arbeitern bewirkten die Fortdauer der Verschickung nach Sibirien.

Seit Mitte des 18. Jahrhunderts wurden in Rufsland Strafanstalten nach dem Muster der französischen Bagnos errichtet [1]). Die Zwangsarbeit in denselben nannte man „katorga". Dies Wort bedeutet eigentlich „Galeere, Ruderboot" und bezeichnete ursprünglich die Galeerenstrafe (Zwangsrudern), bis es auf die Zwangsarbeit gemeiner Verbrecher überhaupt angewendet wurde.

Da man Kartorgazuchthäuser jedoch nur wenige errichten konnte, und diese überdies schlechte Ergebnisse hatten, so wurden die Sträflinge nach Salinen und Bergwerken des östlichen Rufsland [2]), seit 1760 namentlich aber in die Silberbergwerke von Nertschinsk (in Ostsibirien) geschickt. Es wurde zugleich zwischen der Deportation zu katorga und der einfachen Verbannung nach Sibirien unterschieden. Die erstere wurde, neben Knutenstrafe und Brandmarkung und in Verbindung damit, die regelmäfsige Strafe für schwere gemeine Verbrechen; sie ersetzte die Todesstrafe, welche durch Erlasse der Kaiserin Elisabeth in den meisten Fällen abgeschafft wurde.

Die einfache Verbannung wurde anfänglich gnadenweise für die besseren Deportierten und für die administrativ Verschickten gewährt, später aber die übliche Strafe bei geringeren Verbrechen, wie einfachem Diebstahl. Die Verbannten hatten, im Gegensatz zu den Katorgasträflingen, das Recht, sich innerhalb der ihnen angewiesenen Orte selbst zu beschäftigen. Nach einem Ukas von 1753 durften sie sogar als Aufseher und Beamte angestellt werden.

Kolonisierungsversuche wurden seit 1750 mit der Deportation in grofsem Umfange verknüpft. Gegen 10000 Verbrecher und Leibeigene sollten 1789 am oberen Laufe des Irtisch und der Gluboka (Westsibirien) angesiedelt werden. Aber nach kurzer Zeit waren fast alle durch Krankheit und Not zu Grunde gegangen. Weder für Verpflegung, noch für Wohnungen war aus-

[1]) Zu Asow (1696) u. Rogerwik (bis 1767), beides Häfen.
[2]) Iletsk-Jekaterinenburg (bis 1800).

reichend gesorgt worden. Deshalb erlagen sie dem sibirischen Winter.

Am Schlufs des 18. Jahrhunderts mifslang ein zweiter Versuch, Transbaikalien durch Deportierte zu kolonisieren, trotz grofsen Kostenaufwandes (1799). Jeder Ansiedler erhielt 30 Dessiätinen (1 ha 92 ar) fruchtbaren Landes, dazu Vieh, Ackergerät, Saat und Getreide für 1½ Jahre, ferner Steuerfreiheit auf 10 Jahre. Das Klima in dem ausgewählten, an China grenzenden Teile des südlichen Sibiriens war günstig. Gleichwohl erwiesen sich die Schwierigkeiten des Transports und der Verpflegung, die Trägheit und der Stumpfsinn der meist aus Leibeigenen und Verbrechern bestehenden Kolonisten als unüberwindlich. Die mühsam aufgebauten Häuser und Dörfer zerfielen wieder.

Vor allem fehlte es auch an ehrlichen und tüchtigen Verwaltungsbeamten. Es fehlte die Kontrolle über die Lokalbehörden. Die Centralverwaltung in St. Petersburg überliefs die Aufsicht den Gouverneuren in Sibirien. Von diesen aber zeigten einige sich unfähig und unredlich.

3. Von 1822 bis zur Gegenwart. Eine Reform des Deportationswesens wurde durch den Grafen Speranski (1822) herbeigeführt. Grobe Mifsbräuche hatten sich herausgestellt. Es gab Gerichte, die — je nach Gunst und Laune — für dieselben Vergehen zu katorga oder einfacher Verbannung verurteilten, und es gab Verwaltungsbeamte, die, statt die Deportierten weiter zu befördern, sie absichtlich aufhielten, um deren Arbeitskraft für Privatzwecke auszunutzen.

Ein Reglement Speranskis von 400 Artikeln ordnete nunmehr das Beförderungs- und Etappenwesen, Verteilung und Beschäftigung der Deportierten. Die Katorgasträflinge sollten in Bergwerken und Arbeitshäusern Sibiriens beschäftigt werden, lebenslänglich Verurteilte bis zu 20 Jahren. Nach Ablauf der Zwangsarbeitsperiode sollten sie entweder in der Strafanstalt gegen Lohn weiter arbeiten oder sich in deren Nähe ansiedeln, unter Aufsicht, aber mit freiem Erwerb.

Die zu einfacher Verbannung Verurteilten wurden in fünf Klassen geteilt:

1. Fabrikarbeiter,
2. Wegearbeiter,
3. Handwerker,

4. Diener und Tagelöhner,
5. Bauern.

Die schlechtesten, körperlich aber brauchbaren Elemente wurden in die ersten beiden Klassen gebracht. Die Handwerker sollten gemeinsam in Innungshäusern arbeiten. Als Diener und Tagelöhner sollten diejenigen Verwendung finden, welche weder ein Handwerk gelernt hätten noch für die anderen Klassen körperlich geeignet wären. Endlich sollten die ländlichen Arbeiter und Bauern von Beruf im Anschlufs an freie Dörfer eigene neue Dörfer errichten oder an freie Kolonisten verteilt werden. Nach fünf Jahren sollten sie sich selbst ihren Aufenthaltsort in Sibirien wählen dürfen. Ihre Ernte sollte im ersten Jahre dem Staat gehören, in den beiden folgenden Jahren bezahlt werden. Sodann sollten sie als Bauern auf Staatsländereien gelten.

Daneben gab es administrativ Verschickte — politische Verbannte oder von ihren Gemeinden Ausgestofsene —, welche in den ihnen angewiesenen Ortschaften sich selbst als Kaufleute oder sonstige Professionisten ihren Unterhalt zu suchen hatten.

Die Einrichtungen des Grafen Speranski waren auf 2500 Deportierte jährlich berechnet. Indessen schwoll die Zahl derselben schon 1823 auf 6000, 1827 auf 11 500 jährlich an, und der Jahresdurchschnitt betrug bis 1845 etwa 7000.

Die Folge war, dafs alle Ordnung in Sibirien aufhörte. Es fehlte an Raum, die Gefangenen unterzubringen, an Gelegenheit, sie zu beschäftigen, an Personal, um sie zu beaufsichtigen. Die Klasseneinteilung konnte nicht aufrecht erhalten werden. Im Jahre 1832 gab es in Sibirien 15 949 Katorgasträflinge und 79 563 Verbannte; von ihnen waren mehr als ein Drittel arbeitsunfähig und zum Teil in Kranken- und Invalidenhäusern untergebracht. Die Innungshäuser mufsten 1830 wegen ihrer Kostspieligkeit und ihrer geringen Leistungen geschlossen werden.

Im Jahre 1827 machte die russische Regierung einen dritten grofsen Ansiedlungsversuch mit Hülfe der Deportierten. Es sollten in Ostsibirien (Gouvernement Jenisseï) 22 neue Dörfer für ca. 6000 Deportierte erbaut werden. Für jeden Ansiedler wurden 150 Rubel Installierungskosten aufgewendet, abgesehen von den Baukosten. Im Jahre 1833 waren 15 Dörfer fertig, zwei im Bau. Aber der Erfolg entsprach wiederum nicht den beträchtlichen Opfern des Staates, welcher 479 000 Rubel verbraucht hatte. Es stellte sich heraus, dafs es unmöglich war, für die angesiedelten Deportierten Frauen zu beschaffen. Sechs Siebentel von den Ansiedlern blieben unbeweibt, obgleich die Regierung aufserordentliche Anstrengungen machte, um Frauen für sie zu beschaffen. Sie versprach jedem Mädchen, das einen der Ansiedler heiraten würde, 50 Rubel, jeder Familie, die eine Tochter dazu hergäbe, 150 Rubel. Sie liefs sogar bei den Nomadenstämmen Sibiriens Mädchen kaufen, um sie den Ansiedlern als Frauen zuzuführen. Trotzdem fanden sich nur wenige Mädchen und Familien bereit, einer Heirat mit Deportierten zuzustimmen.

Nach diesen Mifserfolgen und Geldverlusten stellte Rufsland die Kolonisationsversuche ein. Die Deportierten, soweit sie nicht Katorgasträflinge waren, blieben den einzelnen Gemeinden überlassen, die sie nach Möglichkeit von sich fern hielten.

Durch Jagd, Fischfang, Handel mit Salz und Gold suchten die besseren, durch Betteln und Stehlen die schlechteren Verbannten sich durchzuhelfen.

Seit 1840 trat in Rufsland ersichtlich eine schärfere Bekämpfung des Verbrechertums zu Tage.

Das Strafgesetzbuch von 1842 verfügte bei 12 Verbrechensfällen Todesstrafe, bei 82 Katorgastrafe, bei 124 einfache Verbannung.

Ein Gesetz von 1845 ordnete an, dafs jeder zur Deportation nach Sibirien Verurteilte von gemeinem Stande (nicht aber von privilegiertem) zuerst, vor der Abreise, die Knute erhalten solle. Dabei blieb es bis 1863!

Schon vorher hatten die Gouverneure von Sibirien sich das Recht erwirkt, gegen Deportierte bei Meuterei oder Mordversuchen gegen Beamte oder Mitgefangene Todesstrafe zu vollziehen (1834 bis 1837).

Andererseits begann man neue Strafanstalten in Rufsland einzurichten, um Sibirien zu entlasten. Auf Vorschlag des Ministers des Innern Bloudow wurden die sog. Disciplinarkompagnien, welche seit 1825 eingeführt waren, um Festungssträflinge unter militärischer Aufsicht zu Arbeiten im Freien zu vereinigen, und die hauptsächlich für Vagabunden bestimmt waren, auch zur Aufnahme von Personen verwendet, welche zur Deportation verurteilt waren, wenn sie nur leichtere Verbrechen begangen hatten. In der Folgezeit wurden aber auch schwere Verbrecher, sogar solche, die zum Tode verurteilt und begnadigt waren, in die Disciplinarkompagnien gesteckt.

Zugleich wurden einige Zuchthäuser und Korrektionshäuser erbaut. Aber diese waren bald übervoll. Im Jahre 1848 gab es in ganz Rufsland erst 31 Zucht- und Korrektionshäuser mit 3285 Gefangenen. Mehr zu thun, gestatten die verfügbaren Mittel nicht. Die Disciplinarkompagnien wurden durch das Strafgesetzbuch von 1845 auf Verurteilte gemeinen Standes mit Strafen von 1½—4 Jahren beschränkt. Gleichwohl mufsten 1848 auch Sträflinge mit längerer Strafdauer in ihnen untergebracht werden, weil die Strafanstalten keinen Raum für sie boten. Schliefslich mufste auf die Deportation zurückgegriffen werden. Ein Gesetz vom 23. November 1853 ordnete an, dafs alle Landstreicher und alle zu Strafen von mehr als vier Jahren Dauer Verurteilten aus den Gefängnissen und Disciplinarkompagnien heraus nach Sibirien gebracht würden [1]. Seitdem hat die Deportation in noch gröfserem Umfange als früher fortgedauert. Die Zahl der Deportierten ist seit 1845 um mehr als das Doppelte gewachsen. Sie betrug im Jahresdurchschnitt:

| | |
|---|---|
| 1844—1848: | 6 257 |
| 1849—1853: | 5 566 |
| 1854—1858: | 7 461 |
| 1859—1863: | 8 419 |
| 1864—1868: | 12 118 |
| 1869—1873: | 14 690 |
| 1874—1878: | 18 384 |
| 1879—1883: | 17 231 |
| 1884—1886: | 17 256 |

Im ganzen sind von 1807—1886 722299 Personen (mit Einrechnung der freiwillig folgenden Frauen und Kinder der Deportierten) nach Sibirien geschickt worden, jährlich im Durchschnitt 9028.

Unter den Deportierten sind nur etwas über die Hälfte gerichtlich verurteilt, und die anderen auf administrativem Wege verschickt. Die grofse Mehrzahl der administrativ Verschickten bilden die von den Gemeinden Ausgestofsenen (meist Trunken-

[1] Vgl. v. Holtzendorff, Handbuch des Gefängniswesens (1888), Bd. I, S. 331—336.

bolde und Arbeitsscheue). Die **politischen** Verbannten, welche nicht gerichtlich verurteilt sind, bildeten immer nur 1—2 % der Gesamtzahl der Deportierten (ca. 150 pro Jahr).

Das gegenwärtig geltende Strafgesetzbuch von 1885 hat die Deportation durchweg aufrecht erhalten.

Es hat als Strafen für Verbrechen: Todesstrafe — Verschickung nach Sibirien zu katorga — einfache Verschickung nach Sibirien.

Die Strafe der Knute ist seit 1863 (Ukas vom 17. April 1863) abgeschafft worden. (Doch ist sie noch Disciplinarmittel in den Strafanstalten.)

Als Strafen für Vergehen giebt es: Internierung in Orten Rufslands oder Sibiriens auf bestimmte Zeit — Gefängnis — Überweisung an die Disciplinarkompagnien.

## II. System.

Von der Deportationsstrafe ist die Deportation als Verwaltungsmafsregel zu trennen.

a. Ohne gerichtliches Urteil, auf Anordnung der Polizei, werden aus Rufsland nach Sibirien geschickt:

### 1. Die politisch Verdächtigen.

Ihre Zahl ist gering. Unter den etwa 150000 Deportierten Sibiriens machen sie etwa 1500 aus. Von ihnen sind die gerichtlich verurteilten politischen Verbrecher wohl zu unterscheiden: diese erleiden Todes-, Katorga- oder Verbannungsstrafe gleich gemeinen Verbrechern.

Die als politisch verdächtig Verbannten sind für 1—5 Jahre in Städten Sibiriens interniert. Ihre Korrespondenz unterliegt der polizeilichen Kontrolle. Haussuchung ist bei ihnen jederzeit statthaft. Zur Ausübung eines Gewerbes oder öffentlichen Berufs bedürfen sie der polizeilichen Genehmigung. Lehrthätigkeit ist ihnen verboten. Zu öffentlichen Ämtern sind sie unfähig. Übertretung der polizeilichen Ordnungs- und Überwachungsvorschriften wird mit Gefängnis oder Verschickung in entferntere Orte Sibiriens bestraft. Rechtsmittel sind ihnen gegen polizeiliche

Anordnungen und Strafen nicht gegeben. Für ihren Unterhalt müssen sie selbst sorgen[1]).

## 2. Die von den Landgemeinden Verschickten.

Die russische Landgemeinde (Mir), welche auf kommunistischen Grundsätzen beruht, hat das Recht, den von Freiheitsstrafen Betroffenen die Wiederaufnahme in die Gemeinde nach verbüfster Strafe zu verweigern. Ferner kann sie solche Mitglieder, die aus Arbeitsscheu oder Trunksucht ihre Verpflichtungen gegen die Gemeinde vernachlässigen, also den übrigen Mitgliedern zur Last liegen, der Regierung „zur Verfügung stellen", d. h. zur Deportation nach Sibirien überweisen, falls $^2/_3$ der Gemeindemitglieder es beschliefsen. Die Transportkosten trägt die Staatskasse.

Die auf diese Weise Verschickten bilden fast ein Drittel der Gesamtzahl der Deportierten. Sie müssen fünf Jahre in Sibirien bleiben.

Falls der Staat, wie beabsichtigt wird, den Gemeinden selbst die Kosten des Transports und Unterhalts ihrer deportierten Mitglieder auferlegen würde, so wäre damit der ganzen Verschickung durch Gemeindebeschlufs ein wohlverdientes Ende gemacht. Im wesentlichen ist diese merkwürdige Abart der Deportation nichts anderes als eine Abwälzung von Armenlasten auf den Staat.

b. Durch gerichtliches Urteil, als ordentliche Strafe, tritt Deportation in drei Formen ein.

## 3. Die Katorgastrafe.

Sie wird wegen der schwersten gemeinen Verbrechen verhängt, wie Mord, Totschlag, Giftmischerei, Brandstiftung, Raub, Notzucht, Falschmünzerei.

Die Todesstrafe findet nur bei Hochverrat und Mord oder Mordversuch gegen den Zaren statt, nicht auch bei gemeinem Morde. — Politische Verbrecher können zu Katorgastrafe kommen, wenn sie zum Tode verurteilt und zu katorga begnadigt werden[2]).

Bezeichnend für den Geist des russischen Strafgesetzbuchs von 1885 ist es, dafs auch Gotteslästerung, Schmähung des

---

[1]) Vgl. Dr. G., Politische Strafjustiz in Rufsland, in v. Liszt, Zeitschrift, Bd. V (1885), S. 448.

[2]) In den Jahren 1866—1889 sind 70 Todesurteile gegen politische Verbrecher gefällt, 40 vollzogen worden.

Christentums oder der rechtgläubigen Kirche, Verleitung eines Rechtgläubigen zum Übertritt in das Judentum oder den Mohammedanismus, endlich sogar Majestätsbeleidigung mit Katorga und lebenslänglicher Verbannung nach Sibirien bestraft wird [1]) (§ 176—181, 184, 246).

Die Katorgastrafe besteht in gemeinsamer Haft bei Tag und Nacht und Zwang zu Bergwerks- oder Erdarbeit unter harter Disciplin. Früher gab es noch Arbeit in Staatsfabriken und bei Festungsbauten. Da die Fabriken wegen mangelnder Rentabilität geschlossen, die Festungsarbeiten beendet sind, ist nur noch Bergwerksarbeit (und in Sachalin auch Bodenbearbeitung) übrig geblieben.

Die Katorgasträflinge [2]) (katorzhniki) werden auf der einen Hälfte des Kopfes kahl geschoren und haben sowohl während des Transportes, als auch bei der Arbeit 5 Pfund schwere Eisenketten an den Füfsen zu tragen. Disciplinarstrafen sind Einzelhaft, körperliche Züchtigung mittels der Knute, in den Bergwerken auch die Schiebkarrenstrafe. Die letztere besteht darin, dafs der Sträfling mit einer kurzen Kette so dicht an den kleinen Bergwerkskarren gefesselt wird, dafs er nur wenig freie Bewegung hat und sich weder zum Schlaf hinlegen, noch sitzen kann. — Die Beköstigung ist äufserst dürftig, grobes Roggenbrot, Gerste zu Suppen und Fleisch geringer Qualität. — Das Lager ist eine harte Holzpritsche, die an den Wänden des gemeinsamen Schlafzimmers entlang läuft. Decken und Strohsäcke giebt es nicht.

In Sibirien arbeiten Katorgasträflinge nur noch zu Kara und Nertschinsk. In Kara haben sie die goldhaltigen Sandschichten im Gebirgsthal aufzudecken und den Sand zu der Maschine zu befördern, welche ihn auswäscht und das Gold zurückhält. In Nertschinsk haben sie aus den feuchten und dunklen Schachten des Bergwerks Silber und Blei zu Tage zu fördern, oben die Erzstücke zu zerhauen wie Steinklopfer und das Erz zu schmelzen. Da das Bergwerk wenig geräumig ist, bleiben die meisten Sträflinge zeitweise unbeschäftigt in den Gefängnissen, bis sie zur Ablösung ins Bergwerk kommen.

---

[1]) Kennan, Der russische Strafkodex.

[2]) Ihre Zahl beträgt ca. 1700 jährlich. Vgl. über sie: Kennan, Sibirien (Reklam, Universalbibl.), Bd. I, S. 42, Bd. II, S. 49, 62, 96.

Aufser Kara und Nertschinsk, welche beiden Bergwerke in öder Gegend Ostsibiriens belegen sind, ist seit 1869, in gröfserem Umfange aber erst seit 1880, die vor der Küste Ostsiberiens liegende Insel Sachalin als Deportationsort für katorzhniki benutzt worden (vgl. unten).

In Sachalin werden die Sträflinge teils in die Kohlenbergwerke von Dué geschickt, teils zur Urbarmachung des Bodens, Ausrodung von Wald, Trockenlegung von Sümpfen und Wegebau verwendet.

Die Zwangsarbeit dauert höchstens 20 Jahre (nur für Elternmörder lebenslänglich) und mindestens 4 Jahre. Alle katorzhniki sind jedoch lebenslänglich nach Sibirien verbannt.

Während der Strafarbeitszeit gehört der Sträfling entweder zu den „Beobachteten“, welche 1 bis 8 Jahre lang, je nach dem Urteil, und zwar in Ketten und ohne Lohn arbeiten, oder zu den „Gebesserten“, die ohne Ketten arbeiten dürfen, ein Zehntel des Arbeitsertrags als Lohn erhalten, mehr Freitage und leichteren Dienst haben. Sie können nach 1 bis 3 Jahren guter Führung eine eigne Hütte erhalten, sich innerhalb eines bestimmten Bezirks frei bewegen, in ihren Freistunden für sich selbst arbeiten und dürfen sich verheiraten. Diese Klasse von Gefangenen traf Kennan in Kara und Nertschinsk im „freien Kommando“. In Sachalin werden sie als Kolonisten auf angewiesenes Land gesetzt.

Im Jahre 1885 waren in Kara etwa 1800 Sträflinge nebst 600 Frauen und Kindern, die freiwillig ihnen gefolgt waren, in Nertschinsk 952 Sträflinge. In Kara befanden sich auch 50 politische Verbrecher[1]). — In Sachalin betrug die Zahl der Katorgadeportierten Ende 1891: 5962, etwa ein Drittel der Bevölkerung[2]). Gegenwärtig dürften dort mindestens 9000 von ihnen sein.

Nach Ablauf der Zwangsarbeitszeit bleiben die Strafentlassenen unter Aufsicht in der Nähe des Strafortes und arbeiten gegen Lohn weiter für die Strafanstalt oder suchen sich anderen Erwerb.

---

[1]) Kennan, Sibirien.

[2]) Immanuel, Die Insel Sachalin (Petermanns geographische Mitteilungen, 1894).

Die Verurteilung zu katorga hat lebenslänglichen Verlust der bürgerlichen Rechte und der privatrechtlichen Selbständigkeit zur Folge. Die Ehe des Katorgadeportierten gilt zwar nicht ipso iure als gelöst, aber der unschuldige Teil hat das Recht, sich scheiden zu lassen und von neuem zu heiraten.

## 4. Die Zwangsansiedlung.

Die zur Zwangsansiedlung Deportierten (poselentse) sind gleichfalls auf Lebenszeit verbannt und dauernd der bürgerlichen Rechte verlustig erklärt. Aber sie haben weder Ketten, noch Tonsur zu tragen, noch gemeinsame Zwangsarbeit zu verrichten, sondern unter polizeilicher Aufsicht Land zu bewirtschaften, das ihnen die Regierung zuweist.

Gründe dieser Art der Deportation sind namentlich: schwerer Diebstahl, schwere Körperverletzung. Doch werden nur Verurteilte aus dem Bauernstande oder ländliche Arbeiter zur Zwangsansiedlung genommen.

Die Dauer der Zwangsansiedlung ist entweder eine bestimmte (mindestens 5 Jahre) oder eine lebenslängliche. Während der im Urteil bestimmten Strafzeit dürfen die poselentse ihre Ansiedlung nicht verlassen. Nachher können sie innerhalb Sibiriens sich anderweitig niederlassen. Sie erlangen aber weder Bürgerrecht, noch können sie durch Testament erwerben oder verfügen.

Während der eigentlichen Strafzeit stehen sie regelmäfsig 10 Jahre lang — bei besonders guten Leistungen oder ausgezeichneten Handlungen auch kürzere Zeit — unter vormundschaftlicher Aufsicht der Gemeinde, welcher sie zugewiesen sind. Nach Ablauf der 10 Jahre werden sie Gemeindemitglieder, falls sie sich tadellos geführt haben und die Gemeinde zustimmt, und gelten als freie Bauern.

Ort der Ansiedlung ist jetzt nur noch Ostsibirien (Gouvernement Irkutsk und Jenisseïsk) und Sachalin.

Die Regierung unterstützt die Ansiedler durch Zuwendung von Vieh, Saat, Ackergerät, gänzlichen Steuererlafs für die ersten 3 und teilweise für die folgenden 7 Jahre. Von ihrer Ernte haben sie einen Teil dem Staate abzuliefern, bis sie freie Bauern geworden sind.

Während die poselentse aus Ostsibirien allmählich, bis auf geringfügige Reste, verschwunden sind, sind sie in Sachalin stark vertreten. Ihre Zahl betrug dort Ende 1891: 4156, welche zum Teil in ganz neu gegründeten Dörfern zusammenwohnten; 569 von ihnen waren freie Bauern geworden.

## 5. Die einfache Verbannung

nach Sibirien. — Sie erfolgt wegen leichterer Vergehen, wie Diebstahl, Körperverletzung, ferner wegen Landstreicherei, aber z. B. auch wegen Mischehe eines Juden oder Mohammedaners mit einer rechtgläubigen Christin, wenn die Kinder nicht im orthodoxen Glauben erzogen werden [1]) (§ 186 des russischen Strafgesetzbuchs von 1885). Die Dauer der Verbannung ist entweder lebenslänglich oder eine bestimmte Zeit, meist 5 bis 10 Jahre.

Die Verbannten stehen innerhalb des ihnen angewiesenen Ortes unter polizeilicher Aufsicht, bedürfen zum Betriebe von Handel und Gewerbe eines Erlaubnisscheins, ebenso zu Reisen, und haben sich selbst zu unterhalten. Sie kommen nicht nach Ostsibirien, sondern nach dem näheren und besser bevölkerten Westsibirien (Gouvernement Tomsk und Tobolsk). Doch kann auch Verschickung nach Ostsibirien eintreten, sowohl von Anfang an, falls die Regierung es aus besonderen Gründen für notwendig hält, als auch nachträglich wegen Disciplinarvergehen der Verbannten. Als besonders schwere Strafe gilt die Verschickung in die Eisregion Sibiriens, zu den Jakuten, wo der Verbannte inmitten der Nomadenzelte einsam und freudlos das Leben eines Wilden führen mufs [2]).

Nicht Deportation, sondern leichtere Freiheitsbeschränkung ist die Internierung in entfernteren Provinzen Rufslands (Ssylka), welche statt der sonst angeordneten Gefängnisstrafe wegen gewisser nicht ehrenrühriger Vergehen eintritt, wenn die Thäter zu den privilegierten Ständen gehören. So werden z. B. die Ketzer und Sektierer (raskolniki) nach dem Kaukasus geschickt, wo sie inmitten mohammedanischer und heidnischer Völkerschaften wohnen müssen, damit sie ihren Glauben nicht anderen Christen mitteilen können. Sie behalten ihre bürgerlichen Rechte und sind, nach dem Urteil russischer Gouverneure, vortreffliche Bürger, was um so natürlicher ist, als sie niemals Verbrecher waren.

---

[1]) Kennan, Der russische Strafkodex.

[2]) Diese Strafe traf z. B. den noch lebenden russischen Dichter Korolenko.

## III. Vollziehung und Wirkungen der Deportation[1]).

a. Transport und Kosten. — Infolge der grofsen Entfernungen, welche die Deportation Rufslands zu überwinden hat, sind ihre Kosten und sonstigen Nachteile sehr grofs, obgleich auch ihre Vorteile nach beendetem Transport hervortreten und angesichts der gegenwärtigen Lage des Gefängniswesens in Rufsland nicht zu bestreiten sind.

Die Hauptmasse der Katorgasträflinge geht seit 1880 auf dem Seewege von Odessa nach Sachalin. Den Transport besorgen drei Dampfer der „Vaterländischen Flotte“, von welchen die beiden gröfseren auf je 525 Sträflinge eingerichtet sind. Jedes Schiff wird von einem Arzt, einem Seelsorger und militärischer Wachmannschaft begleitet. Die Gefangenen befinden sich im Zwischendeck in gemeinsamen Räumen, welche durch einen mit eisernen Gittern abgegrenzten Korridor (für die Wachen) durchzogen werden. Es giebt einen Schlafsaal für Verheiratete mit Frauen und Kindern und einen anderen für Unverheiratete. Am Tage werden die Gefangenen abwechselnd auf Deck geführt, um frische Luft zu schöpfen; sie dürfen sich in einem von Eisengittern umgebenen Raume zwischen den beiden Kajüten bewegen[2]).

Die Fahrt geht durch das Schwarze Meer, den Bosporus, den Suezkanal, durch den Indischen Ocean und das Japanische Meer, über mehr als 2000 geographische Meilen. Sie dauert mindestens 2 Monate.

Seit 1885 werden jährlich ca. 1500 Männer und 150 Frauen nach Sachalin verschickt. Die Transportkosten betragen im Durchschnitt jährlich 258 000 Rubel, die Kosten der Strafkolonie Sachalin jährlich 435 000 Rubel[3]), zusammen 693 000 Rubel. Diese Summe dürfte infolge der Vermehrung der Zahl der Sträflinge auf Sachalin seit 1890 (bis zu welchen Jahre sie von

---

[1]) Foinitzki, l. c. Galkine-Wraskoï, Abrifs der Thätigkeit der russischen Gefängnisverwaltung 1879—1889, in den „Actes du Congrès Pénitentiaire International de St. Pétersbourg“ (1890). Bd. 4, p. 470 fg. p. 596 fg.

[2]) Vgl. Galkine-Wraskoï, p. 630 fg. Kennan, Bd. I, p. 50, 51. Korolenko, „Die Flüchtlinge von Sachalin“ (Novelle, Reklam, Universalbibl.), mit Beschreibung des Transportdampfers „Nischni-Nowgorod“.

[3]) Ca. 226 Rubel pro Kopf.

Galkine-Wraskoï angegeben ist) auf mehr als 700 000 Rubel gestiegen sein.

Den Landweg beschreiten diejenigen Deportierten, welche nicht nach Sachalin kommen, also der Rest der Katorgasträflinge (die nach Kara und Nertschinsk wandern), ferner die jetzt seltenen Zwangsansiedler für Ostsibirien und die grofse Menge der für Westsibirien bestimmten Verbannten. Der Weg geht von Moskau (dem Centraldepot) über Nischni-Nowgorod, Kasan, Perm, über den Ural nach Jekaterinenburg und von dort nach Tjumen, dem ersten Etappengefängnis Sibiriens. Von dieser Strecke wird ein Teil in Rufsland auf der Wolga und Kama in grofsen, speciell für diesen Transport hergerichteten Flufsdampfern, ein anderer Teil (von Perm bis Tjumen) auf der Eisenbahn zurückgelegt. Von Tjumen gehen noch Transportdampfer nach Tomsk. Dann aber beginnt der Marsch zu Fufs, welcher vorher nur zeitweise stattgefunden hat, ununterbrochen weiterzugehen. Es wird Sommer und Winter hindurch bei jedem Wetter marschiert. Die Abteilungen folgen sich wöchentlich, jede mit militärischer Begleitung. Zwischen Tomsk und Irkutsk liegen 1700 km. Die Lokalbehörden haben bisher vergeblich sich bemüht, für diesen Weg Wagen zur Beförderung der Deportierten bewilligt zu erhalten. Es fehlt an Mitteln dazu. Nur Kranke und Kinder werden in kleinen Wagen (Telegas) transportiert.

Welches Elend der Transport nach Sibirien zur Folge hatte, ist bekannt, seit Kennan es aller Welt mitgeteilt hat. Seitdem ist die russische Regierung bemüht gewesen, die Marschrouten abzukürzen und die Etappengefängnisse zu verbessern, namentlich der Überfüllung, welche vorher grauenhaft war, vorzubeugen. Die Sterblichkeit der Deportierten allein zwischen Tomsk und Irkutsk betrug jährlich 12 bis 15 Prozent. Aber unmöglich ist es, diejenigen Übelstände zu beseitigen, welche mit einem so langen, viele Monate, ja über ein Jahr hinaus dauernden Transport verbunden sein müssen: die Demoralisierung der Männer und Weiber, welche Tag und Nacht in engster Gemeinschaft leben müssen; die Entkräftung durch die langen Märsche, die mangelhafte Verpflegung und die fehlende Ruhe; die Krankheiten, welche daraus und aus der Einwirkung des wechselnden und rauhen Klimas entstehen.

Der Landtransport kostet dem russischen Staat jährlich $1^1/_4$ Mill. Rubel, bei etwa 10000 Deportierten jährlich, pro Kopf 125 Rubel, ohne die Kosten der Verwaltung, Bewachung und der Etappengefängnisse. — Dazu kommen die Kosten für den Unterhalt der Gefangenen in Sibirien, welche Kennan [1]) für Nertschinsk auf 80 Rubel jährlich, $^1/_4$ Rubel täglich, berechnet hat, Foinitzki aber noch höher annimmt [2]).

b. Kolonisation durch Deportierte in Sibirien und Sachalin. Sibirien, welches mit $12^1/_2$ Mill. qkm Flächeninhalt eine gröfsere Oberfläche hat als ganz Europa ($9^7/_{10}$ Mill. qkm) besitzt im südlichen und mittleren Teile bedeutende Ländereien, welche zum Ackerbau sich eignen. Das Klima ist im Norden zwar polar, das kälteste der Welt, im Süden aber im Sommer heifs und nur während der Wintermonate sehr kalt.

Für die Strafe kommt es also darauf an, wo in Sibirien sie verbüfst wird. In denjenigen Gebieten, welche durch Deportierte kolonisiert werden sollten, war das Klima gemäfsigt. Dennoch mifslang die Ansiedlung gleichmäfsig in West- und Ostsibirien. Die freie Bevölkerung schlofs sich gegen die Deportierten ab. Der Staat liefs es an Aufsicht und Kontrolle fehlen. Die Hauptursache aber war die Abneigung der Deportierten gegen die harte Arbeit in einem fremden Lande, das ihnen nichts Anziehendes bot und nicht einmal Bürgerrecht gewährte. Ohne Freunde und Verwandte, ohne Familie und ohne Aussicht, eine solche begründen zu können, dazu von Geldmitteln völlig entblöfst, hatten die Deportierten nichts, was sie veranlassen konnte, sparsam und mühevoll zu wirtschaften. Die Ehen zwischen männlichen und weiblichen Deportierten bewährten sich schlecht. Dazu kam, dafs die Arbeitskraft der Männer und ihre Gesundheit durch den langen Transport stark gelitten hatte und Trunksucht durch das sibirische Klima und die Verlassenheit der Deportierten ungemein gefördert wird. Alle diese Ursachen führten dahin, dafs kaum ein Zehntel der Ansiedler auf den ihnen angewiesenen Plätzen blieb und von den dort Verbleibenden nur wenige mit Landwirtschaft sich beschäftigten. Die meisten zogen es vor, ihre Stelle zu verlassen und ein Leben im

---

[1]) Kennan, Bd. II, p. 63.

[2]) Foinitzki (p. 212) schätzt die Kosten für jeden Deportierten jährlich auf durchschnittlich 300 Rubel.

Umherziehen zu führen, als Jäger, Goldsucher, Fischer, als Vagabunden oder als Diebe. Ihrem Beispiele folgten zum grofsen Teile auch die Verbannten ohne Zwangsansiedlung, von welchen ein Teil ohnehin gewohnheitsmäfsige Landstreicher sind. Die Folge war, dafs ganz Sibirien durch einen von Ost nach West dringenden Strom von Vagabunden überschwemmt wurde, dessen Ziel die russische Grenze ist. Nach einer am 1. Januar 1886 vorgenommenen amtlichen Ermittelung, deren Ergebnisse die Petersburger Zeitung „Listok" veröffentlicht hat, waren damals in Ostsibirien von 110000 Deportierten nur 42000 in den angewiesenen Orten, 20000 nach anderen Orten übergesiedelt, und 48000 (40 % des Sollbestandes) waren — verschollen. In Westsibirien betrug die Zahl der Verschollenen sogar 67 %![1])

Unter den Deportierten, die sich in Vagabunden verwandeln, sind aber nicht nur harmlose Leute, sondern auch entsprungene Sträflinge aus den Bergwerken, also schwere Verbrecher. Sehr anschaulich schildert Kennan[2]) den Hergang der Flucht und die Beweggründe der Flüchtlinge aus seiner eigenen Erfahrung:

„Ein grofser Teil der Flüchtlinge ersehnt seine Zuteilung zum 'freien Kommando' nur darum, weil ihnen da eine günstigere Gelegenheit zur Flucht geboten ist. Jährlich, sobald es Sommer geworden, flüchten sie zahlreich in die Wälder. Der Kuckuckruf gilt ihnen als Signal, und die Flucht ergreifen heifst in ihrem Rotwelsch: 'des Generals Kuckuck Befehl folgen'. Gegen 300 Sträflinge aus dem freien Kommando folgen jährlich dem Befehl des Generals Kuckuck. Viele, die im Frühjahr flüchten, kehren im Herbst unter anderem Namen und gefesselt zurück, aber sie sind dennoch befriedigt, denn sie haben einige Monate Freiheit und frische Waldesluft genossen. Viele Sträflinge können die Flucht überhaupt nicht unterlassen, ein innerer Drang treibt sie nach den pfadlosen Wäldern und weiten Steppen Ostsibiriens. Sie wissen recht gut, dafs ein gänzliches Entkommen kaum möglich ist, dafs sie wie gehetztes Wild rastlos fliehen müssen, dafs sie monatelang von Beeren und Kräutern sich nähren müssen, stündlich

---

[1]) Blätter für Gefängniskunde, Bd. 23, S. 102.
[2]) Bd. 2, S. 58, 59.

den Tod zu gewärtigen haben, und doch — kaum wird der erste Kuckucksruf laut, so treibt sie es fort mit Allgewalt."

Manche Sträflinge fliehen 5, 6, ja 16mal trotz aller Strafen und Leiden [1]).

Unter solchen Umständen wurde die Unsicherheit in Sibirien so grofs, dafs die ganze Bevölkerung darunter litt. Die Landbewohner wurden den Vagabunden (brodjaks) tributpflichtig. In manchen Gegenden, die besonders heimgesucht sind, legen sie, um Angriffe zu vermeiden, lieber freiwillig über Nacht Lebensmittel vor die Thüren, welche dann von den Landstreichern regelmäfsig abgeholt werden.

Die Klagen über diese Landplage und die Zunahme der Verbrechen in Sibirien waren stark genug, auch die russische Regierung zum Einhalten auf der beschrittenen Bahn zu bestimmen. Schon im Jahre 1878, auf dem internationalen Gefängniskongrefs zu Stockholm, erklärte der russische Delegierte Kokowzeff, Beamter des Justizministeriums, dafs die Abschaffung der Deportation nach Sibirien ins Auge gefafst werden müsse, da sie in der bisherigen Art für Sibirien nicht länger erträglich sei.

Bedenkt man, dafs auf je 10000 Deportierte jährlich mehr als 2000 Kranke, 200 Tote und 350 Entsprungene kamen [2]), und dafs von den Übriggebliebenen 40 % dauernd arbeitsunfähig sind [3]), so wird man die Erklärung Kokowzeffs begreiflich finden.

Indessen genügen die vorhandenen Gefängnisse noch bei weitem nicht dem Bedarf in Rufsland. Deshalb wird die Deportation vorläufig dadurch für Sibirien weniger gefährlich gemacht, dafs man die schweren Verbrecher jetzt möglichst nach Sachalin schickt, von wo sie nicht flüchten können.

Die Bergwerke in Kara und Nertschinsk bestehen zwar noch, bringen aber der Krone nur noch wenig Ertrag, weil die Minen nicht mehr so ergiebig als früher sind, die Wege zum billigen Transport der Metalle fehlen und der Handbetrieb nicht rationell ist. Deshalb ist die Aufgabe dieser Bergwerke beschlossene Sache und nur noch auf einige Jahre verschoben.

---

[1]) Kennan, Bd. 1, S. 179.
[2]) Foinitzki, p. 212.
[3]) Foinitzki, p. 203.

Während die Deportation für Sibirien sich nicht allein nutzlos, sondern in hohem Grade schädlich erwiesen hat, wird ein anderes grofses Unternehmen die Bevölkerung und den Wohlstand des Landes in Zukunft zweifellos steigern: der Bau der Sibirischen Eisenbahn. Zu den Bauarbeiten sind auch 12000 Deportierte seit 1894 herangezogen worden[1]). Bisher sind von den 7000 Kilometern der gewaltigen Bahn erst 2000 vollendet. Wenn das Riesenwerk aber fertig sein wird, dann wird der Handel Sibiriens erst denjenigen Aufschwung nehmen, welchen die reichen Vorräte des Landes an Vieh, Getreide und Mineralien erfordern. Bisher giebt es in Sibirien nur die eine grofse Heerstrafse, welcher die Deportierten vom Ural bis Irkutsk folgen, und einige Dampferlinien; im übrigen fehlt es an Fahrstrafsen sehr.

Dafs die Bevölkerung Sibiriens, jetzt knapp 5 Mill. Menschen, längs der neuen Bahnlinie sich häufen und die Ansiedlung in der Nähe der Bahn weit leichter sein wird als bisher in abgelegener Gegend, ist vorauszusehen. Was jedoch am sichersten und zugleich am erfreulichsten ist, das ist die Erleichterung und Abkürzung des qualvollen Transports der Deportierten. Diese werden aus Rufsland bis Ostsibirien mit der Eisenbahn befördert werden und zur Reise kaum so viele Tage brauchen als jetzt Wochen.

In Sachalin hat die russische Justizverwaltung bessere Erfolge erzielt als in Sibirien, weil es möglich war, diese Insel gut zu überwachen und auf sie die zur Verfügung stehenden Kräfte zu konzentrieren, während die ungeheure Ausdehnung Sibiriens mit dessen weitzerstreuten Strafkolonien jede Kontrolle der einzelnen Verwaltungen und jede genügende Überwachung der Deportierten unmöglich machte.

Sachalin[2]), von welchem Rufsland 1858 die nördliche Hälfte von China, 1875 die südliche Hälfte von Japan erworben hat, ist seit 1869 bereits zur Deportation benutzt worden. Zuerst wurden nur einzelne Sträflingstrupps in die Kohlenbergwerke

---

[1]) Blätter für Gefängniskunde, Bd. 28, S. 137.

[2]) Immanuel, Die Insel Sachalin, in Petermanns geograph. Mitteilungen, 1894. L'Ile de Sachalin et sa colonisation (Actes du Congrès Pénitentiaire international de St. Pétersbourg, 1890, Bd. V, p. 35; messager officiel).

der Insel entsendet, seit 1879 jedoch schon jährlich 600 Sträflinge hingeschickt, und jetzt jährlich 1500 bis 1700.

Das Land umfafst 79750 qkm, ist also etwas gröfser als z. B. das Königreich Bayern, ebenso grofs als französ. Guyana und viermal so grofs als Neukaledonien. Sachalin bildet eine Provinz für sich unter einem Gouverneur, welcher direkt dem Generalgouverneur von Ostsibirien untersteht.

Die Lage der Insel hindert jeden Fluchtversuch. Der Tartarensund, welcher sie von der sibirischen Küste trennt, ist an seiner schmalsten Stelle, zwischen den Militärposten Wangi und Pogibi der Insel und dem Kap Murawiew an der sibirischen Küste, immer noch 7,6 km breit und dort gerade militärisch überwacht. Nach Süden verbreitert sich die Meeresstrafse bedeutend und ist vor Dui, dem Hauptort der Insel, mehr als 300 km breit. — Südlich von Sachalin liegt die japanische Insel Jesso, die durch die 33 km breite Meerenge La Pérouse von Sachalin geschieden ist, und östlich flutet der weite Ocean.

Die Gestalt der Insel ist schmal und sehr langgestreckt. Sie dehnt sich — bei 29 bis 152 km Breite — über 8½ Breitengrade von Nord nach Süd — 941 qkm — aus, was ungefähr einer Entfernung wie von Hamburg bis zum Comer-See entspricht.

Zwei Gebirgszüge gehen von Nord nach Süd durch das Land. Wald bedeckt 92 % der Oberfläche, im Norden Nadelwald, im Süden Laubwald. Nur 2 % des Bodens sind bisher nutzbares Land geworden [1]).

Die Bewässerung des Landes ist reichlich; die vielen kleinen Flüsse sind nicht schiffbar, aber, gleich den Buchten des Meeres, voll von Fischen. Die Fischerei und die Jagd auf Bären, Füchse, Zobel, Moschus- und Renntiere sind Haupterwerbszweige der Eingeborenen wie der freien Ansiedler.

Während die Eingeborenen — etwa 1700 Giljaken im Norden und 1000 Ainos im Süden der Insel — im Inneren hausen, dringen die Russen allmählich von der Küste ins Innere vor.

Das **Klima** ist rauh und unfreundlich in hohem Grade. An Strenge steht es demjenigen Lapplands gleich (obgleich

---

[1]) Bis 1890 waren 5700 ha angebaut. Jährlich kommen etwa 250 Dessiätinen Landes (ca. 270 ha) hinzu.

Sachalin bedeutend südlicher liegt), weil es unter dem Einflusse des Treibeises und der kalten Polarwinde steht. Der Winter umfafst 182 Tage. Die mittlere Winterkälte beträgt — 16,5 ° C., doch steigt die Kälte bis — 35 °. Der Sommer ist warm, durchschnittlich 28 °, im Süden sogar 32 °, dauert jedoch kaum 3 Monate.

Sümpfe giebt es viele an der Küste und längs der Flüsse. Aus ihnen erheben sich im Sommer Myriaden von Stechmücken, die für Menschen und Vieh eine schwere Plage bilden. Aufserdem entstammt den Sümpfen die einheimische Malaria, neben Skorbut die schlimmste Krankheit im Lande. Im ganzen ist jedoch der Gesundheitszustand der Bevölkerung ein guter.

Die Insel ist eingeteilt in drei Kreise: Alexandrowsk (Nordwest, Sitz der Verwaltung), Tymowsk (Mitte) und Korsakowsk (Süden der Insel). Haupthafen und wichtigster Ort ist Dui im Südwesten, Mittelpunkt des Kohlenbergbaues und Landungsplatz der Deportierten. Aufserdem giebt es 64 Ansiedlungen, meist nur aus einigen Blockhäusern bestehend. Steinbauten sind nur die Regierungsgebäude in Alexandrowsk und Dui.

Die Bevölkerung betrug im Jahre 1871 etwa 4000 Seelen, davon 1100 Russen. Am 31. Dezember 1891 betrug sie 19 644, davon 16 416 Russen, und gegenwärtig ist sie, da jährlich 1500—1700 Deportierte hinzukommen, mindestens 26 000 Seelen. Die Zahl der Deportierten dürfte, da sie 1891 schon 11 000 überschritt, jetzt auf 16 000 zu schätzen sein, welche von 2000 Beamten und Soldaten im Zaum gehalten werden.

Die Deportierten sind entweder Zwangsansiedler (poselentse) oder Katorgasträflinge. Ende 1890 gab es 4156 von den ersteren und 5962 von den letzteren. Die Katorgasträflinge arbeiten zum Teil in den Kohlenbergwerken bei Dui, wo sie an die Gesellschaft Sachalin vermietet werden. Nach dem Bericht des russischen Reisenden Tschechow befinden sie sich — etwa 700 an Zahl — in grofsem Elend. Die beiden Kasernen, in welchen sie untergebracht sind, bezeichnet Tschechow als wahre Pesthöhlen. Der Bergwerksbetrieb erfolgt ohne Maschinen, durchweg mittels Handarbeit und ohne die üblichen Sicherheitsvorrichtungen. Lohn zahlt die Gesellschaft nur unregelmäfsig; sonst könnte sie kaum existieren, wie Tschechow meint.

Die Mehrzahl der Katorgasträflinge wird mit Wegebau, Abholzung, Urbarmachung und Trockenlegung des Bodens beschäftigt. Ende 1894 gab es in Sachalin bereits 600 km Fahrweg.

Die Zwangsansiedler erhalten Land, Ackergerät und Saatgut, bleiben unter ständiger Überwachung eines landwirtschaftlichen Inspektors und der Feldpolizei und können nach Ablauf der gesetzlichen Frist freie Bauern werden (1890: 569).

Jeder Gefangene kann aus der Katorgaklasse in die Klasse der poselentse aufrücken, wenn er sich gut führt.

Die Disciplin ist eine harte: aufser Einsperrung werden auch Knutenstrafe und Schiebkarrenstrafe angewendet. Es giebt 7 Gefängnisse.

Sachalin ist als Deportationsort sehr gefürchtet. Das Klima macht den Aufenthalt dort zu einem sehr unangenehmen. Der Himmel ist ewig trübe und grau; wolkenlose Tage giebt es nur 8 bis 9 im Jahre; mehr als die Hälfte der Tage sind Regentage. Diese Düsterheit des Landes, vermehrt durch den dunklen Waldbestand, welcher sich unabsehbar ausbreitet, drückt die Menschen nieder und stimmt melancholisch. Jeder Reisende verläfst das Land, wie Tschechow selbst, sobald als seine Obliegenheiten es ihm gestatten. Das Leben in einem solchen Lande macht zur Trunksucht geneigt, und so ist dieses Laster dort ungemein verbreitet, obgleich den Sträflingen Branntwein verboten ist.

Die Kolonisationsarbeiten sind anstrengend und schwierig. Der Boden ist mit hundertjährigen Wurzeln durchzogen, die einzeln ausgerodet werden müssen, und im Sommer wächst mannshohes Unkraut nach, das zu wiederholten Malen vertilgt werden mufs, bevor der Ackerbau beginnen kann. Die Humusschicht ist durchweg schwach, daher das Wachstum gering. An Dünger fehlt es, die Viehzucht ist wenig entwickelt (1890: 3650 Rinder, 1170 Pferde). Die Ackergeräte sind primitiv. Getreide gedeiht nur im Süden und reift auch dort nur in günstigen Jahren. Dagegen gedeihen Kartoffeln und Gemüse gut.

Der Anbau ist in Wirklichkeit Raubbau, oberflächliche Wirtschaft ohne Pflege des Bodens. Die Ansiedler leben von der Hand in den Mund, ohne zu sparen.

All dies hängt auch damit zusammen, dafs die Zwangskolonisten für ihre Landstellen kein Interesse haben. Samt und sonders sehnen sie sich fort; sind sie auf schlechtem Lande, so hoffen sie an eine bessere Stelle versetzt zu werden; sind sie nur auf bestimmte Zeit verbannt, so hoffen sie, nach deren Ablauf in die Heimat zu ziehen; selbst wenn sie lebenslänglich verbannt sind, rechnen sie wenigstens auf Begnadigung, um die Insel verlassen zu können. Die Rückkehr nach Rufsland schwebt ihnen stets vor Augen.

Bemerkenswert ist, dafs der russische Delegierte auf dem internationalen Gefängniskongrefs zu Paris (1895), Likatschew, hervorhob, dafs der gute Erfolg der Deportation dort häufig in Frage gestellt sei durch die Hoffnung auf Rückkehr; man solle daher nur auf Lebenszeit deportieren.

Aber auch die Frauenfrage ist von gröfstem Einflufs. Es gab 1890 nur 1299 Frauen auf der Insel, und obwohl alle zu Katorga verurteilten Weiber dorthin transportiert werden, so kann die Regierung doch nicht mehr als 150 jährlich beschaffen. Die Zahl der freiwillig den Männern folgenden Frauen beträgt nur 62 jährlich. Diejenigen Deportierten, welche verheiratet sind, deren Frauen aber in Rufsland bleiben, sind an einer neuen Heirat gehindert, denn nur wenn die Ehefrau in Rufsland den Antrag auf Scheidung stellt, wird die Ehe getrennt; oft unterbleibt aber der Antrag aus Unkenntnis oder aus Gleichgültigkeit. Dasselbe gilt von den deportierten verheirateten Frauen, deren Männer in Rufsland leben. Die Folge ist erstens, dafs $^9/_{10}$ der Deportierten in Sachalin niemals heiraten, und zweitens, dafs 47 % aller dort geborenen Kinder unehelich sind. Dabei ist die Volksvermehrung naturgemäfs sehr gering; der natürliche Bevölkerungszuwachs betrug z. B. 1890: 16 Köpfe.

Ob hiernach die Zwangskolonisation von Sachalin dauernden Erfolg haben wird, ist zweifelhaft, sogar unwahrscheinlich. Als Strafort aber ist Sachalin nach Lage und Beschaffenheit gut gewählt. Es ist schon eine Strafe, jahrelang dort bleiben zu müssen, und Fluchtversuche sind aussichtslos, obgleich sie niemals aufhören. Im Jahre 1890 z. B. sind 496 Fluchtversuche gemacht worden; 130 Flüchtlinge sind verschwunden. Die grofse Mehrzahl dürfte aber ihren Tod auf dem Meere oder im Urwalde gefunden haben.

Die Deportation Rufslands zeichnet sich, im Gegensatz zu der allzu humanen französischen, dadurch aus, dafs auf Leben und Gesundheit der Deportierten zu wenig Rücksicht genommen wird. Alte, schwächliche und kränkliche Personen müssen den Landtransport mitmachen; nur beim Seetransport findet Aussonderung derselben und ärztliche Untersuchung statt. Die Verpflegung und Unterkunft der Gefangenen in Sibirien läfst noch sehr viel zu wünschen übrig. Die Behandlung und Disciplin ist hart. Erfolge sind in Sibirien aber ebensowenig erzielt worden als in Guyana oder Neukaledonien. Wie Sachalin sich entwickeln wird, mufs abgewartet werden.

---

Eine seit 1880 thätige Kommission des Justizministeriums, welcher u. a. Foinitzki und Taganzew angehören, und deren Aufgabe die Revision des geltenden Strafgesetzbuchs bildet, hat sich dahin entschieden, die administrative Verschickung abzuschaffen, aber die der Katorgasträflinge aufrecht zu erhalten [1]. — Es ist zu hoffen, dafs schon die nächsten Jahre hierüber Gewifsheit bringen.

[1]) Foinitzki, p. 216.

# V. Deportationsstrafe in England[1]).

## I. Geschichte.

### 1. Bis zur Entdeckung Australiens.

Das alte englische Recht kannte eine Art freiwilliger Verbannung, ähnlich dem Urfehdeschwören des deutschen Rechts. Der eines schweren Verbrechens Schuldige durfte sich in ein kirchliches Asyl flüchten und, nachdem er vor dem Richter (coroner) geschworen hatte, nie wieder nach England zurückzukehren, nach der Hafenstadt Dover sich begeben, das Kreuz in der Hand, um dort sogleich das Schiff zu besteigen.

Die Magna Charta erwähnt neben der freiwilligen Verbannung eine Landesverweisung durch Volksbeschlufs. Aber erst unter der Königin Elisabeth wurde, durch ein Statut (Gesetz) von 1597, die Deportation eingeführt. Dieses Gesetz ermächtigte nämlich die Friedensrichter, unverbesserliche Landstreicher und Taugenichtse (dangerous rogues) nach einem vom Geheimen Rat der Königin zu bestimmenden Orte über See schaffen zu lassen.

Jacob I. liefs im Jahre 1619 hundert öffentliche Dirnen nach Virginien schicken, um den Kolonisten dort Frauen zu verschaffen. Da sie fast alle bald verheiratet waren, so wurden in den folgenden Jahren noch einige weitere Mädchensendungen nach Virginien dirigiert.

---

[1]) v. Holtzendorff, Deportation, S. 161 fg. (Leipzig 1859). Foinitzki, p. 28—149 (Paris, 1895). Ch. de Blosseville, L'Histoire de la colonisation pénale en Angleterre, Evreux, 1859. Aschrott, Strafensystem und Gefängniswesen in England (1887), S. 36—50.

Unter Carl II. begann der Gebrauch des Wortes „transportation“, welches seitdem für die Deportation in England üblich geblieben ist, und die systematische Anwendung derselben als Strafe. Es wurde nicht nur das Recht der Quartalsversammlung der Friedensrichter zur Verschickung von rogues bestätigt (Statut von 1677), sondern auch durch Statut von 1682 den Gerichten das Recht erteilt, bei schweren Verbrechen (felonys) den zur Todesstrafe Verurteilten statt der Hinrichtung durch Gewährung eines Aufschubs (reprieve) transportation von siebenjähriger Dauer zu bewilligen, und in gewissen Fällen den Verbrechern selbst gestattet, auf transportation statt Hinrichtung anzutragen.

Auch religiöse und politische Verbrecher, Ketzer und Aufrührer wurden deportiert (Statuten von 1677, 1678). Für die schwersten Verbrechen wurde die Deportation eine lebenslängliche.

Damit war die transportation eine Strafe zweiten Ranges (secondary punishment) neben der Todesstrafe geworden, die im englischen Rechte erstaunlich oft Anwendung fand. Diebstahl und Betrug waren mit dem Tode bedroht. Es wurde daher das Bedürfnis fühlbar, die Todesstrafe einzuschränken. Zur Milderung der blutigen Strenge des englischen Rechts diente das Privilegium der Geistlichen (beneficium clericale, benefit of clergy), von der Todesstrafe verschont zu bleiben. Dieses Privileg wurde zunächst auf alle Personen ausgedehnt, die unter geistlichem Schutz oder in geistlichen Unterrichtsanstalten waren, und dann schliefslich auf alle, die lesen und schreiben konnten. Jeder Verbrecher, der das benefit of clergy besafs, wurde statt zum Tode zur transportation verurteilt.

Da gewisse schwerste Verbrechen, wie Mord, Seeraub, Strafsenraub, nächtlicher Einbruch, Brandstiftung, Pferdediebstahl, vom benefit of clergy ausgenommen waren, so wurden die zum Tode Verurteilten in solchen Fällen meist zur transportation begnadigt. Unter Georg I. (Gesetz von 1717) wurde dann die transportation als gnadenweise Strafe auch auf felonys der Nichtprivilegierten gesetzt; jedoch wurden diese auf 14 Jahre in denselben Fällen deportiert, in welchen die Privilegierten nur sieben Jahre erhielten. — Nach einem Gesetz von 1718 sollte transportation bei jeder Verurteilung über drei Jahre Gefängnis hinaus eintreten. Insbesondere war sie für kleinen Diebstahl (petit larceny) unbedingt, und zwar auf sieben Jahre vorgeschrieben, als selbständige Strafe. Mit Ausnahme der Übertretungen (misdemeanours) umfafste somit die transportation alle Strafthaten, von den todeswürdigen herab bis zum kleinen Diebstahl. Doch war sie in vielen Fällen nur fakultative Strafe. Namentlich blieb die Todesstrafe stets neben der transportation in Gebrauch [1]).

Für die immer weiter gehende Anwendung der transportation sprachen nicht nur rechtspolitische Gründe, wie Einschränkung der Hinrichtungen, Entlastung der Gefängnisse und hulks (Schiffsgefängnisse, Galeeren), sondern auch kolonialpolitische. Den Kolonien sollten die fehlenden Arbeitskräfte geliefert werden, indem ihnen Sträflinge zur Zwangsarbeit zugesandt wurden. Auf das Schicksal der Deportierten wurde dabei am wenigsten Rücksicht genommen. So transportierte man 900 Anhänger des Herzogs von Moumouth nach Besiegung des Aufstandes zu zehnjähriger Zwangsarbeit nach Westindien (1685), wo sie in den Plantagen elend zu Grunde gingen. In den meisten Fällen ging aber der Weg nach Nordamerika.

Unbefugte Rückkehr des Deportierten nach England wurde von Anfang an mit dem Tode bestraft. Erst ein Parlamentsstatut von 1834 schaffte die Todesstrafe für solchen Bannbruch ab.

Der Transport lag dem Sheriff ob und geschah auf Kosten der Grafschaften. Diese schlossen wieder Kontrakte mit Reedern, welche den Transport anfangs unentgeltlich, gegen die freie Verfügung über die Deportierten in der Kolonie, übernahmen, später, als der Wert der Deportierten in Amerika durch die Konkurrenz der importierten Negersklaven sank, eine bestimmte Summe pro Kopf der Deportierten erhielten (im 18. Jahrhundert z. B. 125 fr.) [2]). Nach Ankunft in der Kolonie verkaufte der Reeder für eigene Rechnung die Arbeitskraft der Deportierten auf die Dauer der Strafzeit.

So entstand ein schmachvoller, aber einträglicher Handel mit weifsen Sklaven in England. Um die Transportkosten und das Risiko der Seefahrt zu vermindern, wurden die Deportierten

---

[1]) Noch bis 1840 waren Hinrichtungen in England sehr häufig, auch wegen Diebstahls. Von 1820—1826 wurden in England 528 Personen hingerichtet, davon 50 Pferdediebe und 116 Einbrecher. Im Jahre 1836 erfolgten 474 Hinrichtungen wegen anderer Verbrechen als Mord; im Jahre 1838 immerhin noch 91. (Aschrott, l. c., S. 31, 32.)

[2]) Foinitzki, p. 35.

möglichst eng in schlechte Schiffe gepackt, ungenügend verpflegt und ohne ärztliche Hülfe gelassen. Eine gröſsere Anzahl von ihnen ging regelmäſsig auf der mehrmonatlichen Seereise zu Grunde. Die übrigen wurden von Kolonisten zum Plantagen- und Ackerbau für ziemlich hohe Preise gekauft; anfangs wurden bis 500 fr. für einen Deportierten gezahlt, später weniger.

Reiche und vornehme Leute in England beteiligten sich mit ihrem Kapital bei dem Handel mit Sträflingen. Andere, darunter hohe richterliche Beamte, hatten Pflanzungen in den Kolonien und empfahlen kräftig, Deportierte dorthin zu schicken. Um nur recht viele Deportierte zu haben, wurde die transportation auf geringfügige Vergehen ausgedehnt, wie unberechtigtes Tragen von Jagdwaffen, Entwendung von Fischen aus Teichen, Verkehr mit entlaufenen Deportierten (unter Georg II.). Landstreicher und andere Gefangene wurden unter Androhung der Todesstrafe in den Gefängnissen veranlaſst, um transportation zu bitten. Galeerenstrafe und Brandmarkung wurde allmählich durch die transportation verdrängt. Bitter, aber treffend bemerkt hierzu Sidney[1]):

„Selbst in der Feindschaft offenbart sich der britische Handelsgeist. Der Italiener erdolcht seinen Feind, der Engländer verkauft ihn als Soldaten, Matrosen oder Sklaven."

Inzwischen änderte sich die Lage in Amerika. Die Kolonisten in Nordamerika, welche zunächst die Deportierten gern als Arbeiter aufgenommen hatten, begannen gegen die weitere Deportation zu protestieren. Zuerst erhob Maryland, welches die meisten Deportierten empfangen hatte, im Jahre 1676 bereits Protest, ohne indessen Beachtung zu finden. Dann folgten andere Kolonien. Benjamin Franklin warf die Frage auf, was wohl die Engländer dazu sagen würden, wenn Amerika ihnen zum Ausgleich für die Verbrecher regelmäſsig eine Sendung Klapperschlangen hinüberschicken würde. Die Deportation gehörte zu den Beschwerden, welche die nordamerikanischen Staaten zum Unabhängigkeitskampfe trieben (1775). Mit diesem erreichte die Deportation nach Nordamerika, die etwa 100 Jahre lang bestanden und im 18. Jahrhundert jährlich ca. 2000 Deportierte nach Amerika gebracht hatte, ihr Ende.

---

[1]) Geschichte der australischen Kolonien, p. 16.

## 2. Von der Besitzergreifung in Australien bis 1822.

a) Nach dem Verlust Nordamerikas mufste eine andere Besitzung für die Deportation ausfindig gemacht werden. Allerdings hätte man noch die hulks und Gefängnisse im Inlande zur Unterbringung von Verbrechern gehabt, aber diese Anstalten erwiesen sich als ganz unzureichend, und Abhülfe konnte erst in vielen Jahren geschafft werden.

Kanada lag in zu bedrohlicher Nähe der amerikanischen Freistaaten. Ein Anerbieten Englands, die Krim mit englischen Deportierten zu bevölkern, wurde von Rufsland dankend abgelehnt. Aber gerade damals, im Jahre 1770, hatte Cook von Neu-Holland Besitz genommen. Einige Jahre darauf beschlofs die englische Regierung, in dem neuentdeckten und noch unbekannten Lande eine Strafkolonie zu gründen. Cook hatte insbesondere die Botany-Bay als guten Hafen und geeigneten Ansiedlungsort empfohlen. Der Marinekapitän Phillip wurde 1787 beauftragt, als Gouverneur von Neu-Süd-Wales und dem zugehörigen Territorium Besitz zu ergreifen und dort 700—800 Verbrecher, darunter 192 Frauen, anzusiedeln.

Am 13. Mai 1787 segelte Phillip mit zwei Regierungs- und neun Transportschiffen von England ab und erreichte nach achtmonatlicher Fahrt im Januar 1788 Botany-Bay. Doch erwies dieser Ort wegen sumpfiger Ufer und Mangels an Trinkwasser sich als ungeeignet zur Kolonie. Deshalb wurde dieselbe etwas weiter nördlich bei Port Jackson gegründet. Dort begann am 25. Januar 1788 die Bauarbeit für Sydney, die spätere Hauptstadt von Neu-Süd-Wales.

Im Anfang hatte Phillip mit schweren Hindernissen zu kämpfen. Die ihm mitgegebenen Sträflinge waren bunt zusammengewürfelt, in der Mehrzahl Gewohnheitsdiebe, ohne Verständnis für Bauarbeit und Ackerwirtschaft. Es war nur ein einziger Maurer unter ihnen, 52 waren überhaupt nicht arbeitsfähig. Dennoch wurden eine Anzahl Hütten erbaut, jede mit einem Gemüsegarten versehen und ein Vorratsmagazin errichtet, wobei freilich nicht zu übersehen ist, dafs auch 200 Beamte, Matrosen und Soldaten mithalfen. Zugleich wurde auf der kleinen Insel Norfolk, die im Rufe besonderer Fruchtbarkeit stand (bei Neu-Seeland, zwischen dem 29. Grad südlicher Breite und 168. Grad östlicher Länge belegen), eine Zweigkolonie errichtet, um die

Hauptkolonie mit Getreide zu versorgen. Indessen der Anbau von Weizen mifslang, die erwartete Zufuhr von Lebensmitteln aus England verzögerte sich, und so hatten die Ansiedler wiederholt in den ersten Jahren (bis 1792) mit Hungersnot zu kämpfen.

Die Sträflinge zeigten sich meist unlustig zur Arbeit und diebisch. Der Arbeitsscheu trat Phillip durch Verkürzung der Tagesration, den Diebstählen durch Peitschenhiebe und Hängen entgegen; im ersten Jahre wurden 5 Sträflinge wegen Diebstahls gehängt. Mehrere kamen auf Fluchtversuchen um; einige fielen beim Kampfe gegen Eingeborene, die im übrigen mit leichter Mühe vertrieben wurden. Im ganzen gingen bis 31. Dezember 1788 immerhin 115 Menschenleben verloren, meist durch Krankheiten.

Um den Eifer der Gefangenen zu heben, wurden ihnen allen nach abgelaufener Strafzeit Landzuweisung in Aussicht gestellt. Ein Teil der Gefangenen begann jetzt energisch zu arbeiten und stellte eine Art Feld- und Nachtpolizei gegen die Gartendiebe. Im November 1789 fand die erste Landverleihung an einen Sträfling statt. Jeder Sträfling erhielt 30 Acker Land; wenn er verheiratet war, 50 Acker; dazu Hütte, Ackergerät, Saat und freie Verpflegung auf 1 Jahr, später auf 18 Monate. Bei schlechter Wirtschaft wurde das Land für verfallen erklärt (forfeiture) und anderweit ausgethan. Wer kein Land wollte, konnte auch einen anderen Beruf treiben, mufste dann aber wöchentlich über seine Lebensweise Auskunft geben.

Es stand rechtlich auch nichts im Wege, wenn ein entlassener Sträfling nach England zurückkehren wollte; nur gelangte dazu keiner, aufser einigen, die als Matrosen auf die anlandenden Schiffe kamen. Ein grofser Teil der entlassenen Sträflinge wurde auf Kronland und mit öffentlichen Arbeiten beschäftigt, zu welchen in erster Linie die Sträflinge selbst gehalten waren.

Durch nachfolgende Transporte wuchs die Zahl der Deportierten bis 1792 um etwa 1000. Als erste freie Kolonisten machten sich ausgediente Offiziere und Soldaten ansässig, die je 120 oder 80 Acker Land (bei Verheiratung 150 oder 100) als Eigentum erhielten, ferner Sträflinge als Arbeiter unentgeltlich zugewiesen bekamen. Über dem ganzen neuen Gemeinwesen waltete der Gouverneur mit unbeschränkter Macht. Er konnte Begnadigung und Todesstrafe aussprechen. Phillip hat seine

Macht zum Besten seiner Gründung verwertet. Als er 1792 nach England zurückkehrte, waren 1000 Acker Staatsland, 700 Acker im Privateigentum angebaut, 67 freie Ansiedler gewonnen, eine Zweigkolonie in Paramatta errichtet und eine Strafse von Sydney dorthin gebaut.

b) Im Jahre 1793 trafen die ersten freien Einwanderer aus England ein, welche man durch Gewährung freier Fahrt und Zusicherung von Land herbeigezogen hatte. Ihre Zahl blieb aber sehr gering. Denn damals hatte das so entlegene Australien nichts Verlockendes.

Im Jahre 1804 wurde auf der Insel Vandiemensland eine neue Strafkolonie errichtet. Aufserdem wurde zur Aufnahme rückfälliger Verbrecher die Insel Norfolk bestimmt.

Im Jahre 1811 zählte Neu-Süd-Wales schon 10500 Einwohner, Vandiemensland 1321, Norfolk 177. Vier Fünftel der Einwohner waren Sträflinge (convicts) und Strafentlassene (Emancipisten). Es war in dieser Zeit fleifsig weiter gearbeitet worden, wobei sich namentlich die lebenslänglichen Sträflinge bewährt hatten. Am wenigsten nützlich hatten sich die verurteilten Weiber gezeigt, da sie fast alle der Prostitution und Hehlerei sich ergaben.

c) Am meisten für die Entwicklung von Neu-Süd-Wales hat der Gouverneur Macquarie (1809—1822) geleistet. Ohne Rücksicht auf die Wünsche der freien Kolonisten und des Kolonialamts in London verwendete er die Sträflinge hauptsächlich zu gemeinnützigen Arbeiten, namentlich zum Bau von Gebäuden und Wegen. Die gefährlichsten Verbrecher schickte er nach einer neuen Strafstation, Port Macquarie auf Vandiemensland. Der freien Einwanderung, für welche er die Strafkolonie nicht als geeignet ansah, war er abgeneigt und setzte es durch, dafs die Zusicherung von Land nur erteilt wurde, wenn die Einwanderer ein zur Bewirtschaftung genügendes Kapital nachweisen konnten. Ebenso widersetzte er sich dem Import von Frauen. Dagegen begünstigte er die Emancipisten durch Verleihung von Land und Ämtern. Da er sehr beträchtliche Summen zur Hebung der Kultur aufwendete[1]), so erzielte er grofse Resultate. Als er nach zwölfjähriger Amtsführung zurücktrat, zählte

[1]) Unter Macquarie sind 106 Mill. Mark aus England nach Neu-Süd-Wales geflossen.

Neu-Süd-Wales mehr als 24000 Einwohner, darunter 13600 Emancipisten mit ihren Familien und 2400 freie Kolonisten. Vandiemensland hatte 6140 Einwohner. Mehr als 400000 Acker Land waren kultiviert.

Zum Aufschwunge der Kolonie hat sehr viel beigetragen die Einführung der Schafzucht, welche ein ehemaliger Zahlmeister der Marine, Macarthur, bewirkt hatte. Den Schafherden bot das Innere des Landes vortrefflichen Weidegrund.

## 3. Von 1822 bis 1840.

Mit der Zunahme der Bevölkerung ging eine Abnahme der Macht des Gouverneurs Hand in Hand. Ein Executive-Council und ein Legislatif-Council der Kolonisten wurde ihm beigeordnet. Während bisher die freien Einwanderer nur wenig begütert waren und die Emancipisten sie an Landbesitz und sonstigem Kapital (Vieh, Schiffen, Häusern) übertrafen, fingen jetzt auch kapitalkräftige Unternehmer aus England an, ihr Geld in der sehr gewinnbringenden Schafzucht anzulegen. Der Strom der freien Einwanderer wuchs so stark, dafs er dem Zuflufs an Deportierten die Wage hielt. Während bis 1836 die Einwanderung nur in einem Jahre (1833) die Zahl 800 überschritten hatte, zählte sie seitdem jährlich nach Tausenden und erreichte 1841 die Zahl 12000, weil England den Ärmeren freie Fahrt bewilligte.

Dadurch stieg der Wert der Arbeit und des Bodens. Die Sträflinge wurden nicht mehr unentgeltlich, sondern gegen Übernahme voller Verpflegung und Zahlung eines Lohnes verliehen. Das Land wurde nicht mehr jedem Sträfling bei der Entlassung geschenkt, sondern nur bei guter Führung als Belohnung vergeben. Minimaltaxen für Acker- und Weideland wurden festgesetzt und bei öffentlichem Verkauf zu Grunde gelegt (1830: 5 Mark pro Acker). Wer freies Land haben wollte, mufste über die Grenzen des vermessenen Landes hinausziehen, um als halber Nomade weiterzuziehen, sobald die Feldmesser nachrückten. So lebten mit ihren Herden die sogen. Squatters im Innern des Landes.

Die Zahl der ankommenden Deportierten betrug in dieser Periode für Neu-Süd-Wales und Vandiemensland zusammen jährlich 4000 bis 4500. Die Lage der Sträflinge wurde in folgender Weise geordnet:

1. Nach Ankunft in Sydney wurde die Mehrzahl der Deportierten sogleich als Arbeiter an Kolonisten gegeben, welche schon im voraus sich dazu gemeldet hatten. Regelmäfsig wurden die Sträflinge Viehhüter oder Viehtreiber bei Herdenbesitzern oder Ackerknechte. Sie standen unter der Aufsicht ihres Herrn, welcher ihnen Unterhalt und Kleidung laut Kontrakt zu geben hatte. Anfangs hatte der Herr auch ein Züchtigungsrecht, aber unter dem Gouverneur Bourke wurde dieses Recht den Distriktskommissaren übertragen, welche Arbeitsscheu, freches Betragen und Fluchtversuche der Sträflinge auf Antrag des Herrn mit 20—50 Peitschenhieben zu strafen hatten.

Einige Deportierte blieben in der Stadt als Hausdiener oder Arbeiter bei Geschäftsleuten.

Ferner behielt der Staat die gelernten Handwerker für sich, beschäftigte sie in seinen Werkstätten und lieh sie gegen gute Bezahlung an einzelne Bürger aus.

Die Deportierten aus den höheren Ständen liefs man als Schreiber, Sekretäre, Aufseher unterbringen, wenn sie sonst nicht zu brauchen waren. Sie bildeten eine dauernde Verlegenheit für die Regierung. Ein Versuch, sie in einer besonderen Anstalt (Wellington-Valley) unterzubringen, scheiterte an den zu hohen Kosten. So überliefs man diese „gentlemen-convicts“ sich selbst.

2. Die gefährlichsten Verbrecher wurden in besonderen Anstalten (convicts-barracks) verwahrt und zu Arbeitscompagnien vereinigt. Es gab Strafsenbaucompagnien (road-parties) und Rodungscompagnien (clearing-gangs). Die letzteren wurden in mehrere Stationen verteilt und zur Ausrodung bestimmter Parzellen an Landeigentümer ausgeliehen gegen Entgelt. — Strafweise konnten Assignierte zu den Compagnien versetzt werden. — Die Mitglieder derselben hatten Ketten zu tragen.

3. Gefangene von guter Führung konnten beurlaubt werden, um sich für eigene Rechnung zu vermieten (Gesetze von 1829 und 1832). Die zu 7 Jahren Verurteilten konnten nach 4 Jahren, die zu 14 Jahren Verurteilten nach 6 Jahren, Lebenslängliche nach 8 Jahren den Urlaubsschein (ticket of leave) erhalten. Der Urlaub wurde bei Mitgliedern der Compagnien auf bestimmte Zeit, sonst auf unbestimmte Zeit unter der Bedingung guten Betragens erteilt. Den Beurlaubten waren

auch Vertrauensposten (Gefängnisaufsicht, Sekretariat, Polizeiämter) zugänglich. Sie blieben aber als Verbrecher nach gemeinem englischen Recht unfähig, Eigentum zu erwerben und als Partei vor Gericht aufzutreten.

4. Die Frauen wurden überwiegend in besonderen Anstalten (Paramatta) vereinigt und mit leichter Arbeit beschäftigt. Einige konnten auch an freie Einwohner als Gesinde und Arbeiterinnen abgegeben werden. Sie betrugen sich mit seltenen Ausnahmen sehr schlecht, auch wenn sie mit Sträflingen verheiratet wurden.

Von 1787—1837 waren ca. 79000 Deportierte nach Australien verschickt worden, davon:

1. Nach Neu-Süd-Wales: 43506 Männer, 6791 Frauen,
2. Nach Vandiemensland: 27759 „ 2974 „ .

Mit dem Anwachsen der freien Bevölkerung und der Landwirtschaft in Neu-Süd-Wales stieg die Kolonie, welche bis dahin als eine Art Räuberhöhle gegolten hatte, in der Achtung des Mutterlandes. Die öffentliche Meinung in England neigte sich dahin, dafs Neu-Süd-Wales als Deportationsort zu schade sei und lieber der freien Einwanderung allein überantwortet werden sollte. Dazu kam die Wahrnehmung, dafs die Zahl der schweren Verbrechen in England keineswegs abnahm. Daher beauftragte das Unterhaus ein Komitee von 15 Mitgliedern (Sir William Moleswoth, Lord John Russel, Sir Robert Peel, Sir Georg Grey u. a.) im Jahre 1837 mit der Untersuchung der Wirkungen der transportation. Der Bericht des Komitees (erstattet 1838) ging dahin, dafs die transportation weder abschreckend, noch bessernd wirke, für die Kolonien nachteilig sei und dabei sehr hohe Kosten verursache. Das Komitee empfahl statt der transportation den Bau von guten Strafanstalten und die Unterstützung der freiwilligen Auswanderung von Strafentlassenen.

Dieser Bericht entsprach so sehr den damals in England herrschenden Ansichten, dafs im Jahre 1840 Neu-Süd-Wales aus der Reihe der Strafkolonien gestrichen und das Assignationssystem für diese Kolonie aufgehoben wurde, obgleich in Neu-Süd-Wales selbst der gesetzgebende Rat noch 1839 sich für die transportation ausgesprochen hatte.

Eine weitere Beschränkung hatte die Deportation ein Jahr früher (1839) dadurch erfahren, dafs es gesetzlich verboten wurde, Frauen zu deportieren.

## 4. Von 1840 bis 1854. Vandiemensland.

Im Jahre 1825 war die Insel Vandiemensland zu einer selbständigen Kolonie erklärt worden. Diese Insel wurde jetzt alleinige Strafkolonie. Bei einer Gröfse von 64 644 qkm (entsprechend der Gröfse der Provinzen Ost- und Westpreufsen) bot sie zugleich viel fruchtbaren Boden, gute Bewässerung, ein herrliches, gesundes und gemäfsigt warmes Klima und eine gewisse Sicherheit gegen Fluchtversuche. Aber zur Aufnahme aller Sträflinge war sie zu klein, zumal ihr Inneres von Gebirge eingenommen ist. Jährlich kamen mehr als 3500 Deportierte an. Die Folge war fortwährende Überfüllung der Anstalten, Mangel an Beschäftigung für die Gefangenen und Auflösung aller Ordnung und Zucht. Im Jahre 1845 waren 25 000 Sträflinge auf Vandiemensland versammelt, denen eine geringe freie Bevölkerung gegenüberstand, ohne sie ernähren oder zügeln zu können. Ganze Scharen von Verbrechern trieben sich arbeitslos umher und machten das Land so unsicher, dafs dasselbe in argen Verruf kam. An hellem Tage wurden Raub- und Mordthaten ohne Scheu auf den Strafsen begangen. Im Gebirge bildeten sich Banden von Buschkleppern, die ganze Dörfer ausplünderten und zeitweise Städte für sich in Besitz nahmen. Erst als die ganze freie Bevölkerung zu den Waffen griff und durch Militär verstärkt wurde, gelang es, mit blutiger Grausamkeit die Verbrecher niederzuwerfen. Die schlimmsten wurden teils nach der Insel Norfolk verschickt, teils in Port Arthur auf der Halbinsel Tasman in die Kohlenbergwerke gebracht. Auch suspendierte England die transportation nach Vandiemensland notgedrungen auf 2 Jahre (1847—1849). Vandiemensland hatte der vom Gouverneur Arthur ihm zuerteilten Bestimmung, „ein grofser Kerker in freier Luft zu sein“, schlecht entsprochen.

In aller Stille hatte Lord Grey inzwischen wieder einige Transporte von „convicts“ nach Sydney geschickt, wo die squatters und Landwirte im Innern noch gern convicts als Arbeiter (Hirten) annahmen. Indessen hatte seither die städtische Bevölkerung sich so vermehrt, dafs eine starke „Antitransportationsliga“ sich bildete, die energisch gegen die Wiederaufnahme der Deportation Protest erhob. Um die wachsende Aufregung in Neu-Süd-Wales zu beschwichtigen, mufste diese Kolonie von neuem (durch Befehl des Geheimen Rats vom 25. Juni 1851) — und diesmal definitiv — als Strafkolonie gestrichen werden [1]).

In Vandiemensland war im Jahre 1850 die Ordnung wiederhergestellt. Es wurde jetzt dort das 1847 von Lord Stanley in England eingeführte Probationssystem zur Anwendung gebracht, bestehend in einer allmählichen Erleichterung der Lage des Gefangenen nach dem Grade seiner Besserung: zuerst öffentliche Zwangsarbeit in Rotten; dann Lohnarbeit bei Ansiedlern; darauf Urlaub zu freier Arbeit in einem bestimmten Bezirk; schliefslich bedingte Entlassung.

Neue Strafstationen, wie Brisbane in Queensland (bis 1854), Harvey-Bay und Moreton-Bay in Nordaustralien, halfen zeitweise zur Entlastung von Vandiemensland, namentlich aber Westaustraliens. Als im Jahre 1854 Vandiemensland (Tasmania) ebenfalls von der transportation befreit wurde, wurde Westaustralien die alleinige Deportationsstätte.

Das östliche Australien den convicts zu überantworten, durfte niemand mehr zu empfehlen wagen, nachdem im Jahre 1851 die grofsen Goldfelder in Neu-Süd-Wales und Victoria entdeckt worden waren. Es wäre widersinnig gewesen, noch länger auf öffentliche Kosten Verbrecher in ein Land zu schaffen, das in den Ruf eines Eldorado gekommen war und ungeheure Scharen freiwilliger Einwanderer herbeilockte.

## 5. Westaustralien [2]).

Auf Vandiemensland folgte Westaustralien. Die „Kolonie am Schwanenflusse“ war schon 1829 begründet worden, hatte aber, abseits vom Weltverkehr und mit Wassermangel schwer kämpfend, nicht den Aufschwung genommen wie die östlichen Kolonien.

Das Gebiet der Kolonie umfafst $2^1/_2$ Mill. qkm., ist also gröfser als Deutschland, Österreich-Ungarn, Italien und Frank-

---

[1]) Ein Versuch, 3000 irländische convicts in Kapstadt zu landen (1849), scheiterte an dem Widerstande der Bevölkerung, welche auf die Nachricht, dafs Deportierte hinkommen sollten, sofort eine Anticonvictsassociation gegründet hatte. Als der „Neptun“, das Transportschiff, mit den Sträflingen wieder abfuhr, illuminierte Kapstadt. (Vgl. de Blosseville, l. c.)

[2]) Foinitzki, p. 111–117, 129.

reich zusammengenommen. Besiedelt ist aber nur der Südwesten und neuerdings der Norden des Landes, wo Weideland und Wasser genug gefunden wurde. Das Innere ist Salzsteppe und Wüste, das Klima ist warm und gesund.

Im Jahre 1848 hatte Westaustralien etwa 5000 Ansiedler, die dringend menschlicher Arbeitskräfte bedurften. Sie wendeten sich hülfesuchend an das Kolonialamt in London und baten um Zusendung von Deportierten, welche auch gern gewährt wurde. Der erste Transport traf 1850 ein. Es langten an:

| | | |
|---|---|---|
| 1850: | 384 | Deportierte, |
| 1851: | 878 | " |
| 1852: | 442 | " |
| 1853: | 1 192 | " |
| 1854: | 286 | " |
| 1855: | 485 | " |
| 1856: | 250 | " |
| | 3 917 | Deportierte. |

Es wurden der Kolonie — nach Vereinbarung — nur so viel convicts übersendet, als sie beschäftigen konnte. Eine feste Strafanstalt in Freemantle, der Haupt- und Hafenstadt, wurde erbaut, und von dort aus gingen die Rotten der Deportierten an ihre Arbeit (Wege-, Brücken-, Hafenbauten, Rodungen und Urbarmachung von Land). Da alle Anhäufung von Sträflingen vermieden wurde, so bewährte sich die transportation anfangs sehr gut. Das Probations- und das zuerst auf der Insel Norfolk eingeführte Markensystem wurde angewendet; nach Erwerb einer bestimmten Anzahl von Marken für Fleifs und Wohlverhalten konnte der Sträfling vorläufige Entlassung vor Ablauf der Strafzeit erlangen.

Aber allmählich liefs die scharfe Bewachung der Sträflinge nach. Zugleich aber benutzten die englischen Strafanstalten die Gelegenheit, sich die unverbesserlichen Verbrecher vom Halse zu schaffen; gerade solche wurden nach Westaustralien verschickt. Dadurch verschlechterten sich die Zustände dort bedeutend. Die Zahl der Verbrechen stieg, und die Sträflinge ergriffen scharenweise die Flucht nach Neu-Süd-Wales und Victoria, wo ihnen die Goldminen winkten. Bis 1859 waren 2000 bereits entflohen. Sie verbreiteten Schrecken in den östlichen Kolonien, welche plötzlich die Kriminalität zunehmen sahen. Trotz scharfer

Bewachung der Landesgrenzen und der ankommenden Schiffe gelang es nicht, die gefährlichen Eindringlinge abzuwehren.

Westaustralien, das von 1856 bis 1868 noch weitere 5700 convicts empfangen hatte und inzwischen auch zu der Einsicht gelangt war, dafs es unmöglich sei, die fehlenden Frauen für so viele Männer herbeizuschaffen — 6/7 der Einwohner waren Männer —, bat nunmehr um Einstellung der transportation. Aber es hätte nichts erreicht, wenn nicht Neu-Süd-Wales und die anderen australischen Kolonien, in ihrer eigenen Sicherheit durch die Flüchtlinge bedroht, einmütig gegen England Partei ergriffen und durch Androhung von Gewalt die Einstellung der transportation nach Westaustralien erzwungen hätten (1868).

Es ist zweifellos, dafs Westaustralien durch die Einwanderung von fast 10000 arbeitsfähigen Deportierten sehr gefördert worden ist[1]), jedoch nur in den Anfangsjahren der Kolonisation. Später schlug die Förderung in das Gegenteil um.

## 6. Das Probationssystem in England. Verschickung nach Gibraltar und den Bermudas-Inseln.

Gleichzeitig mit den Strafkolonien Vandiemensland und Westaustralien nahmen die Strafstationen Gibraltar und Bermudas-Inseln Deportierte auf. Um die Verteilung der Verurteilten besser zu ordnen und die Qualität der für Australien bestimmten zu verbessern, wurde durch Gesetz von 1847 in England das Probationssystem in Kraft gesetzt, nachdem ein Komitee des Oberhauses die transportation für noch unentbehrlich erachtet hatte. Danach zerfiel die Strafvollstreckung in vier Stadien:

1. Einzelhaft von 12 bis 18 Monaten in den Strafanstalten zu Milbank oder Pentonville, in England.
2. Gemeinschaftliche Zwangsarbeit in England (im Hafenplatz Portland, in Portsmouth, Dartmoor und Parkhurst) oder auf den Bermudas-Inseln oder Gibraltar.

[1]) Westaustralien hatte 1870: 8259 freie männliche Einwohner, davon 5748 Deportierte. — Der Wert der von Deportierten als Sträflingen ausgeführten Arbeiten wird auf mindestens 6 Mill. Mark geschätzt. Einwohnerzahl 1870: 24785; 1894: 82000 (davon 27000 Frauen). — Export 1893: 18 Mill. Mark, davon 8 Mill. Gold.

Die letzteren Strafstationen waren speciell für irische Sträflinge bestimmt.

Das zweite Stadium dauerte:

bei 7 Jahren Strafe 2 Jahre,
bei 15 Jahren Strafe 6 Jahre,
bei 20 Jahren Strafe $8^1/_2$ Jahre,
bei lebenslänglicher Strafe $10^1/_2$ Jahre.

Durch gute Führung und Fleifs konnten die Sträflinge eine Verkürzung dieser Fristen bis zur Hälfte erreichen (Probezeit, probation).

3. Transportation nach Vandiemensland oder Westaustralien auf Grund eines Urlaubsscheins (ticket of leave) mit der Berechtigung, in der bestimmten Kolonie bei öffentlichen Arbeiten oder bei Privatpersonen gegen Lohn thätig zu sein. Ein Teil des Lohns fiel der Staatskasse zu.
4. Bedingte Begnadigung.

Die Mindestdauer der transportation betrug 7 Jahre.

Die schlechtesten Verbrecher, welche ungebessert blieben, wurden von England nach der Insel Norfolk oder Port Arthur (Halbinsel Tasman) verschickt. — Dagegen wurden die besten zur Belohnung schon in England bedingt entlassen.

Dieses System, welches bereits den Übergang der Strafvollstreckung von der Deportation zur Gefängnisstrafe darstellt, kannte also die transportation nur noch als eine Strafe für bereits gebesserte Gefangene. Gleichwohl gelang es der englischen Regierung nicht, die australischen Kolonien davon zu überzeugen, dafs die Urlaubsmänner (ticket of leave holders) etwas wesentlich Besseres seien als die convicts in der früheren Zeit. Es kam daher nur bis 1853 voll zur Anwendung. Als Vandiemensland sich ebenfalls weigerte, noch ferner Deportierte aufzunehmen, mufsten andere Mafsregeln getroffen werden, um die noch im Probationsstadium befindlichen Verbrecher unterzubringen.

Hierbei kamen namentlich auch die auf Gibraltar und den Bermudas-Inseln [1]) beschäftigten Sträflinge in Betracht. Dieselben

---

[1]) Wegen ihrer der Küste von Nordamerika benachbarten Lage als Militärstation für England wichtig, zwischen 32° n. Br. und 64° w. L. gelegen. Gröfse: 50 qkm, davon 40 qkm die Hauptinsel Bermuda. Einwohner (Mulatten und Neger) 1894: 15 643. Einfuhr doppelt so hoch als Ausfuhr. — Bereits seit 1835 als Strafstation in Benutzung.

sollten dort nicht angesiedelt werden — dazu wäre kein Raum gewesen —, sondern diejenigen Festungs- und Hafenbauten ausführen, welche England dort brauchte, aber mangels einheimischer Arbeiter nicht hätte herstellen können. Die Sträflinge wurden in Schiffen (Hulks) und Baracken untergebracht, sehr gut verpflegt (täglich 1¼ Pfund Fleisch, Rum und zweimal Kakao!)[1]) und nach Ablauf der Zwangsarbeitsperiode auf Staatskosten nach England zurückbefördert.

Auf den Bermudas-Inseln befanden sich durchschnittlich 1200 Sträflinge, denen es in dem gesunden und warmen Klima der Inseln — dieselben dienen jetzt als Luftkurort — recht gut erging. Freiwillig blieb aber keiner von ihnen dort. Weder die Bermudas-Inseln, noch Gibraltar sind jemals Strafkolonien geworden; sie blieben einfache Strafstationen, obgleich die Verschickung nach diesen Orten noch bis 1864, bezw. 1874 fortdauerte.

### 7. Ende der transportation.

Die Unmöglichkeit, alle zur transportation verurteilten Verbrecher in Westaustralien oder den anderen Besitzungen Englands unterzubringen, führte zu dem G e s e t z vom 20. A u g u s t 1853, durch welches die transportation zwar für die schwersten Fälle theoretisch aufrecht erhalten, im übrigen aber beseitigt und durch Strafknechtschaft (penal servitude) im Inlande ersetzt wurde. Im einzelnen bestimmte das Gesetz von 1853 hauptsächlich folgendes:

1. Nur bei Verurteilung auf Lebenszeit oder auf mindestens 14 Jahre k a n n transportation erkannt werden. Doch kann statt derselben auch penal servitude ausgesprochen werden.
2. Der transportation auf 7, 10, 15 Jahre entspricht bei penal servitude eine Strafzeit von 4, 6 und 8 Jahren, der mehr als 15jährigen transportation 10 Jahre penal servitude, der lebenslänglichen transportation lebenslängliche penal servitude.
3. An die Stelle der transportation unter 14 Jahren m u f s penal servitude treten. Insbesondere ist bei einfachem

---

[1]) Vgl. v. H o l t z e n d o r f f, S. 368.

Diebstahl die transportation stets durch penal servitude auf 4—10 Jahre zu ersetzen.

Danach konnten fortan nur noch die schwersten Verbrecher nach Westaustralien kommen. Dagegen wurde die bisher als Aufenthaltsort der schlimmsten Verbrecher dienende Insel Norfolk im Dezember 1853 von der Deportation befreit, von den Sträflingen geräumt und den bisherigen Ansiedlern der Pitcairn-Insel überwiesen, welche das fruchtbare und gut kultivierte, 40 qkm grofse Eiland gern in Besitz nahmen.

Wurde durch das Gesetz vom 20. August 1853 die Zahl der jährlich Deportierten von 5000 auf 700 herabgesetzt, so war es doch nicht lange durchführbar, der Kolonie Westaustralien gerade die schlechtesten Verbrecher aufzuladen; von 6 Urteilen auf transportation wurde schliefslich regelmäfsig nur eins vollzogen. Endlich schaffte das Gesetz vom 26. Juni 1857 die transportation als gerichtliche Strafe ganz ab. Es blieb zwar vorbehalten, die penal servitude auch an überseeischen Plätzen verbüfsen zu lassen, aber als selbständige Strafe hatte die transportation damit aufgehört zu existieren. Auch wurden nur noch wenige hundert Verurteilte jährlich seit 1857 nach Westaustralien und den Bermudas-Inseln geschickt. Im Jahre 1886 befanden sich noch 30 Deportierte in Strafhaft der Kolonie Westaustralien. Gegenwärtig giebt es keine englischen Deportierten mehr.

Durch die transportation sind 134000 Personen nach Australien gebracht worden. Ihren Höhepunkt erreichte sie 1834 mit 4920 dort Gelandeten. Seitdem sank die Zahl allmählich bis 151 im Jahre 1867.

## II. Wirkung der Deportation.

### 1. Finanzielle Wirkungen[1].

Die finanziellen Aufwendungen Englands für Australien waren enorm hoch. In den Jahren 1787—1836 sind für Neu-Süd-Wales 168 Mill. Mark aufgewendet worden, seitdem durchschnittlich 20 Mill. Mark jährlich. Ein Teil dieser Ausgaben entfällt allerdings auf Bauten und Kulturarbeiten. Auch wurden durch den Verkauf von Kronland die Ausgaben zum Teil wieder

[1]) v. Holtzendorff, p. 700—704. Foinitzki, p. 131, 143, 145.

gedeckt[1]). Vandiemensland kostete jährlich durchschnittlich 6 Mill. Mark. Durch besondere Sparsamkeit wurde dieser Betrag zuletzt auf 4⁴/₅ Mill. jährlich herabgesetzt.

Die Kosten des Transports, einschliefslich der Verpflegung des Sträflings, für Australien beliefen sich auf 504 Mark durchschnittlich; auch in der letzten Zeit stellte sich der Transport nach dem (etwas näheren) Westaustralien nicht unter 490 Mark pro Kopf.

Der Unterhalt eines Sträflings in Australien kostete, abgesehen von den Transport- und Verwaltungskosten, in der letzten Zeit für Ostaustralien 660—680 Mark, für Westaustralien 800 bis 1140 Mark jährlich. Dagegen betrugen die Unterhaltungskosten in englischen Strafanstalten gleichzeitig 460 Mark jährlich. Mit Einschlufs des Transports und der gleichfalls höheren Verwaltungskosten erforderte also ein deportierter Sträfling in Australien das Doppelte bis Dreifache des Aufwandes für inländische Sträflinge.

## 2. Kriminalität in England.

In England nahm die Zahl der Verbrecher während der Transportationsperiode fortwährend zu[2]). Zu Todes- oder Freiheitsstrafe wurden von den Assisen (Geschworenen) verurteilt:

| | | |
|---|---|---|
| 1811—1817: | 35 259 | Personen, |
| 1818—1824: | 62 412 | „ |
| 1825—1831: | 85 257 | „ |

Diese Zahl stieg langsam, aber stetig von 14 261 jährlich Verurteilten im Jahre 1834 auf 23 179 im Jahre 1854 weiter aufwärts[3]).

Seitdem ist ein ebenso stetiger Rückgang eingetreten. Die Zahl betrug:

| | |
|---|---|
| 1855: | 20 037 |
| 1865: | 14 459 |
| 1875: | 10 954 |

Gegenwärtig ist sie noch weit geringer (vgl. unten Teil II).

[1]) Von 1837—1851 wurden aus dem Verkaufe von Kronland ca. 11 616 000 Mark vereinnahmt.

[2]) Foinitzki, p. 80.

[3]) Statistische Tabelle bei Foinitzki, p. 146.

Die augenscheinliche Thatsache, dafs die transportation, solange sie bestand, keine Verminderung der Kriminalität zur Folge hatte, und dafs ihre Abschaffung von einem Rückgange der Zahl der Verbrechen begleitet wurde, hat in England volle Beachtung gefunden. Zur Einstellung der transportation trug diese Wahrnehmung sowohl im Jahre 1838, als später wesentlich bei.

## 3. Materielle und moralische Wirkungen auf die Kolonien.

Die Deportierten haben in Australien während der ersten 50 Jahre der Kolonisation den Boden vorbereitet, auf welchem ein freies und mächtiges Gemeinwesen sich entwickeln konnte. Durch ihre Rodungs- und Wegebauarbeiten, Hafen- und Städtebauten haben sie den späteren Einwanderern den gröbsten Teil der Kolonisationsarbeit abgenommen. Sie stellten ferner für Ackerbau und Viehzucht die sonst fehlenden Arbeitskräfte. Damit aber ist auch ihr Nutzen begrenzt. Wenn behauptet wird, die convicts hätten Australien geschaffen, so ist dieses historisch unrichtig. Australien ist grofs geworden mit Hülfe der convicts, aber nicht durch sie, sondern, trotz ihrer, durch freie Einwanderung. Seit 1851 ergofs sich ein so mächtiger Strom von freien Einwanderern in das Goldland, dafs die convicts förmlich fortgespült und verschlungen wurden. Dadurch erst gewann das wirtschaftliche Leben in Australien Bedeutung für den Weltverkehr. Vorher war Australien ein stilles Land mit geringem Export[1]) und schwacher Bevölkerung.

Ebenso falsch ist die Behauptung, dafs die gegenwärtige Bevölkerung Australiens von den convicts abstamme[2]). Nur ein kleiner Teil der jetzigen Einwohner entstammt den Deportierten. Die meisten von ihnen blieben unverheiratet, und die Zahl der von Emancipisten gegründeten Familien wäre nie hinreichend gewesen, das Land zu bevölkern. Wie ein Überrest der Vergangenheit ragt die Nachkommenschaft der ehemaligen Sträflinge in die Gegenwart hinein, und noch jetzt ist der Unterschied zwischen dieser Gruppe der

---

[1]) Ausfuhr Australiens 1894 (exklus. Neuseeland) 876 2/5 Mill. Mark landwirtschaftl. Produkte, 219 9/10 Mill. Mark Edelmetalle. (Hübner, geogr.-statist. Tabellen.)

[2]) Gegenwärtig hat Neu-Süd-Wales 1 1/4 Mill. Einwohner, Victoria 1 1/5 Mill., Tasmanien 158 000, Westaustralien 82 000.

Bevölkerung und den übrigen Einwohnern nicht ganz ausgeglichen. Es werden noch viele Jahre vergehen — wie der Generalinspektor der Gefängnisse Südaustraliens, Hinde, auf dem internationalen Gefängniskongreſs zu Stockholm (1878) berichtete — ehe dieser Gegensatz verschwunden ist.

In der Geschichte Australiens machte sich der erwähnte Gegensatz sofort bemerkbar, sobald die freien Einwanderer stark genug waren, sich abschlieſsen und aus eigener Kraft mit der Kolonisationsarbeit fertig werden zu können. Als eine genügende Anzahl freier Arbeiter im Lande war, erklärten sich die Kolonien energisch gegen den weiteren Import von Verbrechern, den sie vorher selbst gewünscht hatten.

Auch den Emancipisten stand die übrige Bevölkerung miſstrauisch und ablehnend gegenüber. Man warf ihnen vor, daſs sie Trunksucht und Diebstähle der Sträflinge begünstigten, und entzog ihnen die Fähigkeit zum Richteramt.

Es waren aber nicht nur materielle Gründe, sondern auch Rücksichten der Sittlichkeit und der öffentlichen Sicherheit, welche die Kolonien veranlaſsten, gegen die Deportation aufzutreten. Von Anfang an hatten die Gouverneure mit den verbrecherischen Neigungen der Deportierten einen schweren Kampf zu führen. Galgen und Peitsche blieben fortgesetzt in Gebrauch. Aber sie reichten nicht aus, um die Verbrecher zu zügeln. Schon in den ersten Jahren nach Begründung Sydneys muſsten Gefängnisse gebaut werden, später namentlich ganz isolierte Strafanstalten auf der Insel Norfolk und auf der (vom Festlande völlig abgesonderten) Halbinsel Tasman, zu Port Arthur. Indessen zeigte sich, daſs die Anhäufung der schlimmsten Verbrecher an einzelnen Punkten schwere Nachteile zur Folge hatte. Norfolk wurde bald berüchtigt als eine Stätte grober Unordnung und zügelloser Ausschreitungen. Dem Aufsichtspersonal gelang es nicht, die dort versammelten 2000 schweren Verbrecher in Zucht zu halten, zumal dieselben sich zur Ausführung von landwirtschaftlichen Arbeiten gröſstenteils frei auf der Insel bewegen muſsten, nur die gefährlichsten trugen Ketten. Ein Ring von auserwählten Bösewichtern leitete insgeheim die Gefangenen, verhängte Strafen und ordnete Racheakte an. Blutige Scenen, Angriffe und Meutereien waren häufig. Norfolk war und blieb, obwohl zeitweise Reformen eingeführt wurden, eine Schule des

Lasters, ein Gegenstand des Schreckens und Abscheus für ganz Australien [1]).

Nicht ganz so schlimm waren die Zustände in Port Arthur, wo ca. 1200 Sträflinge tagsüber mit Steinbruch- oder Holzhauerarbeit beschäftigt, im übrigen aber in festen Baracken eingesperrt gehalten wurden.

Gefährliche Verbrecher enthielten ferner die Rodungs- und Wegebaucompagnien, welche das ganze Land durchzogen. Trotz schwerer Ketten und militärischer Bewachung entkamen nicht selten derartige Sträflinge (iron-gang-men) und verbreiteten als Räuber Schrecken unter den Ansiedlern.

Was die Assignierten betrifft, so hatten sie es meist erträglich und flohen nicht. Wurden sie aber von einem schlechten Herrn mifshandelt oder ungenügend verpflegt, so schlugen sie sich in den Busch und bildeten Banden, deren Führer nicht selten die aus Norfolk entlassenen Verbrecher wurden.

Auch ein Teil der Emancipisten, denen kein Land mehr gegeben wurde, zog das Leben im Busch der Arbeit vor. Alle diese Umstände zusammen bewirkten, dafs Neu-Süd-Wales unter grofser Unsicherheit lange Zeit litt und eine sehr starke Kriminalität aufwies. Im Jahre 1825 kamen auf 37000 Einwohner 7000 Strafurteile. Todesurteile ergingen 1828: 106, 1829: 73, 1830: 134 [2]).

Wie es von 1840 bis 1848 in Vandiemensland stand, ist oben bereits erwähnt worden. — Westaustralien machte nicht minder schlechte Erfahrungen; es kam nicht allein selbst zu einer starken Kriminalität, sondern überschwemmte auch mit Flüchtlingen die östlichen Kolonien, welche zur gemeinsamen Abwehr sich vereinigen mufsten (vgl. oben).

In sittlicher Hinsicht hat die Deportation sicherlich zu einer gewissen Roheit der Sitten beigetragen. Der fortwährende Anblick der kettenbeladenen Sträflingsrotten, die Durchpeitschungen und Hinrichtungen mufste allmählich das Gefühl der Menschlichkeit in der freien Bevölkerung abstumpfen, die in dem freien Ermessen des Herrn ruhende Behandlung der

---

[1]) Im Jahre 1846 wurde die Deportation nach Norfolk eingestellt, 1853 Norfolk von den Sträflingen geräumt.

[2]) In England kam 1829 ein Verbrechen auf 850 Einwohner, in Neu-Süd-Wales schon auf 157. (Foinitzki, p. 127.)

ihm überwiesenen Gefangenen die Gerechtigkeit erschüttern und die Achtung vor den Rechten anderer Menschen untergraben. Mildere Sitten und mildere Gesetze fanden erst Eingang nach Beendigung der Deportation.

Die Gesamtwirkung der transportation auf die australischen Kolonien war hiernach nur zeitweise, im Anfangsstadium der Kolonisation, günstig, für die Dauer ungünstig. Am treffendsten hat Sir Richard Bourke, nächst Phillip und Macquarie anerkannt der hervorragendste Gouverneur von Neu-Süd-Wales, die Vorzüge und Mängel der transportation beurteilt[1]). Er sagte (1847):

„In Neu-Süd-Wales haben vermittelst der Sträflingsarbeit fleifsige und geschickte Kolonisten innerhalb eines Zeitraums von fünfzig Jahren eine Wildnis zu einer schönen und blühenden Kolonie umgewandelt . . .

Ich weifs indessen sehr wohl, dafs die transportation keine absolute Wohlthat für eine Kolonie ist, dafs sie vielmehr in einigen Beziehungen nachteilig wirkt . . .

Die hauptsächlichen Übelstände, welche sich nur durch ihre Aufhebung beseitigen lassen, liegen, abgesehen von der Zufuhr zu vieler verurteilter Verbrecher, in den verderblichen Einwirkungen, welche der Gebrauch von Sträflingen in einem sklavenähnlichen Zustande auf den Charakter des Arbeitsherrn ausübt, und in der Eifersucht, die durch den Unterschied zwischen einer freien und einer unfreien Kaste in der Bevölkerung geschaffen und fortgepflanzt wird.“

---

[1]) Vgl. v. Holtzendorff, S. 641.

# VI. Deportationsstrafe in Britisch-Ostindien[1]).

Britisch-Ostindien ist seit 1858 dazu übergegangen, Verbrecher nach den Andamanen-Inseln im Meerbusen von Bengalen zu verschicken.

Schon 1784 wollte die Englisch-ostindische Compagnie auf den Andamanen eine Strafkolonie begründen und sendete eine Expedition unter dem Marinelieutenant Blair dorthin, welcher auf der grofsen Insel Südandaman einen guten Hafen, den späteren Hauptort Port Blair, auffand. Aber die Expedition mifslang. Hohe Kosten und grofse Verluste an Menschen durch Krankheit zwangen die Englisch-ostindische Compagnie im Jahre 1798, die begonnene Ansiedlung zu verlassen.

Als jedoch der grofse indische Aufstand alle Gefängnisse Indiens mit gefangenen Rebellen überfüllte, beschlofs der Vicekönig Lord Canning, die überschüssigen Gefangenen nach den Andamanen zu schaffen und dort zu belassen. Am 10. März 1858 landeten zu Port Blair die ersten 200 Deportierten, fast lauter Hindu-Rebellen. Anfangs hatte die Ansiedlung mit bedeutenden Schwierigkeiten zu kämpfen. Angriffe der Eingeborenen mufsten zurückgeschlagen, Urwald mufste gelichtet und der Bau von Baracken auf der Lichtung begonnen werden, um die Gefangenen vom Schiff herunter und zu Lande unterzubringen. Um den

[1]) Ad. v. Roepstorff, Die Andamanen und die dortige Strafkolonie (Zeitschrift der Gesellschaft für Erdkunde zu Berlin, 1879, S. 1—38). Otto E. Ehlers, An indischen Fürstenhöfen, Bd. 2, S. 159 ffg. (Berlin 1894).

Gesundheitszustand der Kolonie zu verbessern, wurden die sumpfigen Ufer trocken gelegt. Diese Arbeiten erforderten viele Opfer. Die Sterblichkeit stieg in den ersten Jahren bis auf 65 % jährlich. Sie betrug noch:

| | |
|---|---|
| 1864: | 14,64 % |
| 1866: | 10,56 „ |
| 1867: | 10,16 „ |

Nachdem aber die Sümpfe aus der Nähe der Ansiedlung zurückgedrängt und die schlechten Baracken mit bedeutenden Kosten — Material und Arbeiter mufsten von Indien bezogen werden — durch solid gebaute Wohnhäuser auf Pfahlunterbau ersetzt waren, hat sich bei guter Verpflegung die Sterblichkeit stark vermindert. Sie beträgt seit 1868 nur 1,21 bis 3,9 % jährlich.

Die Andamanen eignen sich nach ihrer geographischen Lage und natürlichen Beschaffenheit sehr gut zur Strafkolonie für Indier. Sie liegen völlig isoliert und so weit vom Festlande (Indien und Birma) entfernt, dafs die Flucht aussichtslos ist. Die Inselgruppe besteht aus etwa 50 kleinen und 4 grofsen Inseln, von welchen die gröfste (Süd-Andaman[1]) die Hauptstrafkolonie mit Port Blair enthält, während Rofs-Island der Sitz des Direktors der Kolonie (des sog. „chief-commissioners") und der Garnison (440 Sepoys) ist, und Viper-Island das Zuchthaus für gefährliche Verbrecher trägt.

Das Klima ist tropisch, aber übermäfsige Hitze lassen die Seewinde nicht aufkommen. Die Temperatur schwankt zwischen 24° und 33,7° Wärme (C.), Mittel ist 29°. — Die Regenzeit ist von starken Stürmen begleitet und dauert von Mai bis November.

Die Vegetation ist eine üppige. Urwald mit undurchdringlichem Laubdach bedeckt das Innere der Insel, Mangrovedickicht das Ufer.

Die negerartigen schwarzen Ureinwohner stehen auf tiefer Kulturstufe. Sie leben von Jagd und Fischfang und von den Unterstützungen der Regierung. Ihre Waffen sind Bogen und Giftpfeile. Früher gefährlich, sind sie jetzt friedlich und leisten

[1]) Gröfse: 1392 qkm.

als Waldpolizei wertvolle Dienste zur Aufsuchung von Flüchtlingen.

Der Boden ist fruchtbar, zum Anbau von Mais, Reis und Gemüsen geeignet. Auch Weideland ist reichlich da.

Die Strafkolonie enthielt 1891 ca. 12200 Sträflinge, davon 8075 Mörder, 44 Giftmischer, 1841 Räuber und nur 502 Diebe. Indien deportiert Diebe regelmäfsig nicht, weil ihr Vergehen nicht bedeutend genug ist und gerade Gewohnheitsdiebe selten zu bessern sind, schwerer als Mörder oder Totschläger. Nach dem Gesetzbuch Ostindiens bildet die transportation die Mittelstufe zwischen der Todesstrafe und der penal servitude und dauert mindestens sieben Jahre [1]). Verschickt werden nur kräftige und gesunde Verurteilte. Von den Sträflingen auf den Andamanen sind drei Viertel lebenslänglich verurteilt. Doch tritt regelmäfsig nach 20 Jahren Begnadigung ein, aufser bei Giftmischern und Unverbesserlichen.

Die Verwaltung führt der chief-commissioner mit unbeschränkter Gewalt. Er kann selbständig Todesurteile über Gefangene verhängen und ausführen lassen, ohne Genehmigung des Vicekönigs nachsuchen zu müssen. Unterstützt wird der Chef von 10 Unterbeamten, welche Verpflegung, Disciplin und Landeskulturarbeiten leiten. Ein Ingenieur und 3 Ärzte sind ständig beigeordnet. — Polizei ist nur zum Schutz der persönlichen Sicherheit der Beamten, zur Bewachung des Landungsplatzes von Rofs-Island und zum Ordonnanzdienst vorhanden. Insbesondere bewacht sie die Schiffe und Kähne, welche sämtlich, um Fluchtversuche zu hindern, im Landungsplatz Rofs-Island vereinigt und verankert sind. Dagegen liegt die Bewachung der Gefangenen im wesentlichen diesen selbst ob; sie wählen sich in Gruppen je zwei Älteste dazu, welche die übrigen beaufsichtigen. Im Zuchthaus zu Viper-Island und an einigen anderen Orten sind auch angestellte Aufseher thätig, die meist den gebesserten Gefangenen entnommen sind.

Die Aufrechterhaltung der Ordnung wird dadurch erleichtert, dafs die Gefangenen verschiedenen Stammes und verschiedener Religion sind, daher nicht leicht miteinander sich verständigen können. Es giebt dort Hindus, Birmanen, Siamesen, Chinesen, Malayen und Neger. Nach der Religion sind zwei Drittel der

[1]) Foinitzki, p. 121, 122.

Gefangenen Hindu, ein Drittel Mohammedaner. Die Regierung benutzt den religiösen Gegensatz, um die Sträflinge im Zaum zu halten; sie stellt für die einzelnen Gruppen je einen Ältesten mohammedanischer und einen hindostanischer Religion an, damit diese sich gegenseitig überwachen. — Europäer giebt es unter den Sträflingen nicht.

Die Gefangenen sind in drei Klassen geteilt. Die unterste Klasse umfafst die Unverbesserlichen und die übrigen Gefangenen in den ersten vier Jahren. Die gefährlichsten Verbrecher bleiben im Zuchthaus zu Viper-Island in Einzelzellen. Die weniger gefährlichen arbeiten im Zuchthaus gemeinschaftlich oder auf der Insel im Freien. Sie müssen im ersten Jahre Ketten tragen. Ihre Arbeit ist Steineklopfen, Sümpfe trocken zu legen, Wald urbar zu machen. Letzteres ist eine schwere und zeitraubende Arbeit, denn der Wald wächst trotz Abholzung und mehrfachen Niederbrennens wiederholt nach; die Wurzeln müssen einzeln ausgerodet werden.

Im Zuchthause haben die Sträflinge Weizen auf Handmühlen zu mahlen, jeder hat täglich 40 Pfund Mehl zu liefern. — Auch mit Ölpresserei und Weberei werden Sträflinge beschäftigt.

Nach vier Jahren kann der Sträfling bei guter Führung zur mittleren Klasse übergehen, in welcher er sechs Jahre bleibt. In den ersten drei Jahren hat er leichtere Arbeit als bisher, in Theegärten oder in Werkstätten, bekommt auch 1,25 Mark Taschengeld monatlich. In den letzten drei Jahren kann er schon als Aufseher von Gefangenen oder Bedienter bei Beamten beschäftigt werden und erhält 2 Mark monatlich Taschengeld. Ehemalige Mörder sind in Port Blair und Rofs-Island als Köche, Barbiere, Hausdiener und Musiker angestellt.

Die oberste Klasse ist nur für lebenslänglich Verurteilte bestimmt. Sie können bei guter Führung, nach 10 Jahren Strafzeit, in diese Klasse aufrücken. Dann dürfen sie für eigene Rechnung arbeiten, Handel oder Gewerbe treiben oder sich der Landwirtschaft widmen. Es wird ihnen gegen geringen Zins — 6 Mk. 75 Pf. jährlich für Bergland, 13 Mk. für Niederungsland — Land verpachtet, je $2^1/_2$ Acker. Eine Hütte bauen sie sich selbst aus ihren Ersparnissen. Heirat ist ihnen erlaubt. — Die Zahl dieser „Selbsterhalter“ war 1891: 2596, davon 1724 Pächter. Sie liefern den Bedarf der Strafanstalt an Getreide, Gemüse, Fischen, Vieh und Milch zu einem grofsen Teil. Einige sind ausschliefslich Viehzüchter.

Weibliche Gefangene giebt es 10—13 %. Sie werden teils mit leichteren Arbeiten im Gefängnis, teils als Hausgesinde beschäftigt.

Die Verpflegung ist eine gute und reichliche. Der Gefangene erhält, auf Bons, aufser Reis oder Weizen, zwischen welchen er die Wahl hat, täglich Hülsenfrüchte, Gemüse, Butter, Salz und an je drei Tagen der Woche Fisch und Käse (geronnene Milch). Die Ration ist so ausgiebig bemessen, dafs selten ein Gefangener sie ganz verzehrt. Diejenigen, welche in Sümpfen arbeiten müssen, erhalten aufserdem täglich eine halbe Flasche warmer Milch.

Disciplinarstrafen sind: Hängen, Zellen- und Dunkelarrest, Stockhiebe, Anlegung von Ketten, Zurückversetzung in eine tiefere Klasse, Entziehung des Taschengeldes.

Die Wirkungen dieses Strafvollzuges sind gute in materieller Hinsicht, weniger gute in moralischer Beziehung.

Es sind seit 1858 ca. 8000 ha Land (bis 1891) urbar gemacht worden. Jährlich kommen 500 ha hinzu. Die Bergabhänge im Innern der Inseln dienen schon als gute Viehweiden. Besonders gut hat sich die Theekultur unter sachverständiger Leitung entwickelt. Den Pflanzern werden die besseren Sträflinge für je 9 Mark pro Kopf und Monat vermietet.

Die Gefangenen können nach Ablauf ihrer Strafzeit oder nach ihrer Begnadigung die Inseln verlassen. Viele bleiben aber freiwillig und finden ihr Fortkommen leicht als Lieferanten der Strafanstalt. Ein ehemaliger Sträfling, der sich als Kaufmann dort niederliefs, konnte in sieben Jahren ein Vermögen von 100 000 Mk. erwerben. Im Anschlufs an die bestehenden 12 Strafstationen sind mehrere Kolonien entstanden.

Trotz aller auf Besserung der Deportierten abzielenden Einrichtungen darf man jedoch nicht glauben, dafs die Andamanen ein Idyll sind. Rückfällige Verbrecher sind auch dort nicht selten. Jedes Jahr werden 6 bis 7 gehängt. Als der Vicekönig Lord Mayo 1871 die Strafkolonie besichtigte, wurde er von einem Sträfling erstochen. Ad. de Roepstorff, dem wir die genauesten Nachrichten über diese Strafkolonie verdanken, wurde bei einer Meuterei erschlagen. Was sonst noch unter den Sträflingen passiert ist, ist nicht leicht zu sagen, da sie im allgemeinen sich selbst überlassen sind.

Einen wunden Punkt bilden die sittlichen Verhältnisse oder vielmehr die unsittlichen Zustände, welche dort herrschen[1]). Die Frauen, welche vorhanden sind, werden — ob verheiratet oder nicht — Gemeingut der Sträflinge. Es kommt vor, dafs dasselbe Weib — zum Erstaunen der Welt — bald braune Hindukinder, bald gelbe oder schwarze Kinder zur Welt bringt. Um die an Zahl jährlich zunehmenden Verbrecherkinder kümmert sich fast niemand, zumal der Vater unbestimmt ist. So wachsen sie zuchtlos heran und sind eine Verlegenheit für die Kolonieverwaltung. Die Zahl der Familien ist klein und will nicht wachsen.

Die Kosten endlich, welche die Strafkolonie verursacht, belaufen sich pro Jahr auf ca. 2 Mill. Mark, denen 857 000 Mk. Einnahmen gegenüberstehen. Läfst man die Einnahmen aufser Betracht, so kostet jeder Gefangene etwa 180 Mk. jährlich, bei Abzug der Einnahmen aber nur 94 Mk. 50 Pf., dank der sehr billigen Verpflegung aus den Reis produzierenden Inseln selbst. Durch allmähliche Steigerung der Einnahmen hofft die Verwaltung der Kolonie es zur völligen Deckung der Kosten durch die eigenen Einkünfte bringen zu können.

Zum Schlusse sei, als charakteristisch und belehrend, erwähnt, dafs selbst auf den Andamanen, trotz der erträglichen Lage der Sträflinge, der in Aussicht stehenden Begünstigungen und der fast absoluten Unmöglichkeit des Entkommens, Fluchtversuche häufig sind. Auf Baumstämmen oder Flöfsen suchen die Sträflinge über das Meer zu kommen; andere flüchten in den Urwald. Das Meer verschlingt die waghalsigen Schiffer; im Urwald werden sie von den Eingeborenen aufgefangen und gegen Prämie wieder abgeliefert. Jeder Fluchtversuch wird mit 30 Stockhieben und Anlegung von Ketten bestraft. Gleichwohl treibt das Heimweh und die niemals erlöschende Hoffnung des Entkommens immer wieder Sträflinge zur Flucht.

---

[1]) Krohne, In den Grenzboten, 1879, S. 505; v. Roepstorff, l. c.

# TEIL II.

## Kritik der Deportation.

### Ihre Vorzüge und Nachteile.

# A. Die Deportation als Auskunftsmittel. Entstehungsursache.

## I. Verhältnis zur Gefängnisreform.

Nach ihrer geschichtlichen Entwickelung ist die Deportationsstrafe überall da zur Aufnahme gekommen, wo Gefängnisse fehlten. Sie ersetzte die langzeitigen Gefängnisstrafen.

Die Römer hatten keine Strafanstalten zur Einsperrung auf längere Zeit. Ihre Kerker (carcera) dienten nur zur vorübergehenden Aufnahme von Untersuchungsgefangenen, fluchtverdächtigen Verurteilten und zur Verbüfsung kurzer Strafen bei leichten Vergehen[1]). Schwere Verbrechen der honestiores wurden, soweit nicht Todesstrafe eintrat, mit Deportation bestraft, während humiliores und servi in die Bergwerke oder zu den öffentlichen Bauten geschickt wurden (damnatio in metallum, in opus metalli, in opus publicum). Justinian liefs Frauen zur Strafe für Verbrechen in Klöster einsperren (Novelle 134). Hiervon abgesehen, hat die Gefängnisstrafe bei den Römern keinen Anklang gefunden, da es weit billiger und bequemer war, den Verbrecher auf eine Insel zu verschicken und dort seinem Schicksal zu überlassen, als ihn jahrelang im Gefängnis zu verpflegen.

In Rufsland ist die Verbannung von Verbrechern nach Sibirien nur durch den Mangel an Gefängnissen hervorgerufen worden. Würden solche in genügender Zahl, Gröfse und Ein-

[1]) L. 1 § 4 D 11, 5 de aleator. l. 2 C 9, 4 de cust. reor.

richtung dagewesen sein, so hätte die Regierung, angesichts der ihr bekannten schädlichen Wirkungen der Deportation, in Sibirien nur freie Ansiedler verwendet.

Es giebt in Rufsland und Sibirien (mit Ausschlufs von Finnland und Sachalin) 860 Gefängnisanstalten, darunter 12 Zuchthäuser und 35 Korrektionshäuser, mit durchschnittlich 94500 Gefangenen jährlich [1]). Einige Musteranstalten sind darunter, so namentlich das neuerbaute Zellengefängnis zu St. Petersburg. Aber die Provinzialgefängnisse sind noch tief im Rückstande. Viele von ihnen bieten den Gefangenen keine Beschäftigung. Die Krankheitsziffern im täglichen Durchschnitt betrugen, nach dem amtlichen Bericht der Gefängnisverwaltung, für das Jahr 1884 z. B., im eigentlichen Rufsland: bei 144 Gefängnissen mehr als 20 %, bei 52 mehr 30 %, bei 25 mehr als 40 %, bei 8 mehr als 50 % und bei einem Gefängnis (Kutais) 72 % jährlich! [2])

Das Aufsichts- und Wärterpersonal ist meist wenig intelligent, zur Willkür geneigt, und die Gehälter sind gering. Die Überfüllung der Anstalten ist ein dauernder Übelstand; statt eines Kubikfadens Luftraum pro Kopf sind oft nur 1/3 bis 1/5 Kubikfaden vorhanden.

Unter Galkine-Wraskoï war die Gefängnisverwaltung bestrebt, durch Um- und Neubauten die schlimmsten Schäden zu beseitigen. Aber nur mit grofser Mühe konnte sie seit 1886 jährlich dafür 500000 Rubel vom Finanzministerium erlangen, eine gänzlich unzureichende Summe [3]). Mehr zu thun gestatten die Finanzen Rufslands nicht. Daher ist die Deportation noch eine Notwendigkeit.

England hat nicht nur deportiert, um den Kolonien Arbeiter zu liefern, sondern auch, weil es keine genügenden Gefängnisse hatte.

Die Gefangenen waren zum Teil in alten Schiffen (hulks) untergebracht, wo sie aus Mangel an Raum weder getrennt gehalten noch ordnungsmäfsig beschäftigt werden konnten. Die

---

[1]) v. Holtzendorff, Handbuch des Gefängniswesens (1888), Bd. I, S. 331 fg. Kennan, Russische Gefängnisse. (Beruht auf amtlichen Schriftstücken und eigener Besichtigung russischer Gefängnisse.)

[2]) Kennan, l. c. — In den preufsischen Strafanstalten beträgt die tägliche Krankenziffer 5—6 % im Durchschnitt.

[3]) Galkine-Wraskoï, Bericht für 1879—1889, Akten des internat. Gefängniskongresses zu St. Petersburg, Bd. 4, p. 504 fg.

Grafschaftsgefängnisse und Korrektionshäuser waren klein, grauenhaft überfüllt und ohne staatliche Aufsicht. Die Gefangenen wurden ohne Beschäftigung gelassen und von den Gefängnishaltern schamlos ausgebeutet [1]). Seit Howard (1777) gegen die argen Zustände öffentlich aufgetreten war, wurden erst einige Reformen angebahnt, jedoch nur sehr langsam, solange die Deportation ungestört anhielt. Howard und Bentham, die Vorkämpfer der Gefängnisreform, waren deshalb auch entschiedene Gegner der Deportation. Gleichwohl wurde diese so lange als möglich beihehalten, weil man fürchtete, dafs die Kosten der Unterbringung der Deportierten in festen Strafanstalten des Inlandes unerschwinglich sein würden. Im Jahre 1816 wurde die erste Penitentiary zu Millbank, 1842 die zweite zu Pentonville eröffnet. Sie dienten zur Durchführung des Probationssystems, als erstes Strafstadium. Indessen erst seit 1857, dem Endpunkte der Deportation, ist England in den Besitz guter Strafanstalten in ausreichender Zahl gelangt.

Portugal hat die Durchführung der Einzelhaft gesetzlich beschlossen, aber die dazu notwendigen Strafanstalten fehlen, bis auf diejenige in Lissabon. In Portugal ist die Deportation nicht nur thatsächlich, wie anderwärts, sondern auch gesetzlich Ersatzstrafe für die Einzelhaft im Inlande bis zur Herstellung der nötigen Bauten.

In Frankreich wurde jedesmal zur Deportation gegriffen, wenn die Gefängnisse sich als unzureichend erwiesen, die Kriminalität zu vermindern. Als die Ergebnisse der Bagnos allgemeine Unzufriedenheit erregten, schlofs man sie 1854 und schickte die forçats nach Guyana. Eine Zeit lang herrschte dann Ruhe. Zum Mifsbehagen der ruhigen Bürger stieg die Zahl der Verbrechen aber weiter. Es blieben für die Verbrecher in Frankreich:

1. Die maisons centrales, zur Verbüfsung von réclusion (Zuchthaus) und emprisonnement (Gefängnis) über 1 Jahr hinaus.
2. Die prisons départementales (maisons d'arrêt, maisons de justice) für Gefängnis bis zu 1 Jahre.

In beiden Arten von Strafanstalten blieben aber die Gefangenen in Gemeinschaftshaft, ohne Trennung bei Tage oder bei

---

[1]) Aschrott, Strafensystem und Gefängniswesen in England, S. 70fg.

Nacht. Die Ergebnisse waren: moralische Verschlechterung der Häftlinge, hohe Rückfallziffer, Zunahme der Verbrechen. Zum zweitenmal griff die französische Regierung zur Deportation als Rettungsmittel; das Gesetz vom 27. Mai 1885 brachte die Recidivisten nach Guyana und Neukaledonien. Aber der gewünschte Erfolg blieb aus, die Kriminalität stieg weiter.

Neuerdings bricht sich auch in Frankreich die Erkenntnis Bahn, dafs die Deportation kein genügendes Auskunftsmittel ist, und dafs es geraten sei, die Gefängnisse zu verbessern, das System der Gemeinschaftshaft aufzugeben und zur Einzelhaft überzugehen.

Schon 1840 hatte ein Gesetzentwurf der Pairskammer, unter dem Einflusse von Toqueville, sich für das System der Einzelhaft entschieden; im Jahre 1843 wurde derselbe Gesetzentwurf von der Deputiertenkammer angenommen [1]). Aber trotzdem Bérenger in seinem hervorragenden Werke „de la répression pénale“ gleichfalls energisch für Einzelhaft sich aussprach, kam das Gesetz auch später nicht zu stande, und nur wenige Strafanstalten (La Roquette und Mazas zu Paris) wurden nach dem Zellensystem erbaut. Erst seit die Nationalversammlung am 25. März 1872, auf Anregung von d'Haussonville, die Einsetzung einer parlamentarischen Kommission über das Gefängniswesen beschlossen hatte, kam man wieder auf die Einzelhaft als Mittel der Reform zurück. Die Cour de cassation und 19 von den 28 cours d'appel erklärten sich für Einzelhaft, zunächst bei kurzen Strafen. Endlich schrieb das Gesetz vom 5. Juni 1875 die Einzelhaft für kurze Strafen (bis zu 1 Jahre und 1 Tage) grundsätzlich vor. Allein die Durchführung der gesetzlichen Bestimmung geht sehr langsam von statten. Bis jetzt sind von 380 prisons départementales erst 25 in Zellengefängnisse umgewandelt worden, und von den 21 maisons centrales Frankreichs besitzen nur 4 (Melun, Poissy, Thouars, Eysses) zusammen 1350 Zellen für Einzelhaft [2]). Noch sind 10800 Zellen für die prisons départementales erforderlich, deren Errichtung 35 Mill. fr. kosten würde. Aber diese Millionen sind

---

[1]) v. Holtzendorff, S. 463—469. André, La récidive (1892), p. 30—33.

[2]) Dalloz, „Prisons“, Nr. 12 u. 16.

anscheinend nicht aufzutreiben [1]). Die Baulast liegt den départements als Eigentümern der Gefängnisse ob. Ein Gesetz vom 4. Februar 1893 ermächtigt zwar die Regierung, ungenügende prisons départementales aus moralischen, hygienischen oder sicherheitspolizeilichen Gründen zu schliefsen, zum Umbau Gefangene zu verwenden und Beiträge zu zahlen [2]), zu notwendigen Verbesserungsbauten auch die départements zu zwingen, indessen wird es gleichwohl noch Jahrzehnte dauern, ehe das System der Einzelhaft verwirklicht ist. Auf die maisons centrales bezieht sich das Gesetz vom 5. Juni 1875 überhaupt nicht. Inzwischen verschlingt die Deportation jährlich 10 Mill. fr. [3]), und ihr Ende ist noch nicht abzusehen, obwohl der Entwurf des neuen code pénal eine wesentliche Einschränkung derselben und Einzelhaft für alle Strafen bis zu 1 Jahre, sowie als erstes Stadium (für 1 bis 3 Jahre) bei längeren Strafen in Aussicht nimmt (Art. 15 des Projekts). Solange die notwendigen Gefängnisbauten nicht geschaffen sind, wird weiter deportiert werden.

Die Geschichte lehrt also:

1. Dafs die Deportation entstanden ist zur Aushülfe für diejenigen Staaten, welche Kolonien, aber keine genügenden Gefängnisse besafsen;
2. dafs sie, solange sie dauert, die Reform der Gefängnisse verhindert oder verzögert;
3. dafs sie aber nicht im stande ist, dauernd Abhülfe zu schaffen, und schliefslich überall durch Gefängnisreform (Vermehrung der Strafanstalten und verbesserte Einrichtung derselben) verdrängt wird.

Erwägt man weiter, dafs England sie endgültig, Portugal wenigstens grundsätzlich abgeschafft hat, und Frankreich im Begriff steht, sie einzuschränken, dafs auch in Rufsland die Einschränkung der Verbannung nach Sibirien im Princip beschlossen ist, so ergiebt sich als Erkenntnis der Geschichte:

Die Deportation ist kein in der Entwicklung begriffenes, sondern ein absterbendes Rechtsinstitut.

---

[1]) Vgl. „Les institutions pénitentiaires de la France“ (Paris 1895), p. 142.

[2]) Dalloz, „Peine“ Nr. 50.

[3]) Das gesamte Budget des inneren Gefängniswesens beträgt 21 bis 22 Mill. fr. (d'Haussonville, Les établissements pénitentiaires en France et aux colonies [Paris 1875], p. 49).

## II. Stellung im Strafsystem.

Aus der Bestimmung der Deportation, die längeren Freiheitsstrafen im Inlande unnötig zu machen, folgte, dafs sie innerhalb des Strafsystems einen breiten Raum für sich beanspruchen mufste.

Ihrer inneren Natur nach hätte die Deportation nur die schwersten Verbrechen nächst den todeswürdigen treffen dürfen [1]). Denn aufser durch ihre lange Dauer belastet sie den Schuldigen durch die völlige Trennung von der Heimat, von seiner Familie und seinen Bekannten. Wie ein Vater sein Kind erst dann verstöfst, wenn alle Mittel, es zu bessern, erschöpft sind, so sollte auch der Staat seine Angehörigen wenigstens auf Lebenszeit nur dann vertreiben, wenn er daran verzweifeln mufs, sie in der Heimat zu bessern.

Aber das Streben, die eigene Bevölkerung zu entlasten, an Polizei und Gefängnissen zu sparen, hat dahin geführt, dafs auch bei geringeren Vergehen, wie einfachem Diebstahl im Rückfall, Betteln, Landstreicherei, Deportation angewendet wurde. So hat sich deren Geltungsbereich nach oben und nach unten hin folgendermafsen gestaltet:

In Rufsland hat sie die Todesstrafe für gemeine Verbrechen bis auf drei Fälle (Hochverrat, militärische Verbrechen, Quarantänebruch bei Pest) verdrängt. Aber sie tritt auch bei geringen Vergehen, wie Landstreicherei und Diebstahl, ein.

Die Anwendung der Deportation gegen politisch Verdächtige und gegen die von den Landgemeinden Verstofsenen verdient nicht den Namen Strafe, da sie nicht auf gerichtlicher Untersuchung und Urteil beruht. Sie steht aufserhalb des Strafsystems.

In Portugal hat die Deportation in Verbindung mit Einzelhaft die Todesstrafe ganz beseitigt. Aber sie ist auch gesetzliche Zusatzstrafe bei geringen Vergehen nach mehrfacher Vorbestrafung.

Dieselbe Doppelstellung hat die Deportation in Frankreich. Zwar besteht dort die Todesstrafe für gemeine Verbrechen schwerster Art, aber für politische Verbrechen ist sie durch Deportation ersetzt, und bei gemeinen Verbrechen ersetzt diese die Todesstrafe gewöhnlich bei Begnadigung. Ist hiermit der

---

[1]) Vgl. v. Holtzendorff, S. 593.

Rang der transportation und déportation gekennzeichnet, so ist die relégation auch bei Vergehen, nicht nur bei Verbrechen, gegen récidivistes einschliefslich der Bettler und Landstreicher, und zwar auf Lebenszeit auszusprechen.

Frankreich hat also ein gemischtes System angenommen. Während die schwersten und die rückfälligen Verbrecher deportiert werden, bleiben die mittleren Verbrecher im Inlande. In Wirklichkeit hat sich die Verteilung der Verbrecher dahin gestaltet, dafs in den maisons centrales (inkl. Algier) 24000, in den prisons départementales ebenfalls ca. 24000, und in den Strafkolonien ca. 15600 forçats und 2700 relégués sich befinden [1]).

Durch die gesetzlichen Vergünstigungen der Deportierten, durch die Gleichstellung der Recidivisten mit den forçats und die Lebenslänglichkeit der relégation ist aber das ganze Strafsystem in Verwirrung gebracht und die gerechte Abstufung der Strafen unmöglich gemacht worden. Ein begnadigter Mörder kann nach zehn Jahren als Gutsbesitzer ein behagliches Leben führen, wozu der Staat ihm verhilft. Ein réclusionnaire dagegen hat niemals Aussicht, während der Strafzeit als Arbeiter sich zu vermieten oder ein Gut zu erhalten, und nach seiner Entlassung ebensowenig. Dabei hat er, in der Strafanstalt eingeschlossen, ein schwereres Übel zu tragen als der meist im Freien beschäftigte Deportierte. Die réclusion erscheint also im Vergleich zur déportation von gleicher Dauer als die schwerere Strafe, obwohl sie für weniger schwere Verbrechen verhängt wird.

Andererseits sind gewöhnliche Bettler, Landstreicher und kleine Diebe durch die relégation collective den schwersten Verbrechern gleichgestellt, sogar noch schlimmer als diese gestellt, denn sie sind stets auf Lebenszeit deportiert, was bei den forçats, den Einbrechern, Brandstiftern und Falschmünzern nicht der Fall zu sein braucht.

Ist dagegen die relégation individuelle bewilligt, so ist die Strafe sehr gering. Dabei wird aber die relégation individuelle nicht nur als Belohnung für gute Führung verliehen, sondern sie wird den bemittelten Recidivisten von Anfang an zu Teil, so dafs also die unbemittelten härter bestraft werden als die bemittelten. Glücklicherweise sind bemittelte Recidivisten sehr

[1]) Dalloz, „Prisons", Nr. 12, 17, 67. Bericht des Kolonialministers, Journ. offic. 1895.

selten, sonst wäre eine so schreiende Ungerechtigkeit kaum zu ertragen.

In allen deportierenden Ländern ist an die Deportation Verlust der bürgerlichen Ehrenrechte geknüpft. Nur die relégation macht eine Ausnahme. Je gröfser aber die Beschränkung der bürgerlichen Rechte des Deportierten ist, desto mehr wird ihm sein Fortkommen nach der Entlassung aus der Anstalt erschwert. Für die selbständige Existenz in den Kolonien ist also die gesetzliche Verminderung der Rechte ein Hindernis, welches beseitigt werden müfste.

Am wenigsten gerechtfertigt ist es, politischen Verurteilten, die nicht etwa aus ehrloser Gesinnung gehandelt haben, die bürgerlichen Ehrenrechte zu entziehen, wie es durch die französische Deportation stets geschieht.

---

# B. Die Deportation als Strafmittel. Verhältnis zum Strafzweck.

Strafe ist wesentlich Verhängung eines Übels über den Schuldigen zur Vergeltung für seine That. Ohne Übel keine Strafe. Gleichzeitig kann und soll die Strafe so eingerichtet werden, dafs sie Staat und Gesellschaft sichert, den Verbrecher abschreckt und nach Möglichkeit bessert.

Eine allen Anforderungen entsprechende Strafe mufs gerecht, scharf und erziehlich zugleich sein.

Es fragt sich, ob die Deportation diesen Anforderungen entspricht.

## I. Vom Standpunkte des Sicherheitszwecks.

Die Deportation sichert den deportierenden Staat gegen weitere Verbrechen des Verschickten, wenn es diesem unmöglich gemacht wird, zurückzukehren.

Als Sicherungsmittel ist daher die lebenslängliche Deportation allein ausreichend. Die zeitweilige gefährdet die Sicherheit des Heimatsstaates, wenn der Deportierte nach Ablauf der Strafzeit zurückkehrt.

In früheren Zeiten konnte der deportierende Staat sich darauf verlassen, dafs es dem auf bestimmte Zeit Verschickten zwar nicht rechtlich, aber thatsächlich unmöglich sein werde, zurückzukehren. Gegenwärtig aber ist keine Entfernung mehr unüberwindlich, da Dampfboot und Eisenbahn alle Teile der Erde einander näher gebracht haben. Auch der mittellose Sträfling kann als Heizer oder Matrose auf Schiffen die Heimreise ermöglichen; er kann auch die Ersparnisse aus seiner Strafzeit, welche ihm überall zum Teil aus dem Arbeitsverdienste reserviert bleiben, dazu anwenden. In der Heimat angelangt, steht er der Bevölkerung entfremdet und haltlos gegenüber. Die Gefahr des Rückfalls ist deshalb besonders naheliegend. Teisseire[1]) berichtet von einem zurückgekehrten Deportierten, der, kaum wieder in Frankreich angelangt, mehrere Diebstähle, Notzucht und schliefslich einen Mord verübte, er wurde (1871) hingerichtet.

Eine andere Methode, den Verurteilten dauernd unschädlich zu machen, besteht darin, ihn in Gegenden zu versetzen, wo das Klima und einheimische Krankheiten ihn voraussichtlich zu Grunde richten müssen. Diese Methode befolgten die römischen Kaiser und Napoleon III.; sie ist aber auch bei der französischen Republik in Anwendung gekommen. Zweifellos ist sie weder gerecht noch praktisch. Es ist in hohem Grade rechtswidrig, Personen, die nicht zum Tode verurteilt sind, auf Umwegen dennoch zum Tode zu bringen. Will man töten, so ist es zwecklos, vorher zu deportieren; die Hinrichtung kann rascher und viel billiger zu Hause vollzogen werden. Thatsächlich war immer nur die Furcht der Machthaber, durch offene Hinrichtung Aufruhr oder blutige Rachethaten hervorzurufen, der Grund zur Deportation nach tödlichen Klimaten, wo die Natur den Henkersdienst übernehmen sollte.

Wie jetzt allgemein anerkannt ist, soll die Deportation den Verurteilten nicht zum Tode, sondern zu einem neuen Leben in anderer Umgebung führen. Kein Staat überläfst den Verschickten ganz sich selbst; er sorgt auch für seine Gesundheit. Ungesunde Strafkolonien sollten daher ganz aufgegeben werden. Dies gilt namentlich für Cayenne.

---

[1]) p. 420.

Man hat dagegen eingewendet, dafs es von allzu grofser Humanität zeuge, für die Gesundheit von Verbrechern besorgt zu sein, während doch Seeleute, Soldaten und manche Klassen freier Arbeiter ihre Gesundheit opfern müfsten[1]). Aber auch für diese muls ja die Schädigung durch äufsere Einflüsse auf das unvermeidliche Mafs beschränkt werden. Eine ungesunde Strafkolonie ist stets vermeidlich.

Wer jedoch nicht schon durch humane und gerechte Sinnesart zu diesem Schlusse kommt, mufs durch einfache Zweckmäfsigkeitsgründe zu dem gleichen Ergebnis gelangen. Denn naturgemäfs entfällt jeder Nutzen für die Kolonie, wenn die Gesundheit der Deportierten von Anfang an untergraben wird und die Mehrzahl sich fortgesetzt oder zeitweise im Krankenhause befindet. Statt durch ihre Arbeit der Kolonie Unterstützung zu gewähren, fallen sie ihr zur Last.

Im Vergleich mit Gefängnisstrafe hat die Deportation einen grofsen Nachteil: die vermehrte Fluchtgefahr. Allerdings trifft dieselbe nicht den deportierenden Staat, sondern die Kolonie, in welcher der Verbrecher entspringt; denn dafs Flüchtlinge aus den Deportationsorten nach der Heimat gelangt sind, ist immerhin selten gewesen. Aber wenn die Deportation als Sicherungsmittel geprüft werden soll, so darf die Frage nicht nur lauten, ob der Heimatsstaat, sondern auch, ob die Kolonie gesichert ist, da diese ja nur ein Teil des grofsen Staatsganzen ist und gleiche Rücksicht verdient als die engere Heimat.

Fluchtversuche bleiben nun niemals aus, mag die Umgegend der Strafanstalt noch so abschreckend, der Versuch noch so aussichtslos sein. In Guyana entflohen oder verschwanden, nach den von de Lanessan mitgeteilten amtlichen Angaben, von 1852—1882: 2815 Deportierte. Fast allen dorthin verschickten Arabern gelang es, zu entkommen; die Araber mufsten daher nach Neukaledonien verschickt werden. Dafs die Sträflinge aus West-Australien scharenweise flüchtig wurden, ist oben bereits erwähnt.

Den besten Schutz gegen Entweichung bieten Inseln. Die gröfsten Strafkolonien befinden sich auch auf solchen: Neukaledonien, Sachalin, Andamanen. Aber selbst dort hören Flucht-

---

[1]) Cor, l. c., p. 18, 19: „Pour ma part, si je déplore la mortalité qui frappe les transportés à la Guyane, c'est surtout parcequ'elle entrave le développement de cette contrée.“

versuche niemals auf. Aus Neukaledonien sind trotz aller Hindernisse einzelne Sträflinge — Bertheau zählte 20 in den ersten 18 Jahren[1]) — entkommen, darunter Rochefort. Einzelnen Sträflingen glückte es auch in Sachalin und auf den Andamanen ausnahmsweise, benachbartes Land zu erreichen. Das Beispiel dieser Wenigen findet immer wieder Nacheiferung. Weit zahlreicher sind aber die Entweichungen in das Innere der Inseln; jährlich flüchten sowohl in Neukaledonien wie in Sachalin mehrere hundert Gefangene in das Gebirge. Freilich finden sie fast alle entweder ihren Tod oder sie werden nach einiger Zeit wieder eingefangen. Aber inzwischen haben sie wenigstens ihre Freiheit genossen. Nicht nur in Sibirien, wo Kennan es schildert, sondern überall wirkt der Freiheitsdrang mit der Gewalt eines blinden Naturtriebes, ohne Rücksicht auf Erfolg oder Gefahr.

Wie zahlreiche flüchtige Verbrecher der Kolonie schaden können, zeigen Sibirien und Guyana, welche sich nicht insularer Lage erfreuen. In beiden hat dadurch die öffentliche Sicherheit stark gelitten.

Die Flucht zu verhindern, ist unter den in den Kolonien obwaltenden Verhältnissen unmöglich.

Die Deportierten sind meist im Freien beschäftigt, über einen weiten Raum zerstreut und mangelhaft beaufsichtigt. Die Zahl der Aufseher ist gering, weil es schwer ist, geeignetes Personal aufzutreiben; erfahrungsmäfsig kommen auf je einen Aufseher etwa doppelt so viele Gefangene in den Kolonien als in den inländischen Strafanstalten. Trotz militärischer Bewachung und Feuerns bei Fluchtversuchen können die Sträflinge leicht günstige Gelegenheit finden, plötzlich im Dickicht zu verschwinden oder unbemerkt davonzuschleichen.

Feste Gefängnisse bieten innerhalb ihrer Mauern ganz andere Sicherheit. Zwar können auch aus ihnen besonders geschickte und energische Ausbrecher einmal entweichen, aber wenn dieses jährlich zwei- oder dreimal geschieht, würde es schon Aufsehen erregen und zu besseren Sicherheitsvorkehrungen Veranlassung geben. Die Deportierten dagegen flüchten jedes Jahr zu Hunderten, ohne dafs es sich hindern läfst.

Die Sicherheit, welche die Deportation gewährt, schrumpft also darauf zusammen, dafs die flüchtigen und rückfällig werden-

---

[1]) Bertheau, De la transportation (Paris 1882), p. 63.

den Deportierten nicht dem Heimatsstaate, sondern der Kolonie zum Schaden gereichen.

Eine naheliegende Meinung ging früher und geht mitunter noch jetzt dahin, dafs durch fortgesetztes Deportieren die Zahl der Verbrecher im Inlande allmählich sehr herabgesetzt werden müsse, die öffentliche Sicherheit also gefördert werde. Leider vereitelt die unerbittliche Kriminalstatistik diese Hoffnung gänzlich. Sie beweist, dafs trotz langjähriger Deportation überall die Zahl der Verbrechen nicht abgenommen, sondern zugenommen hat und dafs auch die schweren Verbrechen nicht seltener werden, so dafs die Deportation immer neues Material findet. Die Verbrechen sind Ergebnisse socialer Übelstände und nationaler oder allgemein menschlicher Charakterzüge. Diese bleiben, wenn auch der einzelne Verbrecher geht. Es nützt auf die Dauer nichts, das Unkraut abzumähen, wenn die Wurzeln im Lande bleiben und Nachwuchs liefern. So lange die Wurzeln des Übels nicht ausgerottet, die sociale Not und die sittliche Verwahrlosung nicht eingeschränkt werden, wird auch die Zahl der Verbrecher nicht abnehmen. Weder in Rufsland noch in Frankreich sind durch das Deportieren Erfolge auf dem Gebiete der öffentlichen Sicherheit erzielt worden.

## II. Vom Standpunkte des Abschreckungszwecks.

Die abschreckende Wirkung einer Strafdrohung ist bekanntlich gering. Nur ängstliche, leidenschaftslose Menschen lassen sich vielleicht durch die Vorstellung der möglichen Strafe von strafbaren Handlungen zurückhalten; solche Menschen neigen aber überhaupt nicht zur Begehung von Verbrechen. Die Not einerseits, die Leidenschaft andererseits treibt aber immer neue Opfer in die Arme der Justiz, welche den Gedanken an Strafe mit der Hoffnung abwiesen, der strafenden Gerechtigkeit zu entgehen, oder dieser auch offen Trotz boten.

Da selbst die Todesstrafe nicht hindert, dafs immer neue Mordthaten begangen werden, so kann man auch der Deportation keinen besonderen Vorwurf daraus machen, dafs sie die deportationswürdigen Verbrechen nicht vermindert hat. Thatsache ist jedenfalls, dafs sie dazu weder in England noch in Frankreich und Rufsland im stande gewesen ist.

Gerade die Deportation vermag übrigens am wenigsten auf die Bevölkerung abschreckend zu wirken. Denn diese hört und sieht von dem Strafvollzuge nichts, es sei denn, daſs durch vereinzelte Mitteilungen ihr eine Kunde darüber zugeht. Die bloſse Abreise der Deportierten kann höchstens auf die zurückbleibenden Angehörigen Eindruck machen, sonst aber selbst weichere Herzen nicht rühren. Denn mit der Fahrt über See verbindet sich die Vorstellung neuer und interessanter Erlebnisse, abwechselungsreicher Thätigkeit in fremdem Lande. Sind doch die Deportierten künftige Ansiedler, denen es jenseits der Heimat besser ergehen kann als zu Hause!

Der Strafvollzug kann eher abschreckend wirken als die Strafdrohung. Er muſs aber so eingerichtet sein, daſs er als ein schweres Übel von dem Verbrecher empfunden wird.

Bei der Deportation hängt nun die abschreckende Wirkung in erster Reihe von der Natur des Deportationsortes ab. Eine Insel wie Sachalin, mit rauhem, ewig trübem Himmel und eisigem, langem Winter ist geeignet, abzuschrecken. Dagegen hat z. B. Neukaledonien und die Andamanenkolonie nichts Abschreckendes an sich, weil das Klima warm, heiter und gesund, die Vegetation reich, die Fruchtbarkeit groſs ist. Guyana kann Schrecken einflöſsen, weil es Krankheit oder Tod bedeutet; Neukaledonien ist eher geeignet, das Leben zu verlängern.

Besteht der Strafvollzug in harter Arbeit, schmaler Kost und strenger Disciplin, so wird jeder Verbrecher ihm möglichst lange aus dem Wege gehen. Ist dagegen die Arbeit abwechselnd und überwiegend leicht, die Kost gut und die Aufsicht locker, so kann ein Aufenthalt in der freien Natur, in Gesellschaft gleichgesinnter Genossen keinen Verbrecher erschrecken.

So ist es gekommen, daſs die russische Deportation nach Sachalin abschreckend auf die davon betroffenen Verurteilten wirkt, während die englische und französische Deportation eher als Verlockung für arme Leute gewirkt hat. Wiederholt haben englische Soldaten in Kapstadt und auf den Bermudas-Inseln Verbrechen begangen, um nach Australien deportiert zu werden (de Blosseville). Vor den Parlamentskommissionen von 1856 und 1863 sprachen sich alle Gefängnis- und Transportbeamten (Sir Josua Jebb, Sir W. Crofton, Kapitän Gambier) gegen Transportation aus, weil alle Verurteilten ihre Verschickung nach der

Kolonie als eine Wohlthat ersehnten und dringend darum bäten, bei der notwendigen Auswahl berücksichtigt zu werden[1]).

Schlimmer noch stand es in Frankreich. Insassen der maisons centrales, welche wegen weniger schwerer Verbrechen zur réclusion verurteilt waren, begingen in zunehmender Häufigkeit Verbrechen, welche mit transportation (travaux forcés) bedroht sind, wie Mordversuche gegen Aufseher oder Mitgefangene, nur um deportiert zu werden. Es wurde dadurch ein besonderes Gesetz (vom 25. Dezember 1880) erforderlich, welches bestimmt, dafs bei Verbrechen, die in der Strafhaft begangen sind, statt travaux forcés réclusion eintreten soll. Cor[2]) fügt hinzu:

„Nicht nur auf Sträflinge der maisons centrales übte das milde Regiment in den Strafanstalten diese Anziehungskraft. Auch eingewanderte freie Hindus begingen auf den Antillen Brandstiftungen, um dahin zu kommen. Ich spreche hiervon als Augenzeuge."

Einige lehrreiche Beispiele des Einflusses der Deportation auf die Sträflinge erzählt Moncelon. Ein forçat in Neukaledonien sagte ihm auf die Frage, wie es denn gehe:

„Ah, monsieur, si j'avais pus avoir, comme l'on est ici, j'y serais vence bien plus tôt encore!"

Aus dem Briefe eines Sträflings in Neukaledonien an einen Genossen in Frankreich teilt er folgende Stelle mit:

„Qu'attendez-vous là bas? Vous serez bien mieux ici!"

Moncelon selbst fügt hinzu[3]):

„Aujourd'hui »aller à la Nouvelle« est une partie de plaisir enviée par tous les criminels."

Seit Moncelon dieses schrieb (1886), hat die französische Regierung allerdings die Zwangsarbeiten und die Disciplin verschärft. Nach der Versicherung des Kolonialministers soll jetzt die Deportation wenigstens nicht mehr verlockend auf die Verbrecher einwirken[4]). Indessen ist damit nicht viel gewonnen.

Im Vergleich zur Gefängnis- und Zuchthausstrafe ist der Strafvollzug bei Deportation keineswegs abschreckender. — Die Entfernung aus der Heimat bedrückt wohl stark die noch un-

---

1) Teisseire, p. 413.
2) Cor, p. 42.
3) Préface.
4) Bericht des Kolonialminsters. Journ. offic. 1895, p. 2905.

verdorbenen Gemüter, die Neulinge im Verbrechen. Aber die Mehrzahl der Deportierten sind hartgesottene Übelthäter, ohne Familie, ohne Vaterlandsgefühl, ohne Ehre, denen es ganz erwünscht ist, in ein anderes Land zu kommen. Aufserdem ist Begnadigung nicht ausgeschlossen, die Entfernung nicht unüberschreitbar, selbst bei lebenslänglicher Deportation; bei nur zeitweiliger ist das Schrecknis von Anfang an gering.

Was steht ferner dem Deportierten Schreckliches bevor? Er führt ein freieres und gesunderes Leben, als wenn er daheim innerhalb der Gefängnisanstalt weilte. Einzelhaft giebt es in der Kolonie nicht, aufser als Disciplinarstrafe. Er erfreut sich fortgesetzt der Gesellschaft seiner Genossen. Er kann sich im Freien bewegen. Die drückende und gefürchtete Monotonie, die Stille und Einsamkeit des Gefängnisses existieren für ihn nicht. Wenn er nicht durch das Klima leidet, hat er es weit besser als der Gefangene in dem Heimatstaate. Nur die Arbeit in Bergwerken unter der Erde und Sümpfen kann ihn wirklich niederdrücken. Aber zu solcher Arbeit werden lediglich die schlechtesten Sträflinge ausgesucht.

Andererseits winken dem Deportierten Vergünstigungen, die ihm in der Heimat niemals blühen: Arbeit gegen Lohn bei freien Leuten; Landbesitz; Staatsunterstützung bei Verheiratung.

Die Frage, ob die Deportation abschreckend wirkt, ist also dahin zu beantworten: Die von ihr nicht betroffenen Personen schreckt sie ebensowenig ab als jede andere Freiheitsstrafe. Die Deportierten selbst könnte sie abschrecken, wenn sie stets in harter Zwangsarbeit bei schmaler, reizloser Kost und strenger Aufsicht bestände und an einem nicht angenehmen Straforte sich vollzöge. Leider lassen sich aber diese Bedingungen weder dauernd noch gegen alle Verurteilten noch in jeder Strafkolonie verwirklichen.

### III. Vom Standpunkte des Besserungszwecks.

Die Strafe soll den Verbrecher „bessern", das heifst: innerlich läutern, zur Einkehr und Reue veranlassen, und wirtschaftlich heben, indem sie ihn an Arbeit, Fleifs und Ordnung gewöhnt.

Die moralische Läuterung bleibt immer zweifelhaft. Schlaue Verbrecher gewinnen das Wohlwollen der Gefängnisbeamten durch Fügsamkeit und zur Schau getragene Reue. Die wirkliche Gesinnung ist nie mit Sicherheit zu bestimmen. Ferner bleibt es sehr fraglich, ob die etwa vorhandenen guten Vorsätze sich bewähren, wenn das geregelte, sorgenfreie Leben im Gefängnis aufhört und alle Versuchungen der Aufsenwelt sich mit voller Kraft wieder geltend machen. Daher kommt es hauptsächlich darauf an, den Gefangenen an Arbeit und Ordnung zu gewöhnen, ihn zu einem selbständigen Erwerb nach Ablauf der Strafzeit fähig zu machen.

Eine zweckmäfsig eingerichtete Gefängnisstrafe im Inlande, beginnend mit Einzelhaft bis zu einem Jahre und fortfahrend mit angestrengter und passend gewählter Beschäftigung in Gemeinschaft, kann dieses Ziel erreichen.

a. Die Deportationsstrafe läfst zwar an sich, theoretisch, jede Art von Strafvollzug — Einzelhaft, Gemeinschaftshaft, Schweigegebot, Innen- oder Aufsenarbeit — zu, doch ist sie in Wahrheit wesentlich Gemeinschaftshaft, ohne Trennung bei Tag und bei Nacht, ohne Schweigegebot und mit überwiegender Aufsenarbeit.

Die Deportierten können nicht für längere Zeit oder in gröfserer Zahl der Einzelhaft unterworfen werden. Denn dazu gehören feste Gefängnisse. Diese sollen aber durch das Deportieren gerade erspart werden und lassen sich in den Kolonien aus Mangel an Mitteln nicht errichten. Möglich ist nur, dafs vor der Verschickung ein Teil der Strafe in inländischen Gefängnissen verbüfst wird. So war es in England seit 1847 und so ist es jetzt in Portugal. Wenn die Dauer der Einzelhaft ein Jahr nicht überschreitet, so ist dieses gemischte System geeignet, den Gefangenen moralisch zu stärken, ohne ihn körperlich zu entkräften. Aber in Rufsland und Frankreich ist dasselbe nie zur Anwendung gelangt, obwohl der Senat in Frankreich erst neuerdings (1888) einen Gesetzentwurf des Senators Bérenger, begnadigte Mörder vor der Verschickung zuerst auf einige Jahre in Isolierzellen zu bringen, genehmigt hat[1]).

b. In der engen Gemeinschaft der Deportierten liegt die gröfste Gefährdung ihres moralischen Fortschreitens. Zunächst bringt der Transport alle in engste Berührung miteinander. Auf dem Schiffe leben sie wie in einem engen Käfig. Während des Tages halten sie sich so lange in dem halbdunklen Zwischendeck auf, bis sie zum Luftschöpfen abteilungsweise auf das Deck

---

[1]) Dalloz, „Peine“ Nr. 46.

geführt werden, und nachts schlafen sie in gemeinsamen Schlafräumen. Auf den russischen Transportschiffen z. B. giebt es drei grofse Schlafräume: einen für Verheiratete, einen für Unverheiratete und den dritten für besonders gefährliche Verbrecher[1]. Auch auf dem Deck steht den Gefangenen nur ein vergitterter Raum zur Bewegung frei. Man kann sich leicht denken, wie eine Reise von langer Dauer — nach Sachalin und Neukaledonien dauert sie mehrere Monate — auf die Moralität der Gefangenen wirkt. Eine Schilderung, wie es auf den russischen Transportschiffen zugeht, hat Korolenko, selbst ein Deportierter, in seiner Erzählung: „Die Flüchtlinge von Sachalin"[2] mit der ganzen Macht der Wahrheit und des Selbsterlebten entworfen: ein geheimes Gericht der Verbrecher verhängt Strafen, rächt die Gemeinschaft der Deportierten an Verrätern und bleibt selbst unerreichbar für die Justiz; Fluchtpläne und Verschwörungen für die Zukunft werden beraten und vorbereitet. — In Frankreich wie in England wurde der Übelstand stets lebhaft empfunden, dafs die verhältnismäfsig noch unverdorbenen Gefangenen infolge des Transports schon verdorben in der Kolonie anlangen. Das Übel läfst sich jedoch nicht beseitigen; es ist von der Deportation untrennbar.

c. Nach beendetem Transport beginnt eine neue Gemeinschaft in der Strafanstalt. Getrennt werden die Sträflinge weder am Tage noch bei Nacht; dazu fehlt es überall an Mitteln und an Räumlichkeiten. Nur besonders gefährliche Verbrecher können ausnahmsweise isoliert werden.

Bei der Arbeit in gemeinschaftlichen Werkstätten läfst sich das Schweigegebot nicht durchführen, noch weniger bei der Arbeit im Freien. Die Sträflinge können sich bequem ihre Erlebnisse erzählen, ihrer Verbrechen sich rühmen, Pläne schmieden und ängstliche oder sich absondernde Gefangene verhöhnen. Überall ist die Aufsicht ungenügend, solches zu verhindern. In Neukaledonien begrüfsten die forçats jeden berühmten Verbrecher, der anlangte, mit einer Ovation[3]. Denn naturgemäfs erhalten die Sträflinge, wenn sie sich im Lande umherbewegen, auch Kunde von der Aufsenwelt.

---

[1] Galkin-Wraskoï, Bericht für den internat. Gefängniskongrefs (1890); Akten, Bd. 4 (St. Petersburg 1892).

[2] Übersetzung erschienen in Reclams Universalbibliothek.

[3] Teisseire, p. 419.

d. Um die Vermischung von alten und jungen, verhärteten und besserungsfähigen Gefangenen einigermaſsen unschädlich zu machen, sind überall mehrere Klassen von Sträflingen gebildet worden, gewöhnlich drei: die Unverbesserlichen, die Zweifelhaften und die Gebesserten. Es ist aber sehr schwierig, diese Unterscheidung bei der Arbeit festzuhalten, weil alle Hände gebraucht werden und unter den niederen Klassen oft gerade die besten Arbeiter sind, auch schlieſslich nicht immer Arbeiten an verschiedenen Orten zur Verfügung stehen. Daher bezweifelt z. B. Cor[1]), daſs die in dem neuen französischen Dekret von 1891 vorgeschriebene Trennung der dritten und zweiten Disciplinarklasse in der Praxis sich werde durchführen lassen.

Mit der Klasseneinteilung ist eine stufenweise Milderung der Lage des Sträflings verbunden. In der untersten Klasse haben sie die unangenehmsten und schwersten Arbeiten auszuführen, in der mittleren leichtere Arbeit, mit einem kleinen Lohn und mehr freier Zeit. In der obersten Klasse endlich erlangen sie das Recht auf die besonderen, der Deportation eigentümlichen Vergünstigungen, womit ihre gute Führung belohnt wird.

e. Die üblichen Vergünstigungen — Assignation, Landanweisung, Unterstützung bei Verheiratung — enthalten zweifellos einen starken Ansporn zu gutem Betragen und Fleiſs für diejenigen Deportierten, welche noch jung und arbeitskräftig sind. Unglücklicherweise sind aber, neben den Alten und Arbeitsschwachen, auch eine groſse Zahl solcher vorhanden, denen jede Arbeit zuwider ist, die sich zwar dem Zwange der Anstalt fügen, solange sie die Strafen zu fürchten haben, aber sich sofort dem Nichtsthun überlassen, sobald sie wieder frei sind. An ihnen scheitert jede Deportation.

f. Zwei nicht zu unterschätzende Vorzüge sind der Deportationsstrafe allerdings eigen: die Arbeit im Freien und die Erleichterung ehrlichen Erwerbs nach verbüſster Strafe.

Die Beschäftigung in freier Luft ist wohlthätig für Gefangene. Sie verhütet ihre körperliche Erschlaffung und geistige Abstumpfung, hält sie gesund und arbeitsfähig. In den unter wärmeren Breiten belegenen Straforten kann während des ganzen Jahres im Freien gearbeitet werden, während in Europa der lange Winter sehr hinderlich ist.

---

[1]) Cor, p. 112.

Ferner ist in allen Strafkolonien reichlich Land zur Verfügung des Staates, solange die Bevölkerung noch dünn ist. Der Sträfling kann also bei seiner Entlassung sogleich als landwirtschaftlicher Arbeiter oder Pächter sein Brot finden, und er ist durch die Arbeit während der Strafzeit dafür leicht vorzubereiten. Wenn er also will, kann er ein anständiger Bürger werden und weitere Verbrechen vermeiden. Allein nicht jeder Deportierte will arbeiten, wie sich in Guyana und Neukaledonien deutlich gezeigt hat und auch in Sachalin empfunden wird. Gelegenheitsverbrecher gehen oft energisch an die Arbeit, Gewohnheitsverbrecher, namentlich Diebe, überwinden dagegen selten ihre tief eingewurzelte Arbeitsscheu. Im ganzen ist die Zahl der wirklich brauchbar gemachten Strafentlassenen in den Kolonien keineswegs so grofs als man annehmen sollte; es ist überall nur eine Minorität von Strafentlassenen, die sich dauernd gut hält. Schon in Australien war es nicht anders: die meisten Emancipisten verkamen, als man ihnen kein Land mehr schenken konnte, und von denjenigen, welche Land bekamen, bewährten sich durchaus nicht alle.

Wie gegenwärtig die Gefängnisstrafe in Deutschland, Frankreich und Rufsland eingerichtet ist, erscheint sie immerhin noch weniger als die Deportationsstrafe geeignet, den Gefangenen zu einem brauchbaren Arbeiter zu machen. Indessen fragt sich, ob die Vorzüge der Deportation nicht auch mit der Gefängnisstrafe im Inlande bei zweckmäfsigem Verfahren verbunden werden können. Hierüber soll weiter unten noch mehr gesagt werden.

g. Von grofser Bedeutung für die Wirksamkeit der kolonisierenden Deportation ist ihre Dauer. Soll der Verschickte wirkliches Interesse für die Kolonie gewinnen, sie als neue Heimat betrachten, so mufs er von Anfang an wissen, dafs er lebenslänglich dort zu bleiben hat. Sonst sieht er in ihr nur den Strafort, den er so bald als möglich wieder zu verlassen strebt. Dann arbeitet er nicht angestrengt und vernachlässigt nach der Entlassung die mühsam gelehrten Fertigkeiten. Diese Wahrnehmung ist gleichmäfsig in allen Strafkolonien der Welt, von Russen, Franzosen und Engländern gemacht worden. Deshalb empfahl der russische Delegierte L i k a t s c h e w auf dem internationalen Kongrefs für Gefängniskunde zu Paris (1895), nur noch lebenslänglich zu deportieren, wie vor ihm schon die Gouverneure von Neu-Süd-Wales[1]) vergeblich verlangt hatten.

## IV. Vom Standpunkte der strafenden Vergeltung.

Soll die Deportation eine gerechte Strafe sein, so mufs sie ein schweres und im angemessenen Verhältnis zu dem Verbrechen stehendes Übel enthalten.

In ihrer gegenwärtigen Gestalt begreift die Deportationsstrafe folgende Übel für den Verurteilten in sich:

1. Die Entfernung aus dem Vaterlande. Für solche Verurteilte, die Eltern, Kinder, Geschwister in der Heimat zurücklassen oder verheiratet sind, kann hierin ein schmerzliches Opfer liegen. Aber die grofse Mehrzahl der Verbrecher ist weder durch die Bande der Ehe noch durch verwandtschaftliche Gefühle an das Vaterland gefesselt; nur aus Mangel an Mitteln und Intelligenz bleibt der Gewohnheitsverbrecher gewöhnlich am Orte seiner Geburt oder seines Aufenthalts vor der Strafe; der intelligente und thatkräftige Verbrecher schweift weit umher, ohne festen Wohnsitz. Für wirkliche Verbrechernaturen giebt es nur eine Meinung: ubi bene, ibi patria. Für sie ist die Reise und die Übersiedlung in eine Kolonie nur eine erwünschte Abwechslung.

2. Der Transport. Dieser ist zwar kein beabsichtigtes, aber ein notwendiges Übel.

Dafs ein Fufsmarsch von vielen Monaten, wie nach Ostsibirien, für die Gesundheit und Moralität der Verurteilten schädlich sein mufs, bedarf keiner näheren Darlegung. Die nach Sibirien Verbannten haben nicht allein unter der Anstrengung des Marschierens bei jedem Wetter, Sommerglut und Winterkälte, zu leiden, sondern auch durch ungenügende Verpflegung und Mangel an Reinlichkeit. Am schlimmsten wirkte bis vor 10 Jahren noch die Überfüllung der Etappengefängnisse, deren schlechte Bauart und üble Luft sie zu Brutstätten von Krankheit aller Art machte. Gegenwärtig sind die Etappengefängnisse verbessert, und der Überfüllung ist durch bessere Einteilung der Einzeltransporte vorgebeugt worden[2]). Aber die Leiden des Landtransportes, der früher fast ein Drittel der Deportierten

---

[1]) Vgl. v. Holtzendorff, p. 255.

[2]) Vgl. Galkine-Wraskoï, l. c., p. 620.

körperlich zu Grunde richtete, sind damit nur gemildert, nicht beseitigt.

Der Seetransport ist stets mit Gefahren und mit grofser Unbequemlichkeit verknüpft, welche zu einem schweren Leiden wird, wenn die Fahrt mehrere Monate dauert. Früher waren auch die Gesundheitsverhältnisse während der Seefahrt sehr schlecht. Im Jahre 1790 waren von 1000 auf einem Regierungsschiff nach Australien geschafften convicts 261 erstickt und die übrigen erkrankt [1]). Jetzt wird jedes Transportschiff vor der Abfahrt von Marineärzten einer Besichtigung unterzogen und erst nach erfolgter Genehmigung der Aufsichtsbehörde und gründlicher Reinigung und Desinfektion abgelassen. Kranke und Schwache bleiben vom Seetransport ganz ausgeschlossen. Doch bleibt bei den engen Räumen des Schiffes, dem harten Lager und dem ewigen Schwanken auf hoher See noch genug des Leidens übrig, abgesehen von Stürmen, Krankheitsausbruch und sonstigen Zufälligkeiten.

3. Die Zwangsarbeit. — Die Deportierten sollen schwere Arbeit verrichten („les travaux les plus pénibles", Gesetz von 1854). Allein nichts ist unbestimmter als diese Vorschrift. Dem Schwachen fällt schwer, was dem Starken leicht wird. Niederdrückend sind Arbeiten bei grofser Hitze oder Kälte, in Staub und Nässe, bei fehlendem Tageslicht oder im Halbdunkel des Urwaldes. Deshalb sind z. B. Arbeiten in Kohlen- oder Bleibergwerken, Wegebau, Ausrodung von Waldboden, Austrocknung von Sumpfterrain unzweifelhaft zu den schweren Arbeiten zu rechnen. Aber diese schweren Arbeiten sind nicht für alle Deportierten anwendbar. Frauen und körperlich allzu schwache Personen sind dafür nicht zu brauchen. Die anderen Verurteilten können nur zeitweise dazu gezwungen werden, einmal der notwendigen Erholungspausen halber, und dann auch, weil das überall mit Recht befolgte Progressivsystem für die besseren Gefangenen leichtere Arbeiten erfordert.

Da also keineswegs alle Deportierten dauernd mit schwerer Arbeit beschäftigt werden können, so kann nicht behauptet werden, dafs die Deportierten es in der Arbeit im allgemeinen schwerer hätten als die Gefangenen in den Zuchthäusern des Inlandes. Die Schwere der Arbeit hängt im wesentlichen von

---

[1]) v. Holtzendorff, S. 231.

der Beschaffenheit des Bodens, der Umgebung und des Klimas ab, und ganz zutreffend bemerkt v. Holtzendorff[1]):

„Die gröfsere physische Anstrengung wird, wo sie wirklich vorhanden ist, ausgeglichen durch die Arbeit unter freiem Himmel in Gemeinschaft mit anderen."

Die Mehrzahl der Deportierten arbeitet jedoch nur in den Werkstätten, Bauplätzen und Magazinen der Justizverwaltung oder in dem Dienste von Privatpersonen, Pächtern, Farmern, Viehzüchtern, Pflanzern oder Fabrikbesitzern. Alle diese Sträflinge haben es unverhältnismäfsig leicht. In den Werkstätten der Verwaltung wird nur langsam und ohne Anstrengung gearbeitet; jedermann hat in den Kolonien Zeit; getrieben wird nicht sehr zur Beschleunigung oder Verbesserung. De Lanessan bezeichnete in der französischen Deputiertenkammer[2]) die Werkstätten der administration pénitentiaire, welche er selbst gesehen hatte, als „Orte, wo man fast nichts thut, und wo man eine äufserst geringe Arbeitsleistung mit ungemein beträchtlichen Kosten produziert". Die Arbeitszeit beträgt 8 bis 10 Stunden täglich. — Geschickte und fügsame Deportierte bewegen sich innerhalb des Terrains der Strafanstalt in allerlei Vertrauensstellungen frei umher.

Noch besser sind im allgemeinen die Sträflinge bei Privatpersonen gestellt: in Wahrheit stehen sie freien Arbeitern nicht nach, zumal sie für ihren Unterhalt nicht zu sorgen brauchen. — An der Spitze aller Sträflinge endlich stehen die Angesiedelten auf Staatsländereien, die concessionnaires der Franzosen, die poselentse der Russen, die Selbsterhalter auf den Andamanen. Von Staats wegen Gutsbesitzer geworden und mit staatlicher Hülfe auf eigenen Vermögenserwerb bedacht, bilden sie eine wahre Verbrecheraristokratie.

Bei der Deportation handelt es sich nur um schwere oder rückfällige Verbrecher. Ist es mit der Gerechtigkeit und dem Strafzweck vereinbar, solchen während der Strafzeit eine derartig günstige Lage zu bereiten? Sträflinge sollen dulden, nicht geniefsen! Das ganze Assignations- und Konzessionssystem

---

[1]) v. Holzendorff, S. 448.

[2]) Gelegentlich der Interpellation, welche er im Juni 1889, nach seiner Rückkehr aus Guyana und Neukaledonien, in der französischen Deputiertenkammer einbrachte, vgl. Teisseire, p. 434.

widerspricht der vergeltenden Gerechtigkeit. Tausende von armen Bauern und Arbeitern in den deportierenden Staaten quälen sich unter fortgesetzten Entbehrungen um das tägliche Brot, ohne jemals Aussicht zu haben, ihre Lage wesentlich zu verbessern oder Herren auf eigenem Lande zu werden. Mit vollem Recht sagt Moncelon[1]):

„Man fragt sich, warum es noch Unglückliche giebt, die sich darauf steifen, ehrlich zu bleiben, während es doch genügt, in den Bagno zu kommen, um das Recht auf staatliche Begünstigungen zu haben und die Güter zu genießen, welche die Strafjustizverwaltung austeilt."

Zunächst müßten diese „Unglücklichen" freilich schwere Zwangsarbeit thun, die aber nicht drückender ist als manche Arbeit in der Heimat; indessen nach Überwindung der untersten Sträflingsklasse stehen ihnen Vorteile offen, welche die Heimat ihnen, wenn sie ehrlich geblieben wären, niemals geboten haben würde.

So ist es nicht nur jetzt, sondern auch früher schon, in Australien, gewesen. Die zu günstige Lage der meisten Deportierten gab Anlaß zu Beschwerden in England, welche auch v. Holtzendorff nicht als unberechtigt bezeichnen kann. Er bemerkt vielmehr[2]):

„Im allgemeinen war anerkanntermaßen die Lage eines assignierten Sträflings bei weitem günstiger, als die eines freien Arbeiters in England. Er hatte bessere Kleidung, reichlichere Nahrung, eine kürzere Arbeitszeit."

Nur Strafentlassene, die sich gut geführt haben, sollten belohnungsweise der Gunst teilhaftig werden, als Arbeiter auf eigene Rechnung gute Stellungen zu bekommen oder Land zu erhalten. Vorher ist weder Lohn noch Landzuweisung am Platze, höchstens ein Sparfonds für den Fall der Entlassung.

Wie aus dem Vorstehenden ersichtlich wird, ist die Zwangsarbeit in den Kolonien eine sehr ungleichmäßige Strafe, je nach der Besonderheit der Arbeit und der Ortsbeschaffenheit leichter oder schwerer als Gefängnisarbeit im Inlande, in der Regel aber leichter, weil Arbeit im Freien leichter zu ertragen; dabei ist die Kontrolle der Leistungen des einzelnen Gefangenen viel schwieriger als im Gefängnis.

---

[1]) Moncelon, préface.

[2]) v. Holtzendorff, S. 599.

4. Die Disciplin ist in den Kolonien nicht so streng als im Mutterlande, weil es an dem nötigen Aufsichtspersonal fehlt. Während ein Aufseher auf je 20 Gefangene erforderlich ist, kommt, in Neukaledonien z. B., einer erst auf 40 bis 50 Gefangene[1]).

Die Disciplinarstrafen sind streng genug. Für die schwersten Verbrechen — mörderische Angriffe gegen Beamte oder Mitgefangene — ist überall, nach Dekret vom 4. Oktober 1889 auch in den französischen Kolonien, die Todesstrafe, ohne Genehmigung der Regierung im Mutterlande, vollstreckbar. Die Prügelstrafe besteht in Sibirien und auf den Andamanen; in den französischen Kolonien ist sie abgeschafft. Doch ist Dunkelarrest und Ankettung auch für harte Verbrecher furchtbar genug. Im Vergleich zur Zuchthausstrafe ist aber die Deportation nicht etwa mit härteren Zuchtmitteln verbunden. Was hierbei sehr ins Gewicht fällt, ist der Mangel an Kontrolle. Die Beamten, welche man in die Strafkolonien schicken kann, sind nicht immer die besten; die Aufseher, nicht hoch bezahlt, fortgesetzt in Berührung mit Verbrechern und bei den wechselnden Arbeiten über das Land weit zerstreut, thun nicht immer ihre Pflicht, ohne dafs man ihnen die Pflichtverletzung leicht nachweisen könnte. Lord Grey beklagte, dafs man für Australien kein gutes Beamtenpersonal bekommen könne[2]); die Mifsbräuche verlängerten sich mehrere Jahre, ehe man sie argwöhnen könne. Offiziere der Schutztruppe und Beamte trieben in Neu-Süd-Wales den verbotenen Branntweinhandel mit Gefangenen[3]).

Unerhörte Dinge ereigneten sich in Neukaledonien, dessen administration pénitentiaire de Lanessan[4]) das Zeugnis ausgestellt hat, dafs sie nur darauf bedacht gewesen sei, sich eine möglichst unabhängige und unbeobachtete Stellung zu verschaffen. Einerseits kam es häufig vor, dafs Deportierte sofort nach der Landung Ämter, Dienste bei Kolonisten oder Land erhielten, darunter sogar zum Tode verurteilte und begnadigte Mörder[5]), ohne dafs nach Verdienst und Würdigkeit gefragt

---

[1]) Moncelon, p. 56.

[2]) Teisseire, p. 413.

[3]) v. Holtzendorff, S. 244, 245, 259.

[4]) In seiner Interpellation vom Juli 1889 (Teisseire, p. 434).

[5]) Rivière, In v. Liszt, Strafgesetzgbg. der Gegenwart (Frankreich, S. 446). Moncelon, p. 13, 15.

wurde. Andererseits wurden schreckliche Grausamkeiten gegen Gefangene verübt, welche im Jahre 1880 zur Einsetzung einer parlamentarischen Untersuchungskommission unter Vorsitz des Deputierten Goblet Veranlassung gaben. Diese Kommission hat, mittels gerichtlicher Untersuchung an Ort und Stelle, festgestellt, dafs Gefangene vielfach gemartert worden sind. Die surveillants militaires liefsen ferner absichtlich Sträflinge, deren Fluchtvorhaben ihnen bekannt war, fliehen, um dann auf sie feuern zu können. Einem zur bastonnade verurteilten Sträfling wurden auf Befehl eines commandant de pénitencier zwischen den Hieben weifsglühende Eisen an die Wunden gelegt. Zur Erzwingung von Geständnissen wurden Daumschrauben (poucettes) in Anwendung gebracht. Beliebt als Strafe in den „camps" war das Aufhängen von Sträflingen an den Händen oder an den Füfsen nach Anlegung von Handschellen (Strafe der „crapaudine")[1]).

Solche Grausamkeiten konnten, da es an einer ständigen Kontrolle des Mutterlandes vollständig fehlte und nur selten Nachrichten aus der weiten Ferne nach Paris drangen, viele Jahre lang geschehen! Erst das Parlament mufste sie ermitteln.

Die Folge dieser Ermittlungen war das Verbot der bastonnade (Dekret vom 18. Juni 1880). Aber die humanen Gesinnungen der Regierenden zu Paris werden von dem Aufsichtspersonal in den Strafkolonien auch heute nicht geteilt. Eine Meuterei auf der Insel St. Joseph bei Cayenne, bei welcher 12 Sträflinge (und 3 Aufseher) getötet wurden, geschehen am 21. Oktober 1894, wurde 1895 Gegenstand einer Debatte in der Deputiertenkammer, als das Budget der administration pénitentiaire zur Beratung kam. Bei dieser Gelegenheit erwähnte Goblet das Schreiben eines Kommandanten an den Direktor der administration pénitentiaire von Guyana, worin derselbe den Direktor anfragt, ob er einen beabsichtigten Fluchtversuch der Sträflinge seines „camp" zulassen und sodann „die menschliche Gesellschaft von den Verbrechern befreien" (d. h. feuern lassen) solle. Der Brief — am 5. Oktober 1893 geschrieben — wurde vom Minister als echt bestätigt. Die Erlaubnis war freilich nicht

---

[1]) Bericht von Goblet über die Ergebnisse der Parlaments-Enquête von 1880, vgl. Journ. offic. 1895, v. 4. März.

erteilt worden, aber welche Anschauungen läfst ein solches Schreiben erkennen[1])!

Noch heute fehlt in Frankreich ein Generalinspektor der Strafkolonien.

Man darf jedoch aus den Grausamkeiten einzelner Beamten gegen unverbesserliche und besonders verhafste Verbrecher keineswegs folgern, dafs die Behandlung der Deportierten in den französischen Strafkolonien eine grausame sei. Im allgemeinen ist sie im Gegenteil allzu human, mitunter so nachsichtig, dafs die Deportation geradezu ein Hohn auf die vergeltende Gerechtigkeit geworden ist. Denys, ehemaliger Unterdirektor der administration pénitentiaire in Nouméa, entwirft von dem Leben der dortigen Sträflinge folgendes Bild[2]):

„Sie erfreuen sich der gröfsten Freiheit. Sie gehen ans Werk, sie kehren zur Essenszeit zurück unter Aufsicht eines Wächters auf 40—50 Mann. Sie rauchen, schwatzen, trinken ihren Wein oder Rum, sie sind sauber gekleidet und haben ein hochfahrendes Wesen."

Merkwürdige Einzelheiten berichten Moncelon[3]) und Teisseire[4]) aus Nouméa. Vereine von Sträflingen waren gestattet. Das Musikkorps der Stadt besteht aus Sträflingen, welche bei allen öffentlichen und grofsen Privatfesten das Konzert geben. Der Theaterdirektor von Nouméa war ein ehemaliger Apotheker, welcher wegen Giftmordes zu lebenslänglichen travaux forcés verurteilt war. Ein anderer lebenslänglich Verurteilter, namens Chevalier, fungierte als Sekretär des Direktors der administration pénitentiaire, als solcher hatte er die Erlasse des Direktors zu beglaubigen. Man konnte also an den öffentlichen Anschlagsstellen seinen Beglaubigungsvermerk lesen: „Directeur — pour copie conforme signé: E. Chevalier." — Mehr Vertrauen läfst sich allerdings einem Sträfling kaum noch beweisen.

Wer von den Deportierten gut schreiben konnte, fand mit Leichtigkeit Anstellung in den Bureaus der administration. Zahl-

---

[1]) Vgl. Journal officiel 1895, Bericht über die Verhandlung der Deputiertenkammer am 4. März 1895.

[2]) Denys, Nouvelle Revue, 1884, Le Bagne d'aujourd'hui.

[3]) Moncelon, p. 45 fg.

[4]) Teisseire, p. 436—440.

reiche Verurteilte leben als Bediente, Gärtner, Köche bei Beamten und Privatpersonen in und um Nouméa.

Es ist klar, dafs derartige Stellungen, welche schon nach kurzer Frist erlangt werden konnten, dem Gesetz von 1854, welches „les travaux les plus pénibles“ erfordert, nicht entsprachen. Gleichwohl bestanden diese Zustände jahrzehntelang, bis seit 1891 eine schärfere Richtung in Paris die Oberhand gewann (sicherlich nicht ohne Verdienst des packenden Werkes von Moncelon, dessen Ratschläge man in den nachfolgenden Dekreten vielfach befolgt finden kann). Noch 1889 mufste der Unterstaatssekretär Etienne an den Gouverneur von Neukaledonien folgendes schreiben [1]:

„Die Regierung hat konstatieren können, dafs die intelligentesten Deportierten, unter welchen zugleich die gefährlichsten waren, nach ihrer Ankunft in den Kolonien sehr leicht Ämter fanden, die es ihnen gestatteten, sich den Verpflichtungen aus Art. 2 des Gesetzes zu entziehen, und dafs die anderen Verurteilten, wohlgenährt, nur acht Stunden täglich arbeitend, für eine fast immer mühelos erfüllte Aufgabe Lohn und Vergünstigungen beziehend, die Arbeitsräume und Werkstätten der Justizverwaltung anfüllten, ohne Nutzen für den Staat und für die Kolonie.“

Das Disciplinardekret vom 4. September 1891 hat die gröbsten Mifsbräuche für die Zukunft unmöglich gemacht. Aber wenn man sich die Frage vorlegt, wie es möglich war, dafs Abhülfe so lange auf sich warten liefs, so ist die Antwort: die grofse Entfernung vom Mutterlande und der Mangel einer Kontrolle seitens der Centralregierung ist schuld daran.

Noch jetzt indessen ist es möglich, dafs ein Sträfling nach Ablauf der halben Strafzeit, ein lebenslänglich Verurteilter nach 10 Jahren, zu Stellungen wie die oben erwähnten gelangt, und immer werden die Deportierten gegen Willkür und Härte der Beamten ohne Hülfe bleiben, besonders in den „camps“ abseits der Strafanstalten. Freilich können sie gelegentlich auch selbst blutige Rache nehmen, aber sie thun es um den Preis ihres Lebens.

In Sibirien ist an dem Mangel an Kontrolle der Lokalbehörden bisher, wie Foinitzki bezeugt [2], alle Disciplin und

---

[1] Journal officiel vom 16. Oktober 1889.

[2] Foinitzki, p. 174, 175.

Ordnung gescheitert, obwohl die Knute gewifs nicht gespart worden ist. Über die Disciplin in Sachalin liegen ausreichende Berichte nicht vor.

Auf den Andamanen können die Verbrecher, unter Aufsicht von ihresgleichen, ihren Lüsten die Zügel schiefsen lassen. Welche sittlichen Mifsstände dabei sich entwickeln, ist oben bereits erwähnt worden.

Meutereien und gemeinschaftliche Fluchtversuche unter Anwendung blutiger Gewalt hat jede Strafkolonie erlebt, trotz bewaffneter Wachmannschaft und Garnison. Aus den letzten Jahren (1895 und 1896) möge neben der Rebellion auf der Insel St. Joseph eines im Jahre 1896 geschehenen Ereignisses gedacht werden: Schwere Verbrecher, welche von Cayenne nach Montagne d'Argent transportiert wurden, bemächtigten sich unterwegs des Schiffes, töteten die Mannschaft und landeten in Britisch-Guyana. Auch in guten Gefängnissen sind zwar Meutereien hin und wieder vorgekommen, aber niemals mit Erfolg. In den Kolonien ist ein gewaltsamer Fluchtversuch bei der geringen Zahl der Wächter und der Schwierigkeit rascher Hülfe weit eher erfolgreich.

5. Dafs Fluchtversuche einzelner Deportierter häufig gelingen, ist bei den einzelnen Strafkolonien schon hervorgehoben worden. Es bedarf aber noch des Hinweises darauf, dafs es die Disciplin sehr erschüttern mufs, wenn die Fluchtversuche so zahlreich sind, wie mehrfach amtlich festgestellt ist. Wenn z. B. in Neukaledonien in einem Jahre (1880) 647 Fluchtversuche mit vorläufigem Erfolge stattfanden [1], und in Guyana von 1300 bis 1400 relégués jährlich 230 bis 260 flüchten [2], so folgt hieraus, dafs eine genügende Überwachung überhaupt nicht möglich war. Auch in Sachalin sind die Fluchtversuche häufig, im Jahre 1890: 496, davon 130 gelungene.

6. Stellen die erfolgreichen Meutereien und Entweichungen den Triumph des Unrechts über die vergeltende Gerechtigkeit dar, so ist die einfache Deportation ohne Zwangsarbeit ein Verzicht auf die Strafvollziehung von dem Eintreffen am Internierungsorte an. Die blofse Entfernung aus der Heimat und Internierung in der Fremde ist aber für gewöhnliche Verbrecher überhaupt keine Strafe, für bessere Leute eine zwecklose Mafs-

---

[1] Moncelon, p. 47.

[2] Bericht des Kolonialministers, Journ. offic. 1895.

regel, welcher einfache Verbannung oder Einsperrung bei weitem vorzuziehen ist. Die Internierung an einem entlegenen Orte, ohne Beschäftigung, ohne Anregung des Geistes und der Energie des Deportierten, kann ihn nur moralisch verschlechtern, intellektuell abstumpfen. Das deutsche Sprichwort „Müfsiggang ist aller Laster Anfang“ hat sich noch allerwärts als wahr erwiesen. Damit ist der politischen „déportation“, der „relégation individuelle“, dem degredo für die Bemittelten der Portugiesen und der einfachen Verbannung nach Sibirien das Urteil gesprochen. Rufsland und Frankreich sind über die zukünftige Beseitigung dieser ganz nutzlosen Strafarten einig. Selbst wo die Internierung in der Strafkolonie auf die Periode der Zwangsarbeit folgt, wie bei der Residenzpflicht der forçats, ist die gegen den Willen der Deportierten aufrecht erhaltene Ansiedlung sowohl für die Verurteilten selbst, als auch für die Kolonien schädlich gewesen.

## V. Vom Standpunkte der Gleichheit nach dem Gesetz.

Der Grundsatz „gleiches Verbrechen, gleiche Strafe“ ist bei keiner Strafe so wenig durchführbar als bei der Deportationsstrafe.

Gewifs wirkt jede Strafe verschieden je nach Stand, Bildung, Gemütsart und Körperbeschaffenheit des Verurteilten. Aber bei der Deportation wird die Strafe schon aus dem Gesetz heraus höchst verschiedenartig.

Am schlimmsten für die Gleichheit ist es, wenn der Verwaltung zwischen einer gesunden und einer ungesunden Kolonie die Wahl bleibt, wie in Frankreich (Guyana oder Neukaledonien) und in Portugal (São-Thomé, Mossamedes einerseits, Mozambique andererseits). Die Entscheidung zwischen den verschiedenen Orten kann Leben oder Tod bedeuten.

Nicht minder dem Grundsatze des gleichen Rechts widersprechend ist die Unterscheidung zwischen den kräftigen und jüngeren Verurteilten, die verschickt werden, und den alten oder schwachen, die im Inlande eingesperrt werden, sowie die Ausnahmestellung der weiblichen Verurteilten [1]). Thatsächlich erleiden die Verschickten eine ganz andere Strafe als die im Inlande Zurückbleibenden, welche der gewöhnlichen Zuchthausstrafe

---

[1]) Vgl. Cor, p. 59—61, 72, 73.

(réclusion, prisão maior cellular) unterliegen. Was die Frauen betrifft, so verbietet sich bei ihnen die Anwendung schwerer Arbeit von selbst, auch wenn sie verschickt werden, wie es in Frankreich bei der relégation, in Rufsland und Portugal schlechthin geschieht. Sie können nur nach Mafsgabe ihres Geschlechts und ihrer Körperkraft mit leichter Haus- oder Gartenarbeit, Handarbeiten, Wäscherei oder Gesindedienst beschäftigt werden und müssen, um nicht die Beute der Männer zu werden, notwendig in geschlossenen Anstalten zusammengehalten bleiben, bis sie etwa eine Stellung als Gesinde erlangen.

Zwar nicht vom Gesetz gewollt, aber thatsächlich vorhanden ist die grofse Ungleichheit der Lage der Deportierten in der Kolonie, je nach der Art ihrer Beschäftigung und bei der Assignation je nach der Behandlung, welche sie von ihrem Patron erfahren.

## VI. Bei nachträglichen Verbrechen.

Welche Steigerung soll die Deportationsstrafe finden, wenn der Deportierte am Straforte neue Verbrechen begeht?

Die Geschichte der Strafkolonien zeigt, dafs man nirgends mit Hängen, Köpfen oder Erschiefsen ausgekommen ist. Aus Gründen der Menschlichkeit und der weisen Ökonomie kann das Kapital an Arbeitskraft, welches auch das Leben eines Sträflings darstellt, nur in den schwersten Fällen des Verbrechens vernichtet werden, wie bei Mordversuchen und Totschlägen, nicht aber in den viel zahlreicheren Fällen des Diebstahls, der leichten Körperverletzung oder Sachbeschädigung.

Ein Auskunftsmittel ist die Retransportation, die nochmalige Verschickung aus dem bisherigen Straforte nach einem entfernteren und unangenehmeren. In Australien waren namentlich die Insel Norfolk und die Halbinsel Tasman, in Sibirien sind die Amurgegend und das Gebiet der Jakuten solche Stätten verschärfter Deportation. Allein es entstehen aus derselben viele Plagen und Kosten für die Justizverwaltung. Durch die entfernte und abgelegene Situation der Strafstationen entziehen sich die dortigen Vorgänge der Aufsicht seitens der oberen Behörde. Aufserdem können nur Orte in ganz abgeschlossener Lage und ohne freie Bevölkerung als Sammelpunkte der schlimmsten Verbrecher dienen, welche den geringen Raum regelmäfsig bald überfüllen.

Daher ist jede gröfsere Strafkolonie dazu übergegangen, Gefängnisse zu bauen. Viper-Island auf den Andamanen, die Insel Nou bei Neukaledonien sind grofse Zuchthäuser. Als England die Deportation nach West-Australien begann, errichtete es zunächst zu Freemantle mit bedeutenden Kosten ein grofses Zuchthaus.

Die Deportation vermag also ihren Zweck, den Bau von Strafanstalten unnötig zu machen, auf die Dauer nicht einmal in den Kolonien zu erreichen.

Allerdings umschliefsen die Gefängnisse der Strafkolonien immer nur eine Minderzahl der Deportierten. Aber diese Minderzahl ist keineswegs eine geringe, und die Kosten, welche ihre sichere Bewachung erfordert, sind so grofs, dafs man sie dafür auch im Inlande — und zwar besser und in festeren Gebäuden — hätte unterbringen können. Neu-Süd-Wales z. B. verwendete in den acht Jahren von 1835—1843 auf Gefängnisbauten und Polizei aus Mitteln der Kolonie mehr als $1^1/_2$ Mill. Mark [1]).

Die Deportation, nach der Absicht der Gesetzgebungen eine härtere Strafe als Gefängnis, mufs, um sich behaupten zu können, zum Gefängnis ihre Zuflucht nehmen.

# C. Die Deportation als Kolonisationsmittel.

## I. Deportation ohne Kolonisation.

Es können Verbrecher verschickt werden ohne die Bestimmung, für die Bevölkerung des Strafortes zu arbeiten oder selbst Kolonisten zu werden. Dann ist also die Deportation nur Strafmittel. Der Deportationsort ist nicht Strafkolonie, sondern blofse Strafstation. Derart war die Verschickung nach den Bermudas-Inseln und Gibraltar, ferner die relegatio der Römer. Auch die politische déportation der Franzosen gehört, trotz ihrer gesetzlich lebenslänglichen Dauer, hierher.

Zwei Arten dieser „reinen“ Deportation lassen sich unterscheiden:

---

[1]) v. Holtzendorff, p. 642.

1. Zum einfachen Aufenthalt ohne Arbeitszwang. In diesem Falle hat der Staat, welcher die Verurteilten ohne Hülfsmittel in ein fernes Land versetzt, die Verpflichtung, für ihren Unterhalt zu sorgen, wie es Frankreich bei den politischen Deportierten thut und auch Rufsland wenigstens durch Gewährung einer Unterstützung im Notfalle bei den Verbannten in Sibirien anerkennt. Die Staatskasse wird belastet zu Gunsten von Faulenzern, ohne dafs diese durch die Strafe gebessert oder abgeschreckt werden.

2. Zur Ausführung von öffentlichen Arbeiten für die deportierende Regierung, z. B. Festungs- oder Hafenbau (Gibraltar, Bermudas-Inseln). Dann mufs der Staat, der die Deportierten hingebracht und als Arbeiter für seine Zwecke benutzt hat, sie auch in die Heimat zurückschaffen. Die Transportkosten verdoppeln sich also.

Zweckmäfsig kann dieses Verfahren nur ausnahmsweise sein, wenn die Arbeiten dringlich sind und es unmöglich ist, sie durch Eingeborene zur Ausführung zu bringen. Auch dann wird die deportierende Regierung sich erst zum Rücktransport entschliefsen, wenn die Ansiedlung der Sträflinge nach der Ortsbeschaffenheit nicht möglich ist.

Gegenwärtig deportieren alle Staaten in der erklärten Absicht, dadurch zugleich die Kolonien zu fördern.

## II. Deportation zur Kolonisierung.

### a. Allgemeine Übersicht.

Bei Errichtung einer Strafkolonie sind drei Wege denkbar:

1. Ein unbevölkertes Gebiet wird gesetzlich der freien Einwanderung entzogen und den Deportierten allein vorbehalten (reine Strafkolonie).

Diesen Weg hat noch niemals eine Regierung beschritten, weil er zu einer Zurücksetzung der ehrlichen Auswanderer hinter die bestraften führen und zu Gunsten der letzteren die allgemeine Auswanderungsfreiheit beschränken würde.

2. Indessen kann auch ohne gesetzliche Einwanderungsbeschränkung eine reine Strafkolonie hergestellt werden, wenn dazu ein entlegenes und keinerlei Schätze bietendes Land gewählt wird, wie z. B. Sachalin. Auch Australien war in den ersten 30 Jahren reine Strafkolonie. Die wenigen Beamten und

Soldaten, welche mit der Strafanstalt wirtschaftlich zusammenhängen, und vereinzelte freie Ansiedler, welche aus ihnen hervorgehen, kommen nicht als störend in Betracht. Ebenso bilden die Andamanen eine reine Strafkolonie.

3. Eine bereits von freien Kolonisten bevölkerte Besitzung wird zur Strafkolonie erklärt, so dafs Einwohnerschaft und Einwanderung in freie und unfreie zerfällt (gemischte Kolonie). So ist es in Guyana und in Sibirien.

Wenn die reinen Strafkolonien sich gut entwickeln, so gehen sie allmählich in gemischte Kolonien über. Fortschritt und Übergang ist wesentlich von Klima und Bodenbeschaffenheit abhängig. Australien bot ein warmes, gesundes Klima, fruchtbares Land und schliefslich Reichtümer an edlen Metallen. Infolgedessen wurde die ehemalige Verbrechergründung seit 1836 und namentlich seit 1851 freie Kolonie.

Die beiden französischen Strafkolonien nehmen eine entgegengesetzte Entwickelung. Guyana, ursprünglich freie Kolonie, wird seit der Deportation mehr und mehr Strafkolonie, weil die natürlichen Bedingungen des Landes eine freie Einwanderung und eine gesunde Existenz weifser Bewohner ausschliefsen. Dagegen wird Neukaledonien, anfangs reine Strafkolonie, mehr und mehr gemischte Kolonie, da Klima und Boden der weifsen Rasse günstig und Mineralien in Menge vorhanden sind. Wäre nicht der gröfste Teil des für Ackerbau geeigneten Landes im Besitz der administration pénitentiaire, und wäre die Zufuhr von Verbrechern nicht allzu grofs, so würde Neukaledonien den Charakter der Strafkolonie bald verlieren.

Sibirien, bisher gemischte Kolonie, wird bald ein deportationsfreies Land sein. Wie Sachalin, jetzt noch reine Strafkolonie, sich weiter entwickeln wird, mufs die Zukunft lehren. Doch dürfte es wahrscheinlich reine Strafkolonie bleiben. Das allzu rauhe und trübselige Klima und der karge Boden wirken abschreckend auf die Bewohner, und eine gesunde Volksvermehrung wird schwerlich zu erreichen sein.

Die bestehenden Strafkolonien bedürfen sämtlich zu ihrer Erhaltung grofser Zuschüsse des Mutterlandes. Die Möglichkeit, dafs die Andamanen und Sachalin in Zukunft ihre Kosten decken, ist zwar vorhanden. Bisher aber ist jedenfalls der Erfolg, welchen die Kulturnationen mit der Kolonisation durch Deportierte erzielt haben, ein sehr bescheidener gewesen. In Sibirien und Guyana ist sogar ein entschiedener Mifserfolg zu verzeichnen. Was endlich das oft angeführte Beispiel Australiens betrifft, so ist nicht zu vergessen, dafs die Deportierten nur einen Anfang der Kolonisierung gemacht und erst die freien Einwanderer die Blüte der Kolonie geschaffen haben. Aufserdem gesteht selbst ein so warmer Freund der Deportation, wie v. Holtzendorff es im Jahre 1859 noch war, bei Beginn seiner Schilderung der Kolonisation Australiens offen folgendes zu[1]:

„Es wird sich aus dieser Schilderung so viel ergeben, dafs sich aus dem grofsartigen Fortschritt der australischen Kolonien niemals ein Präcedenzfall für ähnliche Anlagen feststellen läfst, weil die natürlichen Bedingungen, die physikalischen Grundlagen für die Kolonisation in ähnlicher Weise wahrscheinlich nirgends wieder vorkommen.“

## b. Erfordernisse.

### 1. Beschaffenheit der Kolonie.

Um der Kolonie durch Sträflingsarbeit zu nützen, mufs der deportierende Staat die örtlichen Bedingungen und die persönlichen Eigenschaften der Deportierten beachten.

Ein noch unbevölkertes Land bietet der Kolonisierung besonders grofse Schwierigkeiten. Wilde Ureinwohner werden stets zurückzudrängen und zu bekämpfen sein. Die Arbeit ist im Anfang eine so harte und die Verpflegung so schwierig, dafs der Erfolg Ausdauer und Entsagung auf seiten der Ansiedler voraussetzt, welche Vorzüge aber bei Verbrechern nur in den seltensten Fällen zu finden sein werden.

In einer schon bevölkerten Kolonie ist auf die freien Einwohner Rücksicht zu nehmen. Gegen deren Willen ist nichts auszurichten. Sind sie einverstanden, so können die Sträflinge als billige Arbeiter im Privatdienst und bei öffentlichen Arbeiten von grofsem Nutzen sein. Doch ist dabei Voraussetzung, dafs nicht mehr Deportierte hingeschickt werden, als die Kolonie verwenden kann. Sonst wird aus der Unterstützung eine Last.

Die Deportation bleibt daher immer abhängig von dem Bedarf der Kolonie, der Zahl ihrer Einwohner und der Ausdehnung

---

[1]) v. Holtzendorff, S. 187.

der notwendigen öffentlichen Arbeiten. Sobald die Hülfe der Sträflinge nicht mehr nötig ist, erklärt jede Kolonie die Deportation in Acht und Bann. Sie ist also nur vorübergehend möglich, bis die Kolonie selbst die nötigen Arbeitskräfte aufbringt.

Um Konflikte zu vermeiden und möglichst lange deportieren zu können, mufs der Staat eine verlassene und unbesiedelte Besitzung wählen, wie es Sachalin, Neukaledonien, die Andamanen waren. Das Klima mufs Arbeit im Freien zulassen und gesund sein, wenn die Kolonisation Erfolg haben soll, der Boden für Ackerbau geeignet und genügend bewässert sein.

Andererseits darf das Klima aber nicht allzu mild und schön, der Boden nicht allzu fruchtbar, der Reichtum an Edelmetall nicht grofs sein. Denn sonst fällt die Strafkolonie rasch der freien Einwanderung anheim und hört als solche auf zu existieren, wie es in Australien geschah und in Neukaledonien geschehen wird.

Die Strafkolonie mufs abseits von dem Weltverkehr und fern vom Vaterlande liegen, damit die Verbannung als Übel fühlbar wird.

Aber sie soll auch im Kriegsfalle sich verteidigen lassen, was bei grofser Entfernung vom Mutterlande kaum zu erreichen ist. Übermäfsige Entfernungen, wie die nach Sachalin und Neukaledonien, erschweren die Verpflegung und Kontrolle, machen den Transport sehr teuer und die Reise der Deportierten zu einer moralisch und physisch schädlichen Strapaze.

Als Strafkolonie ist bisher nur Sachalin gut gewählt. Aufser der übergrofsen Entfernung von Rufsland hat es für Strafzwecke keinen Mangel. Es ist rauh, aber gesund, karg, aber anbaufähig, für die freie Einwanderung nicht lohnend und für die Deportation geräumig genug; dabei ist es auch im Kriegsfalle durch die Nähe des Kriegshafens Wladiwostok geschützt.

### 2. Beschaffenheit der Deportierten.

Will das Mutterland der Kolonie nicht Invaliden oder gefährliche Störenfriede aufbürden, so ist es genötigt, unter den Verurteilten nach moralischen und physischen Rücksichten eine Auswahl zu treffen.

In moralischer Hinsicht mufs es, wie schon Bacon bemerkte, sehr gewagt erscheinen, eine neue Gesellschaft aus den gesellschaftsfeindlichsten Menschen herstellen zu wollen. Solche

Menschen — meinte der englische Philosoph — werden immer als Schurken fortleben und nicht arbeiten[1]). Diese Ansicht ist zwar für Gelegenheitsverbrecher nicht zutreffend, aber für Gewohnheitsverbrecher richtig. Unverbesserliche Diebe und Landstreicher eignen sich für die Kolonisation am wenigsten. Durch langjährige Einsperrung, Hunger und Branntwein verkommen, besitzen sie weder Arbeitskraft, noch Intelligenz. Die Arbeitsscheu und der Mangel an Energie läfst sich bei ihnen nicht mehr ändern. In Australien erwiesen sich Peitsche und Galgen gegen sie machtlos[2]). In den französischen Kolonien scheitern an den Relegierten, soweit sie sich aus dieser Menschenklasse zusammensetzen, d. h. an $^3/_4$ aller Relegierten, die Anstrengungen der administration pénitentiaire[3]). Man sollte sie also nicht erst verschicken[4]).

Ungeeignet zur Deportation sind ferner Verbrecher, die, jeder Zucht unzugänglich, durch ihre Gewaltthätigkeit den Mitgefangenen und Aufsehern gefährlich werden. Mit ihnen weifs man auch in der Kolonie nichts anderes anzufangen, als dafs man sie entweder hängt oder in Einzelhaft bringt.

Dagegen sind Gelegenheitsverbrecher, auch wenn sie schwere Verbrechen, wie Totschlag, begangen haben, sobald sie nur der Disciplin sich fügen, von jeher das beste Material der Deportation gewesen. Am deutlichsten beweisen es die Andamanen, welche fast nur solche Sträflinge erhalten, die schwere Verbrechen gegen Personen begangen haben. Aber auch in Australien und in den französischen Kolonien wurde dieselbe Erfahrung gemacht; ein Mörder ist leichter zu bessern als ein Gewohnheitsdieb. Cor[5]) sagt hierüber:

> „Die klarblickenden Männer, welche zu Paris die Grundzüge der Transportation bestimmen, wissen, dafs diejenigen forçats, welche wegen Verbrechen aus Leidenschaft oder wegen militärischer Vergehen verurteilt sind, für das Werk der Kolonisation die besten, ja, fast die einzigen Arbeiten liefern."

---

[1]) Vgl. v. Holtzendorff, S. 661.

[2]) v. Holtzendorff, S. 217. 224, 227, 237.

[3]) Bericht des Kolonialministers, 1895.

[4]) Zustimmend: v. Holtzendorff, S. 628.

[5]) Cor, p. 11.

In körperlicher Hinsicht mufs volle Arbeitskraft und hinreichende Geschicklichkeit für die beabsichtigten Arbeiten verlangt werden. Verurteilte, die über 60 Jahre alt sind, bleiben überall von der Verschickung über See ausgenommen. Minderjährige sind nach französischem und portugiesischem Gesetz gleichfalls ausgenommen, und zwar mit Recht; sie verdienen die harte Strafe der Deportation noch nicht, sie brauchen nicht ausgestofsen zu werden, weil sie auch daheim noch zu brauchbaren Menschen gemacht werden können.

Nach ihrem Berufe sind Bauern, Handwerker und landwirtschaftliche Arbeiter für die Deportation am besten zu brauchen. Sie bilden in Rufsland die grofse Majorität, dagegen in Frankreich nur die Hälfte der Verurteilten. — Sträflinge städtischer Herkunft, die kein Handwerk erlernt haben, sind in der Kolonie schwer zu verwenden, wenn sie nicht auf ihre neue Thätigkeit vorbereitet werden.

### 3. Die Frauenfrage.

a. England hat bis 1839 gegen 7000 Frauen nach Neu-Süd-Wales deportiert, seitdem aber diese Deportation eingestellt. Als die Verschickung nach Westaustralien begann, wurde wieder eine Anzahl Weiber mitgeschickt, aber auf Ersuchen der Kolonie 1853 damit aufgehört.

Frankreich, Rufsland und Portugal verschicken Frauen, jedoch Frankreich bei travaux forcés nur solche, die sich freiwillig dazu erbieten.

b. Die Zahl der zur Deportation verurteilten Frauen ist überall klein.

In Frankreich bilden die Frauen nur ein Achtel der Gesamtheit der wegen crime Verurteilten, für das letzte Jahr der Kriminalstatistik (1893) z. B. 596 auf 4269 Männer. Bei Verurteilung zu travaux forcés lassen sich nur sehr wenige Weiber deportieren; bis 1882 z. B. waren nach Neukaledonien auf 13 725 Männer nur 374 Frauen aus den maisons centrales [1]) verschickt. Bei der relégation betrug die Zahl der verschickten Frauen in den Jahren 1886—1889: 362 gegen 3078 Männer oder jährlich durchschnittlich 90 auf 769 Männer [2]).

---

[1]) De Lanessan.

[2]) Teisseire, p. 366.

Portugal hat in den letzten Jahren — 1893 bis 1895 — 27 Frauen jährlich gegen 274 Männer deportiert.

In Rufsland erreicht die Zahl der Frauen unter den Deportierten nicht ein Zehntel der Zahl der Männer[1]). Nach Sachalin gehen — bei 1500 Deportierten jährlich — nur 60—80 Frauen.

Es ergiebt sich also die unabänderliche Thatsache, dafs $^4/_5$ der männlichen Deportierten, welche fast alle unverheiratet sind, ehelos bleiben müssen, wenn sie nur ihre weiblichen Schicksalsgenossinnen zur Ehe wählen könnten.

c. Der Wert der deportierten Frauen für die Kolonisation ist aber sehr zweifelhaft. Die Erfahrung hat gelehrt, dafs sie sich der Prostitution und dem Trunk ergaben, wenn sie inmitten der männlichen Bevölkerung der Strafkolonie lebten; sie werden dann einfach die Beute des Stärkeren, und ihr Leben ist fortgesetzt in Gefahr. Deshalb werden sie in gemeinsamen Anstalten vereinigt. Zur Ehe eignen sie sich meist auch nicht, weil sie, entkräftet und verdorben, zur Übernahme von Mutterpflichten nicht geneigt sind[2]).

Es ist also nicht ratsam, Frauen, die wegen Verbrechen verurteilt sind, zu deportieren.

d. Um nun dem Mangel an Frauen abzuhelfen, kann man solche entweder aus der farbigen Bevölkerung der Kolonie oder aus der Heimat anwerben. Aber weder Russen, noch Franzosen haben damit viel erreicht, obwohl sie Geld nicht sparten. Die weiblichen Eingeborenen bleiben lieber bei ihresgleichen. Die Herstellung einer Mischrasse, die Cor für Guyana als einzige Rettung empfiehlt[3]), stöfst also auf Schwierigkeiten. Ob übrigens eine Mischrasse als Resultat der Kolonisation erwünscht wäre, unterliegt starkem Zweifel. Das Interesse des Mutterlandes für die Kolonie würde dadurch sicherlich leiden und die Kolonie selbst nicht gewinnen. Denn gewöhnlich erben die Mischlinge zwar den Hochmut der Weifsen, nicht aber deren Intelligenz und Unternehmungsgeist.

Ein anderer Vorschlag geht dahin, Prostituierte nach den Kolonien zu senden. Indes ohne gesetzlichen Zwang wäre dieses

[1]) Foinitzki, p. 211. Teisseire, p. 137.

[2]) Vgl. v. Holtzendorff, S. 269, 251, 303—305; Teisseire, p. 185; de Lanessan, l. c.

[3]) Cor, p. 14; mit Léveillé sieht er das Bevölkerungsproblem für Guyana gelöst „dans la pratique d'un métissage savamment ordonné“.

nicht ausführbar, und ein derartiger Zwang, mit dem Hintergedanken der Verheiratung an Verbrecher, wäre weder gerecht, noch sittlich. Aufserdem liegt die Gefahr, die Bevölkerung der Kolonie zu entsittlichen, doch bei einem Import von öffentlichen Dirnen auf der Hand.

Welche Nachkommenschaft die Ehen von Verbrechern und Verbrecherinnen oder Prostituierten haben würden, ist unschwer vorherzusehen. Eine degenerierte Rasse müfste aller Wahrscheinlichkeit nach entstehen. Das Verbrechen als solches ist zwar nicht erblich, wohl aber Charakteranlage, Disposition zur Trunksucht und Nervenkrankheit. Da, wo beide Eltern trunksüchtig oder nervenkrank sind, wird jeder Mediziner eine geistig und körperlich abnorme Descendenz erwarten. Dafs in der That die Kinder aus Verbrecherehen in Guyana und Neukaledonien vielfach durch Merkmale der Degeneration auffallen, wird von Cor[1]) ausdrücklich bestätigt.

Die wenigen Deportierten, welche verheiratet sind, befinden sich meist in einer noch übleren Lage als die unverheirateten. Denn entweder sind ihre Frauen in der Heimat nicht mehr aufzufinden, wenn sie dieselben aufnehmen könnten, oder sie weigern sich, dem Verurteilten in die Strafkolonie zu folgen. Selten nur geschieht letzteres, in Rufsland häufiger als in Frankreich. — Folgt die Ehefrau nicht nach, so kann der Deportierte sich nicht verheiraten, bis sie stirbt oder sich scheiden läfst.

Nach den übereinstimmenden Erfahrungen aller Strafkolonien darf die Frauenfrage in ihnen als ein unlösbares Problem bezeichnet werden. An dieser Klippe mufs jede ausschliefslich durch Deportierte bewirkte Kolonisation scheitern.

### c. Nachteile der Deportation für die Kolonien.

Die Deportierten können die Kolonisation erleichtern, vorbereiten und fördern, aber niemals aus eigener Kraft ein neues Gemeinwesen schaffen und selbst regieren. Nur die starke Hand des Mutterlandes hält die Ordnung in den Strafkolonien aufrecht, und ohne freie Einwanderung können sie nie zu Selbständigkeit und Blüte gelangen. Den Arbeitsleistungen der Deportierten stehen folgende Nachteile gegenüber: In gemischten Kolonien hat

[1]) Cor, p. 83 u. 91.

die ehrliche Bevölkerung durch entlaufene und entlassene Sträflinge viel zu leiden. Ein grofser Teil der ungebesserten Strafentlassenen werden Diebe oder gefährliche Vagabunden. Neukaledonien und Sibirien wissen hiervon zu erzählen.

Eine Hoffnung, welche an die Deportation fast stets geknüpft wird, dafs die noch junge und vorurteilsfreie Kolonistenbevölkerung gern die entlassenen Deportierten als gleichberechtigte Bürger aufnehmen werde, wird durch die Thatsachen vollkommen widerlegt. Die Verachtung, welche auf dem Sträfling ruht, überträgt sich auf den Strafentlassenen. Dieser wird zurückgedrängt, sobald es möglich ist, und als gleichberechtigt nicht anerkannt. Es bilden sich zwei feindliche Bevölkerungsklassen. Dadurch leidet der materielle und geistige Fortschritt der Kolonie.

In sittlicher Hinsicht sind die Strafentlassenen selten tadelfrei. Sehr viele von ihnen sind als Gefangene dem Laster der Päderastie ergeben, welches sich bei langem und engem Zusammenleben nicht ausrotten läfst. Früher wurde es in den französischen Kolonien mit bastonnade bestraft[1]); besser wäre die Durchführung der Trennung bei Nacht[2]).

Dafs ehemalige Sträflinge als Hehler und Branntweinlieferanten ihrer Kameraden aus den Strafanstalten vielfach thätig sind, ist ebenfalls nicht zu bezweifeln.

Es ist daher zu verstehen, wenn die Strafentlassenen im allgemeinen als ein sittlich bedenklicher Bevölkerungszuwachs gelten. Wird nun gar die Kolonie als Ablagerungsstätte für den Auswurf des Mutterlandes benutzt, wie es England und Frankreich thaten, indem sie unverbesserliche Gewohnheitsverbrecher und undisciplinierbare Bösewichte übers Meer schickten, so ist die Abneigung der freien Einwohnerschaft gegen die Deportation gerechtfertigt. Ihr Land wird dadurch zum Schauplatz blutiger Verbrechen und Hinrichtungen; die öffentliche Sicherheit leidet. Die ganze Kolonie kommt in schlechten Ruf.

Bei reinen Strafkolonien sind zwar diese Schäden nicht fühlbar, aber sie entbehren der natürlichen Lebenskraft und Lebenslust. Es giebt in ihnen nur Herren und Knechte, keine Frauen und kein geselliges Leben, aufser im kleinen Kreise der Beamten.

---

[1]) Teisseire, p. 102.

[2]) Vgl. Cor, p. 107.

Ihre Entwicklung kann nie zu einer selbständigen Existenz der Kolonie führen, solange nicht freie Einwanderer in Massen einrücken. Sie sind nicht Pflanzstätten des Volkstums, sondern Ablagerungsstätten, ohne Sprofs und Halm, ohne blühenden Nachwuchs.

## D. Ist Straf- und Kolonisationszweck vereinbar?

Als Strafmittel erfordert die Deportation Absonderung der Deportierten von der freien Bevölkerung, gleichmäfsige und dauernde harte Arbeit, schmale Kost ohne Genufsmittel und Ausschlufs des Erwerbs für eigene Rechnung. — Strafort müfste nur ein Land sein, das nicht angenehmer und günstiger ist als die Heimat. — In persönlicher Hinsicht fordert die Deportationsstrafe Anwendung nur auf schwere Verbrecher, auf diese aber ohne Rücksicht auf Alter, Geschlecht und Arbeitskraft.

Als Kolonisationsmittel dagegen hat die Deportation andere Ansprüche zu erfüllen. Sie soll den deportierenden Staat entlasten und den Kolonien eine genügende Zahl von unfreien Arbeitern liefern. Die Sträflinge sollen daher nicht abgesperrt, sondern ins Land hinaus geführt und unter die Kolonisten gemischt werden. Die Arbeit soll so genommen werden, wie die Kolonisten sie bieten, auch wenn sie leicht ist, wie Viehweiden und Plantagenbau. Die Kost mufs gut und reichlich sein, damit die Arbeitskraft der Deportierten nicht leidet. Die Zeit zum Erwerbe auf eigene Rechnung soll so bald als möglich den Sträflingen gegeben werden, denn sie sollen Kolonisten werden. — Was den Ort der Deportation betrifft, so eignet sich zur Kolonisierung am besten ein recht fruchtbares Land mit mildem Klima, das auch an den Strafsen des Weltverkehrs liegt. — In persönlicher Hinsicht mufs nicht die Schwere der Strafe entscheiden, sondern die physische Konstitution und der Besitz derjenigen Handfertigkeiten, welche in der Kolonie nötig sind. Es wäre also richtig, einerseits auch wegen leichter Vergehen zu deportieren, andererseits körperlich schwächere und des Handwerks und Ackerbaus unkundige Personen auszuschliefsen.

Lassen so entgegengesetzte Ansprüche sich vereinigen? Jede Strafkolonie versucht es, aber jede beweist, dafs entweder der Strafzweck oder der Kolonisationszweck zum Opfer gebracht werden mufs, wenn ein befriedigender Zustand geschaffen werden soll. Wird dem Strafzweck gemäfs verfahren, so geht die Kolonie nicht vorwärts; wird den Ansprüchen der Kolonisation entsprochen, so hört sehr bald die Strafkolonie als solche auf zu existieren, und die Deportation ist keine Strafe mehr. So ging es in Neukaledonien, wo die Sträflinge es besser hatten (und noch haben) als die Gefangenen in Frankreich und viele freien Arbeiter; so ging es in Australien ebenfalls. Bei dem Kompromifs zwischen Straf- und Kolonisationszweck leidet entweder die Gerechtigkeit oder die Kolonie Schaden, meistens beide.

In dem Bestreben, den Verurteilten zu einem brauchbaren Menschen und Bürger zu machen, stimmt allerdings der Strafzweck mit dem Interesse der Kolonie überein. Aber über die richtigen Mittel zur Besserung der Sträflinge werden die Kolonisten immer anderer Ansicht sein als die Strafanstaltsbeamten.

Die ersteren sind stets für Abkürzung der Haftperiode, billige Ausleihung der Arbeitskraft der Sträflinge, die letzteren für Abschliefsung und für Beschränkung der Arbeit bei Privatpersonen. Die ersteren sind der festen Überzeugung, dafs ältere Gewohnheitsverbrecher und unbändige Bestien auch in der Kolonie nicht besser werden; die letzteren, soweit sie im Mutterlande sind und aushelfen müssen, geben die Hoffnung nicht auf, dafs die Wunderkraft der Kolonie auch dieses Wunder vollbringen könne. Hierüber ist keine Einigung möglich.

# E. Gesamturteil über die Deportationsstrafe.

## I. Urteile in der Litteratur und Strafrechtswissenschaft.

Überblickt man die Reihen der Anhänger und Gegner der Deportation, so wird man finden, dafs fast alle, welche die Deportation aus eigener Anschauung kennen, namentlich Gefängnis- und Transportbeamte und Kenner der Kolonien, zu den Gegnern der Deportation zählen, während Theoretiker (Professoren des Strafrechts, politische Schriftsteller und Volkswirte) zum Teil für die Deportation eintreten.

Gegen die Deportation sind ferner alle, die für Gefängnisreform kämpfen, für Deportation manche Pflanzer und Plantagenbesitzer.

In England nannte zuerst Howard die transportation eine gefährliche, zerstörende und kostspielige Maſsregel. Bentham erklärte, sie sei weder eine schwere, noch eine gerechte Strafe, erfülle keine der Bedingungen eines guten Strafvollzuges und könne von den Verbrechern eher als eine Gunst betrachtet werden. Sie bessere das Übel nicht, sondern verändere nur den Schauplatz desselben, hindere auch nicht, neue Verbrechen zu begehen. Dazu sei sie sehr kostspielig.

Als hervorragende Gegner der transportation in England seien ferner Sir Samuel Romilly, Mitglied des Unterhauskomitees von 1837, Lord Grey, Leiter des Kolonialamtes, und Sir W. Crofton, der Vertreter des irischen Gefängnissystems, erwähnt.

In Frankreich urteilte Béranger, ein berühmter Vorkämpfer für Gefängnisreform, in seinem Werke: „De la répression pénale“ (Paris 1856)[1]) über die Deportation folgendermaſsen:

„Die Deportation verfehlt den hauptsächlichsten Zweck, welchen der Gesetzgeber sich vorstrecken muſs, denjenigen, nachdrücklich und abschreckend zu wirken. Die Deportation hat nichts Abschreckendes. Darin liegt ihr Grundfehler, daſs sie die Züchtigung nicht öffentlich zeigt, sondern verbirgt. Sie entzieht sich den Augen derjenigen, denen sie zur Lehre dienen sollte. Eine Scene, die tausend Meilen weit von uns entfernt vor sich geht, macht auf das Vorstellungsvermögen des Volkes keinen tieferen Eindruck als eine solche, die vor tausend Jahren gespielt hat. Wie sollte diese Strafe den Übelthätern überdies irgend welche Furcht einflöſsen? Sie haben eine abenteuerliche und weite Reise in Aussicht, ein neues Land, zahlreiche Reisegesellschaft, eine Niederlassung, wo sie mit der Zeit einiges Vermögen erwerben können . . .

---

[1]) Bd. I, p. 150.

Von der anderen Seite überschreitet die Strafe das vorgesetzte Ziel. Der Gesetzgeber wollte, indem er sie verhängte, die Lage des Verbrechers nicht ungebührlich erschweren, was unfehlbar geschieht in den Leiden einer langen Seereise und in der Veränderung des Klimas, welcher nicht alle sich anbequemen."

In ähnlichem Sinne haben sich von berühmten Kriminalisten und Gefängniskundigen Faustin Hélie, M. Chauveau und Ch. Lucas geäufsert; von dem letzteren stammt die Bezeichnung der transportation als einer „politique du débarras", einer „Politik der Abwälzung" (vgl. Ch. Lucas, de la transportation pénale ou la politique du débarras, 1878).

Für Deportation traten in Frankreich namentlich ein: M. Michaux (De la question des peines, 1873), d'Haussonville (Les établissements pénitentiaires en France et aux colonies, 1875) und Leveillé (Les institutions pénitentiaires en France, Paris 1895). Alle sehen in der Deportation das einzige Mittel, aus einem Verbrecher einen nützlichen Menschen zu machen, ihn zu rehabilitieren und vor Rückfall zum Verbrechen zu bewahren. Michaux, der lebhafteste Lobredner der transportation unter ihnen, begründet seine Hoffnungen in folgenden Worten:

„Die Deportation entrückt den Übelthäter seiner Vergangenheit, seinen Genossen, die ihn gefesselt gehalten, der Umgebung, die ihn verdorben hat. Sie versetzt ihn in eine neue Welt, die er selbst mit schaffen soll, und wo niemand das Recht hat, ihn zurückzustofsen oder zu beschimpfen. Sie bereitet ihn auf ein neues Leben vor, das ihn erwartet. Sie überläfst ihn sich selbst nur nach einer ernsten und langen Prüfungszeit, während deren er genügende Mittel zum Lebensunterhalt sich sichern kann. Der Mann findet nicht mehr an der Schwelle der Strafanstalt Schande und Not, Verzweiflung und Verbrechen. Er kann wieder ehrlich werden, wenn er will."

d'Haussonville fügt hinzu:

„Eine im Werden begriffene Gemeinschaft ist die einzige, deren Schofs die Strafentlassenen wieder aufnehmen kann, weil die Notwendigkeit den Vorurteilen Schweigen gebietet. Die Arbeit schafft dort jedem seinen Platz."

Leveillé[1]) und Cor[2]) betonen namentlich, dafs die transportation den Rückfall bei schweren Verbrechern fast unmöglich mache.

Dagegen verwirft Teisseire in seinem umfangreichen Werke: „La transportation pénale et la relégation" (Paris 1893) die Deportation in jeder Form. Sie habe weder Frankreich, noch den Kolonien Nutzen gebracht, sei bei geringen Verbrechen ungerecht hart, bei schweren nicht wirksam und streng genug. Er citiert den Ausspruch von de Beaumont et de Toqueville:

> „Wenn man in Frankreich erst wissen wird, um welchen Preis man eine Strafkolonie begründet und unterhält, wird man vielleicht die letzten spärlichen Anhänger der Deportation unter uns verschwinden sehen",

und er fügt prophetisch hinzu:

> „Binnen kurzem wird die Deportation in Frankreich aufgehört haben, zu existieren" [3]).

Wenn man bedenkt, dafs fast jeder Kenner der französischen Strafkolonien — Moncelon, de Lanessan, Coudreau, Denys — gegen die bisherige Deportation sich erklärt und auch Leveillé den bisherigen Erfolg in Guyana (welches Land er 1884 besucht hat) als unbefriegend bezeichnet[4]), dafs endlich auch der neueste Schriftsteller auf diesem Gebiete, Cor, nicht allein die bisherigen Ergebnisse der Deportation in den Kolonien als schlechte anerkennt, sondern auch den Erfolg der seit 1891 angebahnten Reformen stark bezweifelt[5]), so wird die Prophezeiung Teisseires nicht zu gewagt erscheinen.

In Rufsland hat Taganzew (Professor in Moskau) sich für die Deportation ausgesprochen, deren bisherige Mängel beseitigt werden könnten; Rufsland brauche notwendig Menschen für seine asiatischen Besitzungen; die Deportierten müfsten die fehlenden Arbeitskräfte für die Kolonien in Asien liefern[6]). Dagegen verwirft Foinitzki die Deportation nicht nur für die Gegenwart

---

1) Pariser Kongrefs 1895 und „Les institutions pénitentiaires", 1895.
2) Cor, p. 176.
3) Teisseire, p. 451, 455.
4) Vgl. Cor, p. 108.
5) Vgl. p. 11, 87, 97, 118, 112, 148.
6) Vgl. v. Liszt, Zeitschrift für die gesamte Strafrechtswissenschaft, Bd. 4, S. 314, 315.

und für Rufsland, sondern schlechthin, da ihre Mängel sich niemals beseitigen liefsen. Nur als vorübergehende Aushülfe für Staaten mit mangelhaftem Gefängniswesen könne sie, als das kleinere Übel, zulässig sein; denn schlechte Gefängnisse seien noch schlimmer als Deportation[1]).

Von Urteilen über die Deportation aus der Mitte der nicht deportierenden Völker sei zuerst dasjenige des Königs Oskar I. von Schweden angeführt, welcher als Prinz Oskar eine Schrift[2]): „Des Peines et des prisons" (Paris) hat erscheinen lassen. Er schreibt[3]):

„Im ersten Augenblick scheint dieses System (der Deportation) den wertvollen Vorzug zu bieten, das Land von Verbrechern zu reinigen, ohne dafs die Humanität zum Schweigen gebracht werden mufs. Aber bei näherer Betrachtung entdeckt man bald die Fehler dieses Systems vom Rechtsstandpunkte aus und die Schwierigkeiten des Vollzuges. Ich will nur die hauptsächlichsten anführen: welche Klasse von Verbrechern soll deportiert werden? Die lebenslänglich ihrer Freiheit verlustig erklärt sind? Deren Zahl ist nicht beträchtlich. Dann die auf bestimmte Zeit Verurteilten. Aber wie sollen sie es anfangen, um aus der Ferne in ihr Vaterland zurückzukehren? Und wenn sie zurückgelangen, werden sie dadurch, dafs sie über das Meer gezogen und in fremden Ländern gewesen sind, und zwar in Begleitung einer Schar von Verbrechern, gebessert worden sein?

Man wird vielleicht sagen, dafs der Vorteil für den Staat gerade darin liegt, den zeitweilig Verurteilten in Wirklichkeit für immer verbannt zu haben. Aber dann verletzt diese Gesetzgebung in sehr schwerer Weise das geheiligte Grundgesetz, dafs jede Strafe im richtigen Verhältnis zum Vergehen stehen mufs."

Nachdem Prinz Oskar noch die ungleiche Wirkung der Deportation auf die Verbrecher, deren bessere sie schwerer trifft, und ihre Kostspieligkeit hervorgehoben hat, schliefst er mit der Verkündigung, dafs in Zukunft die civilisierten Völker, je mehr

---

1) Foinitzki, p. 259—263.

2) Die Schrift ist 1840 verfafst. – Das Original ist in schwedischer Sprache erschienen („Om straff och straffanstalte").

3) Vgl. Foinitzki, p. 220—222.

sie moralisch fortschreiten, desto mehr auch die Sorge für die Besserung der Verbrecher selbst übernehmen würden, anstatt sie fortzuschicken.

In Deutschland hat v. Holtzendorff in seinem Werke „Die Deportation als Strafmittel“ (Leipzig 1859) folgende Schlufssätze aufgestellt[1]):

1. „Die Deportation vermag den einzelnen Strafzwecken in derselben Weise zu genügen wie jede andere Freiheitsstrafe.
2. Sie wirkt im grofsen und ganzen ebenso gleichmäfsig oder ebenso ungleichmäfsig wie jede andere Strafe auf den einzelnen Verbrecher.
3. Sie ist ganz vorzugsweise und mehr als jede andere Strafe für den Besserungszweck nutzbar zu machen, soweit als dieser in der Sicherung der äufseren materiellen Bedingungen der Existenz zu erfüllen ist.“

Er beschränkte aber dieses Lob sogleich durch den Schlufssatz:

4. „Sie ist in ihrer Ausführung künstlicher und schwieriger als die anderen einheimischen Strafen, weil ihr innerer Gehalt und ihr Verhältnis zu den Strafzwecken abhängig ist von dem Ortscharakter der Kolonien.“

Auch zur Kolonisierung hielt er die Deportation für zweckmäfsig und den Strafzweck damit nicht für unvereinbar[2]).

Bei diesem Urteile hatte v. Holtzendorff hauptsächlich die englische Deportation nach Australien im Auge, deren ausnahmsweise günstige Vorbedingungen er selbst konstatiert hat. Von der französischen Deportation kannte er nur die Anfänge (1853 bis 1858), die russische und portugiesische zog er nicht mit in Betracht.

Dennoch wies er schon damals der Deportation sehr enge Grenzen an. Er erklärte, dafs „von seiten der Örtlichkeit der Strafkolonisation ganz besondere Schwierigkeiten entgegenstehen[3]), da man ein so geeignetes Land wie Australien schwerlich wiederfinden würde“[4]). Er mifsbilligte die Verschickung mehr-

---

[1]) S. 639.
[2]) S. 583, 584.
[3]) S. 688.
[4]) S. 187.

fach rückfälliger und voraussichtlich unverbesserlicher Verbrecher[1]), andererseits aber auch die Ausdehnung der Deportation auf leichtere Verbrechen und jede Art Freiheitsstrafe[2]). Endlich räumte er ein, dafs die Deportation immer nur vorübergehend, bis die Kolonie sie nicht mehr für sich nötig habe, zulässig sei und bei den Deportierten die Lösung der Frauenfrage „auf unüberwindliche Schwierigkeiten stofse“[3]).

Bei solchen Einschränkungen läfst sich nicht erkennen, wie eine Deportation ins Werk gesetzt werden soll, welche einerseits das Mutterland erheblich entlastet, andererseits der Kolonie nicht schadet. Foinitzki bemerkt hierüber[4]):

> „Malheureusement l'auteur reste toujours dans la sphère sereine de l'idéal et ne nous indique pas les moyens pratiques de réaliser cette transportation colonisatrice.“

v. Holtzendorff selbst hat später auf Grund reicheren Materials seine Ansicht über die Deportation vollständig geändert. Im Jahre 1878 gab er über dieselbe für den internationalen Kongrefs zu Stockholm ein ausführliches Gutachten ab, worin er sich gegen die Deportationsstrafe wendet. Hier erklärt er, dafs die Zunahme des Weltverkehrs und der überseeischen Auswanderung es immer schwerer mache, eine Strafkolonie zu finden und zu erhalten. Mit den Zwecken der Strafe lasse sich die Deportation zwar vereinigen, aber in der Praxis biete sie geringen Nutzen. Für besonders gefährliche und für fortgesetzt rückfällige Verbrecher sei Verschickung überhaupt nicht ratsam. Durch die überall zahlreichen Entweichungen werde die Sicherheit in den Kolonien bedroht. Auf Bewährung der Strafentlassenen als Bürger der Kolonie sei nicht zu rechnen, denn die einen würden durch das ungewohnte Klima entkräftet, die anderen durch die fortwährende Gemeinschaft mit ihren Genossen aus der Strafanstalt verdorben. — Unglücklicherweise stehe die Deportation in einem entgegengesetzten Verhältnis zur Gefängnisreform. Durch Förderung derselben, umsichtige Fürsorge für die Strafentlassenen und sorgfältig geregelte Polizeiaufsicht könne die

[1]) S. 628.
[2]) S. 593, 594.
[3]) S. 699.
[4]) S. 215.

Besserung der Gefangenen auch in der Heimat erzielt werden; hierzu müsse die Unterstützung der freiwilligen Auswanderung Strafentlassener treten, welche befriedigendere Ergebnisse liefern würde als die Verschickung Strafgefangener. — v. Holtzendorff fafste sein Gutachten in folgende These zusammen:

„Die Deportation widerspricht in ihrem Princip nicht dem Strafzweck, aber sie bietet so grofse Schwierigkeiten in ihrer Ausführung, dafs sie nur ausnahmsweise und vorübergehend Strafmittel sein kann. Die bisherigen Versuche und die Schicksale der englischen Transportation versprechen ihr keine gute Zukunft."

In seinem „Handbuch des Gefängniswesens" (1888) fügt er noch hinzu, dafs der Wert der Deportation in kolonialer Beziehung von den obwaltenden geographischen, finanziellen und politischen Verhältnissen abhänge. Strafrechtlich aber biete sie keinen einzigen sicheren Vorteil vor dem inländischen Strafvollzuge, dagegen manche Nachteile und Erschwerungen [1]).

In Italien sind merkwürdigerweise die Anhänger der Deportation aus theoretischen Gründen, ohne dafs praktische Versuche oder eigene Wahrnehmung von den Ergebnissen der Strafkolonien zu Grunde lägen, vielfach vertreten [2]). Auch der neueste Schriftsteller Italiens über Deportation, Fani, dessen Doktorarbeit „La deportazione" im Jahre 1896 erschienen ist, tritt mit jugendlichem Feuer aus kolonialpolitischen und strafrechtlichen Gründen für Deportation ein, indessen doch nur in beschränkter Weise. Er schlägt nämlich vor, sie als Zusatzstrafe neben vorheriger Einzelhaft zu verhängen [3]). Unverbesserliche Verbrecher hält er zwar selbst für ungeeignet zur Verschickung, möchte sie aber dennoch davon nicht ausschliefsen, weil sie als Kranke zu behandeln seien und in der Ruhe und Einsamkeit der Kolonie, inmitten der freien Natur wieder gesund gemacht werden müfsten! Das Heiraten jedoch solle ihnen streng verboten werden, damit sie ihre schlechten Eigenschaften nicht fort-

[1]) v. Holtzendorff, Handbuch des Gefängniswesens, 1888, Bd. I, S. 427—430.

[2]) Vgl. Fani, p. 106—125; Foinitzki, p. 247—249.

[3]) Fani, p. 79, 80.

pflanzen[1]). Aufser diesen Ausführungen bietet die Schrift wenig Neues[2]).

## II. Die internationalen Kongresse für Gefängniskunde.

Zum Meinungsaustausch über die verschiedenen Erfahrungen der einzelnen Nationen mit der Deportation boten die internationalen Kongresse für Gefängniskunde erwünschte Gelegenheit. Freilich ist bei ihnen weniger auf die Beschlüsse Wert zu legen, welche von zufälligen Mehrheiten an den jeweiligen Versammlungsorten abhingen, als auf die Gutachten und Meinungsäufserungen wissenschaftlich hervorragender und praktisch erfahrener Männer.

Der Kongrefs zu London (1872) war mit Ausnahme der russischen Delegierten einmütig gegen Deportation. Hastings, der englische Delegierte, erklärte:

> England denke nicht mehr daran, zu deportieren, es habe gute Gefängnisse. Mit Strafkolonien sei weder eine ausreichende Kontrolle des Strafvollzuges, noch das Gebot der Sparsamkeit zu vereinigen.

Ein Beschlufs wurde nicht gefafst.

Auf dem Kongrefs zu Stockholm (1878) stimmten die Vertreter fast aller Nationen gegen Deportation, welche nur von Delegierten Frankreichs und Britisch-Indiens verteidigt wurde, während diejenigen Rufslands (Kokowzeff) und Finnlands (Mechelin) sich ebenfalls gegen die Deportation aussprachen. Es kam folgende Resolution zur Annahme:

> „La peine de la transportation présente des difficultés d'exécution qui ne permettent pas de l'adopter dans tous les pays, ni d'espérer qu'elle réalise toutes les conditions d'une bonne justice pénale."

Auf dem Kongrefs zu Rom (1885) wurde die Frage nicht erörtert.

Auf dem Kongrefs zu St. Petersburg[3]) (1890) empfahlen Gutachten von Latyschew und Dubois die Deportation als wirk-

[1]) Fani, p. 92.

[2]) Gegner der Deportation waren die mafsgebenden Fachmänner in Italien: der Justizminister Zanardelli und der Leiter des Gefängniswesens Beltrani-Scalia. (Vgl. Fani, l. c.; Foinitzki, p. 250.)

[3]) Actes, Bd. 3, p. 463, 489.

sames Strafmittel für unverbesserliche Verbrecher. Dubois riet sie aber nur gegen gewerbsmäfsige, energische Verbrecher an, nicht gegen solche, die aus Arbeitsscheu und Mangel an Energie immer neue strafbare Handlungen begehen, und zwar nur als Zusatzstrafe nach verbüfster Gefängnisstrafe. — Der Kongrefs erklärte sie als Mittel gegen anscheinend Unverbesserliche, vorbehaltlich der Möglichkeit späterer Entlassung auf Lebenszeit, für zulässig [1]).

Dem Kongrefs zu Paris [2]) (1895) wurde die Frage vorgelegt:

„Ist die Deportation im weitesten Sinne des Wortes bei zweckmäfsigem Repressionssystem zulässig? Im Falle der Bejahung: welche besondere Aufgabe hat sie zu erfüllen?

In der Sektionssitzung traten die französischen Delegierten für die Deportation ein, da sie als Mittel zur Rehabilitierung und zur Verhinderung des Rückfalls der Bestraften die anderen Strafen übertreffe.

Der Delegierte Deutschlands, Starke, erklärte, dafs Deutschland nicht beabsichtige, seine Kolonien durch Deportierte zu bevölkern, sondern freie Einwanderung vorziehe.

In der Plenarsitzung bekämpfte Prins (Belgien) die Deportation als ungerecht, kostspielig und wirkungslos. Foinitzki wies darauf hin, dafs die Frage nicht für alle Nationen gleichmäfsig, sondern für jede einzeln zu prüfen und zu beantworten sei. Nachdem jedoch Galkine-Wraskoï für Sachalin ermutigende Ergebnisse und Leveillé bezüglich der französischen Deportation erhebliche Verschärfung des Strafvollzuges konstatiert hatte, nahm die (in ihrer Majorität aus französischen und russischen Delegierten bestehende) Generalversammlung folgende Resolution an:

„La transportation sous ses formes diverses avec les améliorations déjà réalisés et donc elle est encore susceptible, a son utilité soit pour l'exécution des longues peines pour de grands criminels soit pour la répression des criminels d'habitude et des récidivistes obstinés."

---

1) Actes, Bd. 1, p. 621.

2) Bulletin du V. Congrès Pénitentiaire International (vom 8. und 9. Juli 1895).

Angesichts der auch von Leveillé zugegebenen Thatsache, dafs die déportation und relégation verfehlt, die transportation bisher schlecht geregelt war, angesichts der Meinungsäufserung des Ministers der Kolonien über die Notwendigkeit einer Revision des Gesetzes von 1854 (vgl. oben S. 87) und der nach dem Entwurf des neuen code pénal beabsichtigten Einschränkung der transportation wird man den Wert dieser Resolution nicht überschätzen. Keine Nation stellt vor internationalen Vereinigungen gern ihre eigenen Fehler blofs.

## III. Rückblick und Kritik der Gegengründe.

Die bisherige Darstellung hat die Nachteile der Deportation für den Strafvollzug, wie für die Kolonien klar genug hervortreten lassen. Sie hat gezeigt, dafs eine befriedigende Lösung der mit Strafkolonien verbundenen Schwierigkeiten noch nirgends gefunden worden ist. Das Hauptgewicht wurde auf eine wahrheitsgetreue Schilderung der Wirklichkeit gelegt, da diese sich in den Kolonien ganz anders gestaltet, als die Theoretiker im Mutterlande glauben und die Gesetze und Verordnungen annehmen lassen.

Indessen wenden die Anhänger der Deportation dagegen ein: alle Mängel der bisherigen Deportation beweisen nicht, dafs ihr Princip falsch ist; sie braucht nur in ihrer Organisation verbessert zu werden, um allen berechtigten Anforderungen zu entsprechen.

Allein diejenigen Mängel, welche ihr zu jeder Zeit und allerorten gleichmäfsig eigen waren, lassen sich überhaupt nicht beseitigen, sie sind ihr immanent.

Zunächst ist ein ebenso schweres als unvermeidliches Übel der Transport, nicht allein wegen der Kosten, sondern namentlich wegen seiner moralischen und physischen Schädlichkeit für die transportierten Gefangenen und wegen der damit verknüpften Gefahren.

Ebenso unvermeidlich ist es, dafs der Strafvollzug in den Kolonien niemals so sorgfältig geordnet sein wird wie im Mutterlande. In den Kolonien fehlt es an festen Gebäuden — je jünger die Kolonie ist, desto mehr —, und die Sträflinge können daher weder so sicher untergebracht, noch so voneinander isoliert werden wie in der Heimat. Es fehlt an Beamten; sowohl die Zahl, wie die Qualität lassen zu wünschen übrig, weil der gefährliche und aufreibende Dienst in den Strafkolonien nicht verlockend ist, und namentlich ältere und verheiratete Beamte es vorziehen, in der Heimat zu bleiben. Ferner fehlt die Kontrolle durch die Centralbehörden und durch die Öffentlichkeit: in ihrer vom Mutterlande weit entfernten Kolonie sind die Beamten fast allmächtig den Gefangenen gegenüber; Mifsbräuche, Grausamkeiten oder Begünstigungen über den Strafzweck hinaus können nicht nur vorkommen, sondern lange Zeit ungehindert fortgesetzt werden.

Endlich ist die entnervende Wirkung zu warmen, die niederdrückende Wirkung zu kalten Klimas nicht zu ändern.

Alle diese Übelstände ergeben sich aus unabänderlichen Verhältnissen, aus der Entfernung und natürlichen Beschaffenheit der Strafkolonien oder Strafstationen. Wollte man dort genügende Einzelzellen erbauen, eine der gesteigerten Verantwortlichkeit entsprechende Anzahl von Aufsehern hinschicken und eine besondere Kontrollbehörde einsetzen, deren Mitglieder die Kolonie oder Station regelmäfsig zu besichtigen hätten, so würden die ohnehin sehr hohen Kosten der Deportation ganz unerschwinglich werden. Weder England, noch Frankreich, obgleich sehr reiche Länder, und obwohl dieser Mängel wohl bewufst, haben hierin Abhülfe schaffen können. Schliefslich scheitert die Reform der Deportation notwendig daran, dafs das Mutterland nicht auf Kosten seiner eigenen Kulturaufgaben seine Steuerkraft der Kolonie dienstbar machen kann.

Um z. B. auf Frankreich Bezug zu nehmen, so ist es gewifs richtig und billigenswert, dafs die Sträflinge dritter Klasse in besonderen Räumen untergebracht werden und am Tage Schweigen beobachten, nachts voneinander getrennt werden sollen. Aber es ist äufserst zweifelhaft, ob die Räumlichkeiten, welche hierzu nötig sind, sich werden herstellen lassen, und ob die Kraft und Gewissenhaftigkeit der Aufsichtsbeamten ausreicht, diese Vorschriften zur Durchführung zu bringen.

Die Macht der Thatsachen bewirkt, dafs manche gut gemeinte Verordnung für die Kolonien auf dem Papier stehen bleibt, in Wirklichkeit also nichts ändert.

Die hohen Kosten der Deportation sind unbestreitbar. Um den hieraus erwachsenden Vorwurf der Verschwendung von Staatsmitteln zu entkräften, sind verschiedene Einwendungen gemacht worden. Zunächst ist — von Juristen, nicht von Volkswirten — behauptet worden[1]), auf die Kosten könne es nicht ankommen, wenn nur der Strafzweck durch die Deportation erreicht werde. Dieser Standpunkt mag vornehm scheinen, aber er ist völlig unhaltbar. Für den Staat kommt es auf den Betrag der Kosten in erster Linie an; ist der Betrag unverhältnismäfsig hoch, so ist es die Pflicht der Finanzverwaltung, im Interesse der anderen Staatsaufgaben die Deportation abzulehnen oder zu beschränken. Es wäre ungerecht, die Steuerzahlenden, deren grofse Mehrheit arm ist, mit einem neuen Tribut für die Verbrecher zu belasten, solange es noch andere, billigere Methoden giebt, die letzteren unschädlich zu machen. Die Frage spitzt sich also immer dahin zu, ob die Deportation eine notwendige Mafsregel ist, um die Verbrecher unschädlich zu machen.

Sodann wird gesagt[2]): die Kosten könnten durch Sparsamkeit erheblich vermindert werden. In dieser Hinsicht käme es auf einen Versuch an; Kostenanschläge in die blaue Zukunft hinein sind zwecklos. Da aber naturgemäfs die Transportkosten, die hohen Frachten vieler Bedarfsartikel, die gröfseren Gehälter der Beamten in der Kolonie nicht vermieden werden können, so werden die Ersparnisse gegenüber den jetzigen Kosten der französischen und den letzten Kosten der englischen Strafkolonien nicht bedeutend sein, zumal es den Franzosen und Engländern weder an Intelligenz, noch an Erfahrung und an ökonomischen Kenntnissen gefehlt hat.

Endlich ist darauf Gewicht gelegt worden, dafs auch die Umwandlung der Gefängnisse in Zellengefängnisse zur Einzelhaft viele Millionen kosten müsse. — Wenn diese Millionen aber eine wirkliche Verbesserung des Gefängniswesens bedeuten, so machen sie sich durch Verminderung der Kriminalität bezahlt, wie es in England der Fall ist[3]). — Die Deportation hat noch niemals die Kriminalität vermindert.

In kolonialer Hinsicht hat man die Deportation damit verteidigt[4]), dafs sie, wenn sie auch nicht immer fortdauere, jeden-

---

[1]) Vgl. v. Holtzendorff, S. 706.

[2]) Vgl. Bruck, Fort mit den Zuchthäusern, Breslau 1894.

[3]) In Preufsen sind seit 1869 die Einzelzellen auf die doppelte Zahl gebracht worden, ohne die Staatskasse sehr zu belasten. Es sind für 24 % der Zuchthaus-, für 28 % der Gefängnisgefangenen des Ministeriums des Innern schon Einzelzellen vorhanden, ca. 6575 im ganzen. (Amtlicher Bericht für 1894/95.)

[4]) Vgl. d'Haussonville, l. c.; Bruck, l. c.

falls, so lange sie bestehe, den Wert der Kolonie hebe durch Vollendung öffentlicher Arbeiten und Erleichterung der Besiedelung des Landes. Aber gleichzeitig hindert die Strafjustizverwaltung die Entwicklung der Kolonie, indem sie den Boden für die Sträflinge und Strafentlassenen in Anspruch nimmt und der freien Arbeit eine unerträgliche Konkurrenz schafft. Besteht die Strafkolonie in einem unwirtlichen Lande, so haben die Leistungen der Sträflinge keinen grofsen Wert für die Gesamtheit; besteht sie in einem für die Einwanderung lohnenden Gebiete, so verzögert sie die Bevölkerung desselben durch freie Einwanderer, hemmt somit dessen Wertschätzung.

Nur einen Grund giebt es, den die Anhänger der Deportation mit Recht für sie ins Feld führen: sie bereitet den Gefangenen auf eigenen Erwerb nach der Entlassung vor und bietet ihm leichter Gelegenheit, wieder ein achtbarer Bürger zu werden, als die Strafvollstreckung im Inlande.

Freilich ist es nicht richtig, wenn Leveillé und andere behaupten, dafs die Deportierten bei ihrer Entlassung und nachher als bessere Menschen sich bewährten. Nur wenige von ihnen werden wirklich achtbare und fleifsige Bürger der Kolonie. Die meisten scheuen, wie die Erfahrung zeigt, jede Arbeit und haben nicht das mindeste Interesse für die Kolonie, der sie vielmehr je eher, desto lieber den Rücken kehren würden, wenn sie es könnten. Sie bilden nach ihrer Entlassung aus der Strafanstalt ein gefährliches Proletariat und fallen der Staatskasse zur Last, oder sie stehlen.

Es läfst sich also nur annehmen, dafs diejenigen, welche durch ihrer Hände Arbeit ehrlich leben wollen, in der Kolonie leicht ihr Auskommen finden, solange Arbeiter knapp sind und billiges Land zur Verfügung steht.

Wenn die Rehabilitation der Sträflinge in Wahrheit Ausnahme ist, so liegt dies daran, dafs die grofse Menge der Strafentlassenen eine Gemeinschaft bildet, die auf die besseren Elemente schädlich einwirkt, und dafs ein müfsiges Leben in wärmeren Ländern sich mit geringer Mühe führen läfst. Dazu kommt noch das Mifstrauen der freien Kolonisten, die zwar gern Sträflingsarbeit für ihre Zwecke benutzen, aber stets weit davon entfernt sind, den Sträfling oder Strafentlassenen als gleichberechtigt anzuerkennen.

Die schönen Bilder also, welche Michaux, d'Haussonville und andere von der „Regeneration" der Deportierten inmitten einer neuen Welt, von der „société naissante", die jene mit offenen Armen aufnimmt und emporzieht, entworfen haben, sind nichts als Phantasiegebilde. Die Wirklichkeit sieht anders aus.

Im Anschlufs hieran möge noch eine letzte Behauptung der Anhänger der Deportation erörtert werden, welche dahin geht[1]:

bei travaux forcés seien nur 5 % Rückfällige konstatiert.

Wenn die grofse Mehrheit der Verurteilten aus Frankreich dauernd ferngehalten ist, so kann natürlich in Frankreich nur eine kleine Zahl von ihnen rückfällig werden. Aber man ermittle erst einmal die Thäter der vielen Diebstähle, über welche in den Strafkolonien fortgesetzt geklagt wird; man rechne die Vagabondage hinzu, und dann gelangt man erst zu einem richtigen Ergebnis. Solange es in den Strafkolonien an einer zuverlässigen Kriminalstatistik der Strafentlassenen überhaupt fehlt, solange die Straflosigkeit des Diebstahls und der Landstreicherei dort noch die Regel bildet, hat die Angabe, dafs bei travaux forcés nur 5 % rückfällig werden, die Wahrscheinlichkeit gegen sich!

---

[1]) Leveillé, Auf dem Pariser Kongrefs.

TEIL III.

# Prüfung der Zweckmäfsigkeit der Deportation für die einzelnen Staaten.

# Einleitung.

Die Deportationsstrafe ist ein stets unvollkommenes Strafmittel; ihre Mängel sind unheilbar. Dennoch kann sie in solchen Staaten, die ihre Gefangenen in überfüllten und schlecht gebauten Gefängnissen unterbringen müfsten, dagegen in entfernten Besitzungen Raum und Beschäftigung für sie bieten können, zeitweise als das kleinere Übel gegenüber der Gefängnisstrafe erscheinen. Als Auskunftsmittel ist sie daher zulässig, falls die Regierung des deportierenden Staates sich ihrer Pflicht bewufst bleibt, die Deportation nach Mafsgabe der Vermehrung und Verbesserung der Gefängnisse allmählich einzuschränken.

Die Zulässigkeit einer aushelfenden Deportation bestimmt sich demnach

1. nach den kolonialen Verhältnissen,
2. nach dem Stande des Gefängniswesens des einzelnen Staates.

## A. Die kolonialen Verhältnisse.

Möglich ist die Deportation für alle Staaten, die geeignete Kolonien besitzen.

1. England könnte deportieren. Denn es besitzt noch jetzt gesunde, fruchtbare, wenig bevölkerte Kolonien. Erwähnt seien die Fidschi-Inseln im australischen Ocean, mit einem ähnlich paradiesischen Klima wie Neukaledonien, üppiger Vegetation und

friedlichen Bewohnern, — ferner die schon v. Holtzendorff empfohlenen Falklands-Inseln, östlich von der Magelhaens-Strafse und Patagonien, mit rauhem, aber gesundem Seeklima, 6,1 °/o C. mittlerer Jahreswärme und grofsen Flächen anbaufähigen Acker- und Weidelandes bei nur 1800 Einwohnern; die beiden Hauptinseln, Ost- und West-Falkland umfassen allein 12500 qkm (3/4 der Gröfse Neukaledoniens). Dem Klima von Sachalin wäre das der Falkland-Inseln bei weitem vorzuziehen.

Da jedoch England sein Gefängniswesen auf die höchste Stufe unter allen Kulturstaaten gebracht hat, so beabsichtigt es nicht, die Deportation wieder aufzunehmen. Es ist deshalb zwecklos, auf die Verhältnisse dieser und anderer vielleicht in Betracht kommender Kolonien (Newfoundland, Cypern) näher einzugehen.

2. Holland besitzt Kolonien nur in der heifsen Zone. Das Klima derselben ist durchweg für Leben und Gesundheit der Europäer gefährlich. Mit Rücksicht hierauf hat Holland, abgesehen von einigen kurzen Versuchen der holländisch-indischen Compagnie auf der Molukkeninsel Banda und in Batavia [1]), nicht deportiert. Es läfst sogar die Soldaten der niederländisch-indischen Armee, die zur Zwangsarbeitsstrafe in den Kolonien verurteilt sind, von dort zur Verbüfsung der Strafe nach Holland zurückschaffen [2]). Eine im Jahre 1858 zur Prüfung der Deportationsfrage eingesetzte königliche Kommission sprach sich gegen Deportation aus. Ebenso stimmten die Delegierten Hollands auf den internationalen Kongressen für Gefängniskunde (Pols u. a.) gegen Deportation.

3. Italien besitzt seit kurzem, wenn auch nicht unangefochten, die Kolonie Erythräa, im heifsesten Teile Afrikas belegen, mit gebirgigem Hinterlande und dem Hafen Massaua. Kühne Politiker und Publizisten hatten schon die Deportation für Italien in Vorschlag gebracht, bevor es überhaupt eine Kolonie hatte (Cerutti, de Foresta, Bianchi). Aber Italien kann jetzt ebensowenig als früher deportieren. Denn Erythräa eignet sich zur Strafkolonie durchaus nicht, obwohl Fani es empfiehlt [3]). Im Küstengebiet läfst Dürre, Hitze und Wassermangel keine Ansiedlung zu. Im Hochlande ist kein Schutz der Umwohner

---

1) de Blosseville, p. 12. Teisseire, p. 23.
2) Foinitzki, p. 225.
3) Fani, p. 126—146.

gegen Entweichungen der Deportierten möglich. Die kriegerische Bevölkerung des Landes und die Nachbarschaft Abessiniens bedeuten eine dauernde Drohung für jede Niederlassung im Innern. Daher hat namentlich Franchetti, der beste Kenner des Landes, entschieden von jeder Deportation dorthin abgeraten (Fani, p. 182).

4. Das Deutsche Reich hat eine Anzahl von Kolonien in Australien und Afrika, welche für die Deportation nicht in Betracht kommen können.

Die Kolonien in Australien (Kaiser-Wilhelmsland, Bismarck-Archipel, Marschall-Inseln) sind nach einem internationalen Vertrage mit England vom 10. April 1886 als Strafkolonien nicht zu verwenden. Auch ohne dieses Abkommen wären sie zur Deportation ungeeignet wegen ihrer allzu weiten Entfernung und ihres tropischen Klimas. Kaiser-Wilhelmsland, wo die mittlere Jahrestemperatur 26° C. beträgt und die Hitze bis 35° im Schatten steigt, hat schon jetzt schwere Opfer an Menschenleben erfordert, obgleich Beamte und Plantagenleiter, die dort starben, weit eher gegen Krankheit sich zu schützen vermochten, als Gefangene es könnten.

Auch für Togo (mittlere Jahrestemperatur 26°), Kamerun (24,8°) und Ostafrika ist die Deportation deutscher Gefangener infolge des Klimas ausgeschlossen. Deutsche können dort als Aufseher und Leiter von Plantagen thätig sein, aber anstrengende Bodenarbeit im Freien wäre mit sicherem Tode gleichbedeutend. Malaria und Dysenterie verschonen selten einen freien Einwanderer; wer durch vorsichtige Lebensweise, gute und leichtverdauliche Kost sich dort dauernd gesund erhält, kann schon von grofsem Glück sagen. Die meisten deutschen Beamten und Plantagenbesitzer erkranken bald und müssen zur Erholung gesündere Gegenden aufsuchen, obwohl ihnen körperliche Anstrengung im Freien nicht zugemutet wird.

In Ostafrika befinden sich allerdings in dem noch wenig bekannten Innern weite Hochebenen und Gebirge, die ein gesünderes Klima haben sollen, so z. B. die Umgegend des Kilimandscharo. Aber derartig entlegene Orte gestatten nicht die Anlegung einer Strafkolonie. Eine solche mufs notwendig zur See erreichbar sein; sonst wachsen die Transportkosten ungeheuer, und eine Aufsicht wäre unmöglich, ein Schutz gegen Überfall der Eingeborenen sehr schwer. Das Gebirge erleichtert jeden Fluchtversuch. Es ist daher kein Zufall, dafs alle Strafkolonien am Meeresufer belegen sind, keine einzige im Gebirge.

Nur eine deutsche Kolonie kann als Deportationsort ernstlich in Frage kommen: Südwestafrika[1]).

Auf die Möglichkeit, dorthin zu deportieren, baut Professor Bruck in Breslau seinen phantastischen Plan einer Strafkolonie für deutsche Gefangene, nachdem er früher auch noch von Ostafrika gesprochen hatte (vgl. Bruck, Fort mit den Zuchthäusern, 1894; Neu-Deutschland und seine Pioniere, 1896).

Südwestafrika, zwischen dem 17. und 29. Grade südlicher Breite, zu zwei Dritteln in der heifsen, zu einem Drittel (Süd) in der gemäfsigten Zone belegen, umfafst 835 100 qkm, das heifst um 3/5 mehr als die Gröfse Deutschlands. Die Grenze bildet im Norden (gegen Angōla) der Kuneneflufs, im Süden (gegen die Kapkolonie) der Orangeflufs, im Westen der Ocean, im Osten ideell der 20., nordöstlich der 22. Grad östlicher Länge (gegen Britisch-Zambesia und Betschuana-Land).

Nach seiner Bodengestalt ist Südwestafrika ein Terrassenland. Auf einen wüsten, versandeten Küstenstrich von 15—60 km Breite folgt, allmählich ansteigend bis zu 1500 m Höhe, Steppenland. Das ganze Innere ist gebirgig, jedoch sind die Gebirge nur mäfsig hoch.

Das Klima ist im Norden tropisch, im übrigen subtropisch, sehr warm, aber zugleich trocken und daher gesund. An der Küste wird die Hitze durch den kalten Südpolarstrom gemildert, der die Ufer bespült, im Innern durch die hohe Lage. An der Küste fällt kein Regen; nur Nebel kommt vor. Nach dem Innern des Landes wächst die Regenmenge, aber sie reicht in manchen Jahren nicht aus und verteilt sich nicht gleichmäfsig auf das ganze Jahr, sondern konzentriert sich auf Oktober bis April. Diese Zeit ist zugleich die wärmste (25—26° Mittel-Temperatur), während die kühlsten Monate Juni und Juli sind. — Infolge der

---

[1]) Über Südwestafrika vgl. die officielle Denkschrift von 1894 (Beilage zum Deutschen Kolonialblatt) mit den Berichten von Hindorf, Dove und Sander. Ferner: Dove in Petermanns geogr. Mitteil. 1894, S. 61 fg., 1895, S. 92 fg.; — Graf Joachim Pfeil, das. 1894, S. 42; — Hermann, in der Deutschen Kolonialzeitung 1895, S. 299; — v. Bülow, Deutsch-Südwestafrika, 1896; — Deutsches Kolonialhandbuch (Fitzner) 1896.

herrschenden Trockenheit ist die Luft nicht drückend. — Die Nächte sind erfrischend kühl.

Wasserarmut ist das Kennzeichen des Landes. Die Flüsse sind während des gröfsten Teils des Jahres versandet. Nur in der Regenzeit führen sie bedeutende Wassermassen, die wiederum nach wenigen Tagen verschwunden sind. Dem Verkehr ist keiner der Flüsse dienstbar zu machen. Ebenso liegen die Seen im Innern des Landes, welche meist salziges Wasser enthalten, in vielen Monaten ganz trocken. Zum Glück enthält das Land eine Anzahl heifser Quellen, die das ganze Jahr hindurch Wasser liefern; ferner sammelt sich solches im Grunde der Flüsse und in dem porösen Untergrunde der Steppen (Kalkstein) an, so dafs es an vielen Stellen durch Bohren und Graben leicht zu erlangen ist.

Die Vegetation richtet sich nach dem Klima. Im Küstenstriche fehlt sie gänzlich. Auch das südliche Namaland ist versandet. Im übrigen ist das Innere des Landes von Graswuchs und Dorngestrüpp bedeckt. Wald findet sich nur an einigen Flufsläufen und im Norden des Landes. Die Bäume gehören meist zur Familie der Akazien; Bauholz liefern sie nicht.

Die Bevölkerung besteht aus 2025 Weifsen (Zählung vom 1. Januar 1896) und ca. 200000 Farbigen (Negern, Hottentotten und Bastards). — Von den Weifsen sind etwa ²/₃ Angehörige der Schutztruppe (750 Mann) oder Beamte, der Rest Farmer, Kaufleute, Handwerker, Missionäre. Neben Deutschen gab es dort (1. Januar 1896) 156 Boern und 122 Engländer.

Den Süden des Landes bewohnen die Namas (Hottentotten, ca. 10000), den Norden die Ovambos (Bantu-Neger, ca. 60000), den mittleren Teil (Damaraland) die Hereros (Kaffern, ca. 86000). — Zwischen Hereros und Hottentotten zerstreut wohnen die Bergdamaras (ca. 35000, Neger, die verdrängten Ureinwohner der Kolonie) und um Rehoboth im Damaralande die Bastards, ca. 2000, Mischlinge von Hottentotten und Weifsen. — Vereinzelt leben Buschmänner namentlich im Nordost der Kolonie.

Das ganze Gebiet mit seinen weiten Grasflächen ist ein gutes Weideland, geeignet für Viehzucht, aber infolge der Wasserarmut unbrauchbar zum Ackerbau. Dieser könnte nur in der Nähe der Flüsse und Quellen durch künstliche Bewässerung (Anlegung von Stauwerken und Schöpfbrunnen) ermöglicht werden, vorausgesetzt, dafs die nötige Humusschicht sich vorfindet.

Die Hereros benutzen das Land nur als Viehweide, nicht zum Ackerbau, ebenso die Hottentotten. Die Bergdamaras leben von der Jagd. Ackerbau haben nur die Ovambo im Norden des Landes.

Die natürliche Beschaffenheit der Kolonie läfst also deutlich erkennen, dafs sie keine Ackerbaukolonie werden wird, sondern eine Stätte der Viehzucht in grofsem Mafsstabe. Hierin stimmen alle Kenner der Kolonie überein.

Damit ist zugleich gesagt, dafs Südwestafrika niemals eine Strafkolonie in gröfserem Umfange ernähren kann und zur Besiedelung mit Sträflingen sich nicht eignet. Diese könnten dort nur als Hirten oder Viehtreiber verwendet werden, wie in Australien während der späteren Kolonisationsperiode. Eine derartige Beschäftigung entspräche nicht dem Strafzweck, würde vielmehr der Trägheit Vorschub leisten.

Freies Land giebt es kaum mehr. Fast alles zur Ansiedlung brauchbare Land ist in festen Händen, es gehört Privatgesellschaften, deren 9 — 3 mit dem Sitz in London — vorhanden sind. Die Eingeborenen aus ihren Weidegründen zu verdrängen, würde ohne ungerechten Krieg nicht möglich sein.

Ansiedeln lassen sich also die Sträflinge nicht. Es würde aber auch kaum möglich sein, sie bei der Ausführung gemeinsamer Arbeiten im Freien zusammenzuhalten. Nach den Erfahrungen, welche alle Strafkolonien gemacht haben, ist zu erwarten, dafs sehr zahlreiche Fluchtversuche — ohne Rücksicht auf die Möglichkeit definitiven Entkommens — gemacht werden würden. Das gebirgige Innere der Kolonie begünstigt die Bildung von Räuberbanden, denen manche Eingeborene sich gern anschliefsen würden. Die Kapkolonie, Transval, Angōla sind keineswegs für flüchtige Verbrecher unerreichbar; diese Nachbarländer würden sich über die bei ihnen eindringenden Verbrecher mit Recht beschweren (wie es die australischen Kolonien gegen Frankreich thun [1]), weil Deportierte aus Neukaledonien in ihr Gebiet gelangt sind). Zwar hat kein Staat das Recht, die Begründung einer Strafkolonie auf fremdem Gebiete zu untersagen, und Staatsverträge über Nichtbegründung einer solchen in Südwestafrika sind nicht abgeschlossen

[1]) Vgl. Cor, p. 160, 161.

worden [1]). Indessen müfste die häufige Wiederholung von Entweichungen der Sträflinge nach den Nachbarländern, welche sich schwerlich würde verhüten lassen, das freundschaftliche Verhältnis zu den in ihrer Sicherheit bedrohten Staaten sehr stören.

Gegenwärtig ist auch die Macht Deutschlands den Eingeborenen zum Teil noch nicht fühlbar genug geworden. Die Ovambos z. B. sind von der deutschen Oberherrschaft fast noch nicht berührt worden. Die Hereros beobachten eine abwartende und unzuverlässige Haltung; der Ansiedlung innerhalb ihres Gebietes stellen sie die gröfsten Schwierigkeiten entgegen. Bevor die Eingeborenen nicht endgültig unterworfen und beruhigt sind, wäre es unklug, mit der Ansiedlung von Deportierten in ihrer Mitte zu beginnen.

Will man dagegen auf die Ansiedlung von Sträflingen ganz verzichten und nur Strafstationen in Südwestafrika errichten, so würde die Beschaffenheit des Landes den vorübergehenden Aufenthalt und der Ausführung öffentlicher Arbeiten zwar gestatten, aber diese Arbeiten können weit billiger durch Heranziehung der Eingeborenen hergestellt werden. Die Bergdamaras und Ovambos, sowie die Bastards sind genügsame und fleifsige Arbeiter. Im Interesse der Civilisation wäre es in hohem Grade erwünscht, sie an lohnende und regelmäfsige Beschäftigung zu gewöhnen. Ihre Verpflegung würde viel billiger, ihre Gesundheit wahrscheinlich besser sein als die deutscher Sträflinge. Dabei würden die hohen Transportkosten fortfallen. Bisher ist der recht naheliegende Versuch, aus den genannten Stämmen Arbeiter für die Kolonie zu werben, nicht gemacht worden, obgleich sie allgemein als geeignetes Material bezeichnet werden.

5. Die Kolonien der deportierenden Staaten sind bereits ausführlich geschildert worden, soweit sie zur Deportation dienen.

Für Frankreich wird jedoch, wenn es die Deportation nicht bedeutend einschränkt, bald eine neue Strafkolonie nötig werden, da Neukaledonien in einigen Jahren überfüllt sein wird.

---

[1]) Vgl. Deutsche Kolonialzeitung vom 5. Oktob. 1895: Fürst Bismarck hat das Verlangen Englands, Deutschland solle sich hierzu verpflichten, als ein aufsergewöhnliches und unberechtigtes abgelehnt. (Instruktion vom 24. Juli 1884.)

De Blosseville[1]) hat (1859) Madagaskar als Deportationsort empfohlen, de Lanessan Tonkin und Senegambien. Indessen haben alle diese Länder ein tropisches, für Weifse verderbliches Klima. Madagaskar, soeben erst erobert und noch keineswegs unterworfen, soll zwar im Innern gesunderes Hochland bergen als die Küstengegenden sind. Aber das Innere ist sehr schwer zugänglich und von feindseligen Einwohnern erfüllt. Deshalb ist dort keine Strafkolonie möglich. Die im Nordosten von Madagaskar belegene französische Niederlassung Diego-Suarez hat sich auch geweigert, eine ihr zugedachte „section mobile" aus Neukaledonien aufzunehmen.

Dagegen würden die Frankreich gehörigen australischen Inseln, namentlich Tahiti, infolge ihrer abgeschlossenen Lage und ihres guten Klimas als Ersatz für Neukaledonien in Betracht kommen können[2]), freilich bei ihrem geringen Flächeninhalt (ca. 4000 qkm) nur in beschränktem Umfange.

6. Staaten ohne Kolonialbesitz können nicht deportieren. Im 18. und bei Beginn des 19. Jahrhunderts war es noch möglich, dafs ein Staat sich vertragsmäfsig das Recht ausbedingen konnte, nach Besitzungen eines anderen Staates zu deportieren. Derartige Verträge sind z. B. zwischen der Pfalz und Holland, Preufsen und Rufsland (1801), Neapel und Argentinien abgeschlossen worden[3]).

Gegenwärtig würde das Nationalgefühl und das Rechtsbewufstsein der Staatsbürger derartige Verträge unmöglich machen, die ebensosehr gegen den internationalen Anstand als gegen die Pflicht der Einzelstaaten ihren Angehörigen gegenüber verstofsen. Kein Staat wird sich mehr dazu hergeben, für einen anderen den Büttel und nötigenfalls den Henker zu machen. Keine Regierung wird es wagen, ihre eigenen Staatsangehörigen einer fremden Macht zur Bestrafung auszuliefern. Der für Deutschland in § 9 des Reichsstrafgesetzbuchs aufgenommene Reichsgrundsatz:

---

[1]) De Blosseville, l. c., p. 555.

[2]) Vgl. Cor, p. 176.

[3]) Vgl. v. Holtzendorff, p. 707. Auch Hamburg hat 1836 mit der australischen Ackerbaugesellschaft einen Vertrag über Ansiedlung von Sträflingen in Australien abgeschlossen, welcher jedoch nicht zur Ausführung gelangt ist. —

„Ein Deutscher darf einer ausländischen Regierung zur Verfolgung oder Bestrafung nicht überliefert werden“

ist ein Grundsatz des Völkerrechts, der bei allen europäischen Staaten gleichmäfsig anerkannt und zur Geltung gebracht wird.

Dies gilt insbesondere auch für Österreich, wo ein vorsorglicher Anhänger der Deportation[1]), kühn über Staats- und Völkerrecht hinwegsehend, der Regierung den Rat erteilt hat, schon jetzt mit Deutschland in Verhandlungen zu treten, damit die österreichischen Deportierten, wenn in Deutschland die Deportation eingeführt werde, „an den Segnungen des neuen Strafmittels teilnehmen könnten“.

Angesichts der Rechtslage mag die Frage, ob es zweckmäfsig wäre, fremde Verbrecher im eigenen Gebiet aufzunehmen und zu bewachen, ganz dahingestellt bleiben. Sie ist für jeden Verständigen leicht zu beantworten.

---

# B. Straf- und Gefängniswesen.

## 1. Rufsland, Frankreich, Portugal.

Von dem Straf- und Gefängniswesen Rufslands, Frankreichs und Portugals ist oben bereits die Rede gewesen. Es hat sich gezeigt, dafs die Deportation in Portugal gesetzlich, in Rufsland und Frankreich thatsächlich ein Auskunftsmittel zur Unterbringung von Verbrechern bis zur Herstellung genügender Gefängnisse ist. Da die Zustände in den russischen und französischen Gefängnissen noch sehr unbefriedigend sind — die französischen prisons départementales werden einstimmig als Schulen des Lasters und Verbrechens bezeichnet[2]) — so wird man für diese Staaten der Deportation[3]) ihre Existenzberechtigung noch nicht abstreiten können, ebensowenig als für Portugal. Sie ist zwar sehr teuer, entlastet aber die ohnehin überfüllten inländischen Gefängnisse von den gefährlichsten Insassen. Zu

[1]) Dr. Hans Grofs, Zur Deportationsfrage, in der „Allgem. österreich. Gerichts-Zeitung“, v. 18. Juli 1896.

[2]) Vgl. d'Haussonville, Dalloz, Bertheau, André, l. c.

[3]) Für Rufsland aber nur der Deportation kraft gerichtlichen Urteils, zur Zwangsarbeit.

wünschen wäre nur, daſs Frankreich und Ruſsland durch Gesetz für die Erbauung von Zellengefängnissen bestimmte reichlich bemessene Jahresbeträge auswerfen und die Deportation, wie Portugal, nur als Ersatz für Einzelhaft und Strafknechtschaft im Inlande gesetzlich beibehalten, bis die genügende Anzahl von Einzelzellen und Werkhäusern zu öffentlichen Arbeiten erbaut ist. Diese Zeitgrenze der Deportation müſste im Gesetz ausdrücklich erwähnt werden.

## 2. England.

So unvollkommen die Gefängnisse in den deportierenden Staaten sind, so vortrefflich sind sie in England. Das englische Gefängniswesen[1]) beweist, daſs es möglich ist, bei gehöriger Sorgfalt und wohlüberlegter Liberalität in den Einrichtungskosten mit inländischem Strafvollzuge für die Besserung der Gefangenen weit mehr zu leisten als die Deportation jemals geleistet hat.

Statt der Deportation ist zunächst in den schwersten Fällen die Todesstrafe in Anwendung, welche zwar nur noch wegen Hochverrat, Mord, Seeraub, Brandstiftung an Schiffdocks und Arsenalen verhängt, aber bei 50 % aller Verurteilungen auch wirklich vollzogen wird. Jährlich erfolgen etwa 20 Hinrichtungen.

Für die übrigen schweren Verbrechen ist seit 1853 das Strafmittel der Penal Servitude geschaffen worden, deren Mindestdauer früher (seit 1864) 5 Jahre betrug, jetzt (durch Gesetz von 1891) auf 3 Jahre herabgesetzt ist. Die Höchstdauer beträgt 25 Jahre bei bestimmter Abmessung; lebenslängliche Dauer ist zulässig. Etwa drei Viertel aller zu penal servitude Verurteilten verbüſsen die Strafe wegen Raub, Einbruch, Diebstahl im Rückfall und Hehlerei, ein Viertel bilden die wegen schweren Verbrechen gegen Personen Verurteilten. Die Rückfälligen machen unter den convict-prisoners etwa ein Drittel der Gesamtzahl aus.

Für leichtere Vergehen (misdemeanours) ist Gefängnisstrafe (imprisonment) bestimmt, welche infolge der Annahme mildernder Umstände auch bei schweren Verbrechen statt penal

---

[1]) Aschrott, Strafensystem und Gefängniswesen in England, 1887. Aschrott, Strafensystem und Gefängniswesen in England während der letzten 10 Jahre (in v. Liszt, Zeitschr. f. d. gesamt. Strafrechtswiss. 1897, Bd. 17, S. 1—52).

servitude eintreten kann. Die Höchstdauer beträgt 2 Jahre. Die Haft kann, je nach dem Urteil, mit harter Arbeit (hard labour) verbunden oder ohne solche sein.

Für Rückfällige sind sehr lange Strafzeiten bei den einzelnen Verbrechen besonders vorgesehen.

Die allgemeinen Vorzüge des englischen Gefängniswesens sind namentlich:

1. Die Anwendung der Einzelhaft als Anfangsstadium der Strafe bei längerer Dauer und als Vollziehungsart überhaupt bei kurzen Strafen.
2. Progressivsystem mit ausgedehnter Anwendung der Arbeit im Freien.
3. Specialisierung der Arbeiten, je nach der Individualität der Gefangenen und Konzentrierung derselben in einigen grofsen Anstalten.

Die penal servitude wird in den convict-prisons des Landes verbüfst, deren es jetzt einschliefslich einer Anstalt für geisteskranke Verbrecher sieben giebt. Die Strafe zerfällt in drei Stadien:

1. Die Vorbereitungszeit von neun Monaten in den Einzelzellen vorzugsweise des grofsen Centralgefängnisses von Wormwood-Scrubbs bei London.

Die ersten vier Wochen werden mit hard labour (anstrengende, unproduktive Arbeit: Tretmühle, Kurbeldrehen) ausgefüllt. Darauf erfolgt industrielle Beschäftigung in der Zelle, wie Schusterei, Schneiderei etc. — Weiber kommen nicht nach Wormwood-Scrubbs, sondern bleiben in den local-prisons in Einzelhaft. Rückfällige haben nur drei Monate Vorbereitungszeit durchzumachen, wenn sie die neun Monate schon früher einmal verbüfst haben.

2. Gemeinsame Zwangsarbeit als Mittelpunkt der Strafe, unter vollständiger Trennung der Gefangenen zur Nachtzeit. — Die Sträflinge werden nach den „Public-Works“ geschickt. Die Weiber kommen nach der Anstalt Woking, die Männer nach Portland, wenn sie jung und kräftig, nach Dartmoor, wenn sie älter und weniger stark, nach Parkhurst oder Borstal, wenn sie schwächlich, kränklich oder durch Gebrechen in ihrer Arbeitsfähigkeit erheblich beeinträchtigt sind. Die zum erstenmal mit penal servitude Bestraften werden in einer besonderen Anstalt zu Dover

vereinigt, als „star class-prisoners". — Geistesschwache kommen nach Parkhurst, Geisteskranke nach Broadmoor.

In Portland haben die Sträflinge die schwerste Arbeit (Hafen- und Festungsbau) zu verrichten. In Dartmoor wird Landwirtschaft und Urbarmachung von Moorland in grofsem Umfange betrieben. In Parkhurst und Borstal ist leichtere Industriearbeit (Schneiderei, Schusterei, Buchbinderei), daneben Garten- und Ackerbau eingeführt. Etwa der vierte Teil der Sträflinge ist nur zu solcher leichteren Arbeit brauchbar. In erster Linie wird dieser Teil der Gefangenen zu den Arbeiten für die Strafanstalt selbst verwendet: Reparatur-, Reinigungs-, Küchenarbeit, Bäckerei, Wäscherei. Dieses gilt auch von den weiblichen Gefangenen.

Alle irgendwie brauchbaren Kräfte dienen jedoch zu schwerer Arbeit im Freien: Errichtung von Hafendämmen, Festungswällen, Docks; Erbauung von Gefängnissen. Die Arbeitszeit beträgt $8\frac{1}{2}$ Stunde täglich. Die Bewachung ist eine sorgfältige: auf je 18 bis 24 Gefangene kommen 2 Aufseher.

3. Letztes Stadium ist die vorläufige Entlassung auf Urlaubsschein (ticket of leave). — Der Sträfling kann durch Fleifs und gutes Betragen die Zwangsarbeitsperiode um $\frac{1}{6}$ bis $\frac{1}{4}$ abkürzen und dadurch einen Urlaubsschein erlangen. Derselbe berechtigt ihn zur freien Wahl des Aufenthalts in England, doch bleibt der „license-holder" einer scharfen Aufsicht unterworfen. Er hat seine Ankunft am Bestimmungsorte und jeden Aufenthaltswechsel polizeilich zu melden, sich selbst einmal monatlich an Polizeistelle zu präsentieren, jeden Umgang mit Verbrechern und Prostituierten zu vermeiden, jeder strafbaren Handlung sich zu enthalten und jederzeit ehrlichen Erwerb nachzuweisen, widrigenfalls er sogleich verhaftet und zur nachträglichen Verbüfsung der bedingt erlassenen Strafzeit nach der Strafanstalt zurückgeschafft werden kann.

Während der Zwangsarbeitsperiode kommt das Progressivsystem in der Klasseneinteilung zum Ausdruck. Je nach Betragen und Leistungen werden die Sträflinge in eine höhere oder niedere Klasse versetzt. Die Leistungen werden nach dem Markensystem beurteilt; eine bestimmte Anzahl Marken giebt das Recht zur Versetzung in die nächst höhere Klasse. Schlechtes Betragen hat Abzug von Marken zur Folge. Grobe Disciplinarverstöfse ziehen Zurückversetzung, Isolierhaft auf 6—9 Monate und bei Rückkehr zu den public-works Überweisung an eine besondere Arbeitsabteilung nach sich.

Die einzelnen Klassen unterscheiden sich im Arbeitsverdienst, in der Zulassung von Besuchen und Briefen und in Kostvergünstigungen. Die Mitglieder der obersten Klasse (special class) brauchen nicht Sträflingskleidung zu tragen, sondern erhalten besondere Anzüge und werden zu Vertrauensstellungen in der Anstalt verwendet. Die übrigen Klassen unterscheiden sich auch äufserlich durch Abzeichen an der Tracht.

Die Gefängnisstrafe wird in den 56 Local-Prisons des Landes verbüfst, welche der Staat seit 1877 von den Grafschaften und Gemeinden erworben und umgebaut hat. Die Zahl der Einzelzellen beträgt mindestens 22000, für deren Einrichtung jährlich 30—42000 Pfd. St. verausgabt worden sind. — Auch bei der Gefängnisstrafe findet Einzelhaft bis zum Ablauf der ersten vier Wochen statt, worauf gemeinschaftliche Arbeit in drei Abstufungen folgt. Die Trennung bei Nacht ist durchweg beobachtet. Die Schwere der Arbeiten in den ersten beiden Strafstadien (first und second hard labour: Tretmühle, Kurbeldrehen in den ersten vier, Wergzupfen oder Steineklopfen in den folgenden vier Wochen) und das harte Lager im ersten Stadium bieten eine Gewähr dafür, dafs die Strafe abschreckend genug wirkt. Die zu Gefängnis bis zu einem Monat Verurteilten verbüfsen die Strafe stets bis zum Ablauf derselben in strenger Einzelhaft mit harter Arbeit und hartem Lager, wenn sie nicht im Urteil als „first-class misdemeanants“ bezeichnet und dadurch zur einfachen Haft ohne schwere Arbeit verurteilt sind.

Die kleinen Gefängnisse werden mehr und mehr in England zu Gunsten der grofsen Anstalten eingeschränkt und abgeschafft, da in den letzteren allein genügende Werkstätten und ausreichende Unterrichtskräfte vorhanden sind. Insbesondere haben sich solche Gefängnisaufseher bewährt, die zugleich als Handwerksmeister ausgebildet sind und somit selbst die Arbeit der Gefangenen leiten können; sie beziehen für ihre doppelte Thätigkeit auch höheres Gehalt.

Eine Vermietung von Gefangenen an Privatpersonen (Entreprise) findet nicht statt.

Um die Konkurrenz der Gefängnisarbeit mit der freien Arbeit zu vermindern, werden von den Strafanstalten hauptsächlich Aufträge der Staatsverwaltung (für Militär, Marine, Post, Polizei) ausgeführt. Namentlich aber wird der ganze Bedarf der Strafanstalten selbst durch Arbeit der Gefangenen gedeckt, soweit es irgend möglich ist. In den letzten 10 Jahren sind alle Gefängnisbauten und -umbauten, wie alle Reparaturbauten ausschliefslich mit Hülfe der Gefangenen ausgeführt worden. Dadurch wurden die Baukosten um die Hälfte vermindert. Gegenwärtig erbauen Sträflinge ein neues Zuchthaus (convict prison) zu Aylesburg.

Hervorzuheben ist endlich noch, dafs jugendliche Verurteilte bis zum Alter von 16 Jahren jetzt in 6/7 aller Straffälle nicht den Gefängnissen, sondern den Erziehungs- und Besserungsanstalten (Reformatory-Schools, Industrial-Schools) zugewiesen, Gefangene bis zu 21 Jahren von den anderen gesondert untergebracht werden, — dafs erstmalig Verurteilte bedingten Strafaufschub vom Richter erhalten können, und dafs das Fürsorgewesen für entlassene Gefangene gut entwickelt ist. Mit jeder Strafanstalt ist ein Fürsorgeverein verbunden, in allen grofsen Städten sind Zufluchtsstätten (homes) für Strafentlassene begründet worden, und der Staat unterstützt die Vereine durch eine Jahressubvention von 4000 Pfd. Sterling.

Die Ergebnisse dieses Strafen- und Gefängnissystems in England sind überaus günstig.

Die Sterblichkeit in den local- und convict-prisons ist auf ein Prozent jährlich gesunken [1]).

Von den convict-prisoners erhielten 25 % die Maximalabkürzung der Strafzeit (1/4) und nur 18 % blieben bis zum Ablauf der Strafzeit in Haft. Von den license-holders verwirkten nur 8—9 % ihr Recht (1881—1885). Von den „star-class convicts“ ist unter 455 Strafentlassenen nur einer in der Zeit von 1882—1885 rückfällig geworden.

Die Zahl der Verurteilungen wegen Verbrechen zu penal servitude ist in starker Abnahme begriffen. Es wurden zu penal servitude verurteilt:

| | | |
|---|---|---|
| 1855—59: | 2 589 | im Jahresdurchschnitt |
| 1860—64: | 2 800 | „ „ |
| 1865—69: | 1 978 | „ „ |
| 1870—74: | 1 622 | „ „ |
| 1875—79: | 1 633 | „ „ |
| 1880—84: | 1 427 | „ „ |
| 1892—94: | 937 | „ „ |

---

[1]) In den Zuchthäusern Preufsens beträgt die jährliche Sterblichkeit 3,30 %, in den französischen maisons centrales 4—6 %.

Die Zahl der vor den Schwurgerichten (Assisenhöfen oder Quartalssitzungen der Friedensrichter, entsprechend ungefähr unseren Schwurgerichten und Strafkammern) Verurteilten — wegen „indictable offence“ Bestraften — betrug:

| | |
|---|---|
| 1879—83: | 23 067 |
| 1884—88: | 20 850 |
| 1889—93: | 19 466 |
| 1894: | 18 722 |

Die Verminderung entfällt auf Eigentumsvergehen, nicht auf Vergehen gegen Personen.

Der jährliche Durchschnittsbestand an Gefangenen betrug: In den convict-prisons:

| | |
|---|---|
| 1883: | 10 169 |
| 1884: | 9 640 |
| 1893: | 3 694 |
| 1894: | 3 588 |
| 1895: | 3 309 |

In den local-prisons:

| | |
|---|---|
| 1883: | 17 149 |
| 1884: | 16 619 |
| 1893: | 14 559 |
| 1894: | 14 229 |

Die Gefängnisse sind bei weitem nicht mehr gefüllt; manche stehen halb leer, die kleinen können ganz geschlossen werden.

Die Kosten für die local-prisons sind von 495 068 Pfd. St. im Jahre 1876/77 auf 343 697 Pfd. St. im Jahre 1894/95 herabgesunken, für die convict-prisons von 414 554 Pfd. St. 1877/78 auf 299 867 Pfd. St. 1885/86 und — 148 594 Pfd. St. 1894/95!

Die Gesamtkosten des englischen Gefängniswesens belaufen sich also zur Zeit auf 9 919 760 Mark jährlich, d. h. nicht viel höher als in Frankreich die der Deportation allein und dreifach geringer als die gesamten Gefängniskosten Frankreichs [1]).

Auf den Kopf kostete jeder convict-prisoner, nach Abzug des Arbeitsertrags, 16 Pfd. 2 sh. 6 d. jährlich.

England hat berechtigte Ursache, auf diese Zahlen (welche Aschrott der amtlichen Kriminal- und Gefängnisstatistik ent-

---

[1]) Frankreich hat 31 Mill. fr. jährlich, Preufsen 17 Mill. Mark jährlich für Gefängniswesen aufzuwenden.

nommen hat) stolz zu sein. Angesichts der positiven Besserung der Kriminalität wird kein verständiger Mensch wünschen, die transportation wieder einzuführen, welche, solange sie bestand, England keinen Nutzen gebracht hat. Zur Zeit verdankt England dagegen der Arbeit seiner Sträflinge eine grofse Reihe von Gefängnisbauten, bedeutende Hafenanlagen, Docks und Festungswerke, nebst Fortschritten der Landeskultur.

Solchen Gefangenen, die nicht mehr in England bleiben wollen, wird es bei ihrer Entlassung aus der Strafanstalt von den Fürsorgevereinen ermöglicht, nach Amerika oder Australien auszuwandern. Es sind dann freie Leute, die sich, wohl vorbereitet durch Arbeit im Freien, aus eigenem Antriebe jenseits des Oceans eine neue Heimat suchen, und da — im Gegensatze zur Deportation — weder der gute Wille noch die Fähigkeit zu eigenem Erwerb bei ihnen fehlt, so ist zu erwarten, dafs sie gute Bürger der neuen Heimat werden.

## 3. Deutschland.

### a. Kann die Deportation die Strafanstalten in Deutschland entlasten?

Für Deportation kämen in Betracht die zu Todes-, Zuchthaus oder Gefängnisstrafe Verurteilten, sowie die Insassen der Arbeitshäuser.

Die Todesstrafe wird jährlich 50- bis 60 mal im Deutschen Reiche ausgesprochen (1893: 52), aber oft in lebenslängliche Zuchthausstrafe umgewandelt. Lebenslängliche Zuchthausstrafe wird jährlich nur 8- bis 10 mal verhängt (1893: 8). Im ganzen gab es in den preufsischen Zuchthäusern 1891/92: 699 zu lebenslänglichem Zuchthaus Verurteilte, so dafs die Zahl der lebenslänglich Verurteilten in ganz Deutschland auf etwa 950 anzunehmen ist.

Die Zahl der Verurteilungen zu Zuchthausstrafe ist im Rückgange begriffen; 1882 betrug sie noch 4,1 % aller Strafen, 1893 nur noch 2,6 %. — Von den zeitlichen Zuchthausstrafen waren nur 12,8 % auf 5 Jahre oder länger verhängt[1]). Im ganzen betrug die Durchschnittszahl der Zuchthausgefangenen in

[1]) Deutsche Kriminalstatistik für 1893.

Preufsen im Jahre 1894/95: 25 232 — zugleich die geringste Zahl seit 1869[1]).

Inwieweit soll nun die Deportation die Zuchthäuser entlasten? Werden nur die lebenslänglich Verurteilten deportiert, so würden nur etwa 40 jährlich, nach Abzug der Kranken, Schwachen und Alten, die Reise über das Meer machen, eine für jeden Zweck ungenügende Anzahl. (Und doch wäre nur die lebenslängliche Verschickung zu dauernder Ansiedlung der Deportierten in der Kolonie geeignet!)

Sollen die zu mehr als 5 Jahren Zuchthaus Verurteilten verschickt werden, so würden nach Schätzung von Frank[2]), bei Abzug der nicht Verschickungsfähigen, ca. 800 jährlich nach der Kolonie kommen. In Wirklichkeit dürften es kaum 500 sein, und wenn — wie Frank vorschlägt — zunächst 5 Jahre Zuchthaus vorher zu verbüfsen sind, kaum 100 jährlich. Werden doch die meisten, die 5 Jahre „gesessen“ haben, bekanntlich zu anstrengender Arbeit unfähig.

Wenn die Deportation auf die sogenannten „Unverbesserlichen“ beschränkt bleiben soll, so kommt es zunächst darauf an, welche Verbrecher als unverbesserliche gelten sollen. Soll nach drei, fünf oder mehr Vorstrafen die Deportation eintreten? Wie man sich auch entscheidet — diese Entscheidung wird eine willkürliche sein — die Zuchthäuser wird man damit nicht entlasten. Sie werden den gröfsten Teil ihrer Insassen behalten. In der Kolonie aber würde gerade mit den Unverbesserlichen am wenigsten zu erreichen sein. Die Erfahrungen, welche Frankreich mit den Recidivisten gemacht hat, sollten anderen Völkern zur Lehre dienen.

Bruck freilich will nicht nur die Rückfälligen und Gewohnheitsverbrecher, sondern auch Gelegenheitsverbrecher, Bettler und Vagabunden, grundsätzlich alle zu mehr als einem Jahre Gefängnis Verurteilten, nach Afrika schicken. Dadurch wären die deutschen Strafanstalten gründlich entlastet. Aber in solchem Umfange ist keine Deportation möglich. Es müfsten jährlich

[1]) Statistik der unter der Verwaltung des Kgl. Ministeriums des Innern stehenden Strafanstalten in Preufsen, 1896.

[2]) Frank, R., Prof. der Rechte in Giefsen, Freiheitsstrafe, Deportation und Unschädlichmachung (Giefsen 1895), S. 13.

ca. 10000 Zuchthäusler (in Preufsen allein beträgt der jährliche Zugang in den Zuchthäusern [1894/95: 7200] und mindestens ebenso viele zu Gefängnis Verurteilte) verschickt werden. Das Höchste, was England im Deportieren geleistet hat, war der Transport von 4900, eine Zahl, die nur 1834 erreicht wurde. Selbst das reiche England hätte nicht die Mittel besessen, so grofse Scharen von Deportierten zu befördern, versorgen, überwachen und beschäftigen zu lassen. Da Bruck selbst einräumt, dafs nicht alle Verurteilten auf einmal verschickt werden könnten, wenn es nach seinem Plane ginge, so will er zunächst die Jugendlichen — von 18 bis 30 Jahren — nach Afrika transportiert haben. Die Älteren sollen also wie bisher Zuchthaus- und Gefängnisstrafe verbüfsen, die Jüngeren aber für dieselben Verbrechen eine ganz andere, zweifellos härtere Strafe. Nicht die Schuld, sondern das Lebensalter des Verurteilten würde in den nächsten Jahrzehnten mafsgebend dafür sein, welche Strafe er erleidet, wobei die Jugend strafschärfend in Betracht käme.

Um der Ungerechtigkeit die Krone aufzusetzen, sollen Bettler und Landstreicher den Räubern und Totschlägern in der Strafe gleichgestellt werden, als ob Mangel an Intelligenz, Energie und Arbeitskraft das schwerste Verbrechen wäre und vorzüglich zum Träger der Kultur befähigte! Dafs der Unterschied zwischen Zuchthaus- und Gefängnisstrafe, welcher im Volksbewufstsein wurzelt und durch den entehrenden Charakter schwerer Verbrechen begründet ist, dabei fortfällt, mag nur nebenbei erwähnt sein. Denn es ist nicht zu befürchten, dafs der Plan, welchen Bruck vorschlägt, jemals Verwirklichung finden wird. Wenn auch nur die Personen von 18 bis 30 Jahren bei Verurteilung auf länger als ein Jahr Freiheitsstrafe deportiert würden, so würde deren Zahl 10000 jährlich übersteigen. Die hierdurch verursachten Kosten würde keine Staatskasse der Welt tragen können.

### b. Ist die Deportation zur Besserung der Strafgefangenen in Deutschland notwendig?

Der ideale Zweck der Freiheitsstrafen ist nicht nur Vergeltung und Sicherung, sondern auch — bei langer Dauer der Strafzeit — Umwandlung des Schädlings zu einem brauchbaren Menschen. In kurzen Worten:

**Die Freiheitsstrafe von langer Dauer soll den Verbrecher nicht nur unschädlich, sondern auch nützlich machen.**

Die Zuchthaus- und Gefängnisstrafe in Deutschland ist weit davon entfernt, dieses Ziel zu erreichen. Die Rückfallziffern sind erschreckend grofse. Von den Zuchthausgefangenen waren 1894/95 85,62 % Männer und 76,44 % Weiber bereits mit Freiheitsstrafe vorbestraft. Auf die drei- oder mehrmal Vorbestraften entfällt mit jedem Jahre mehr die Zunahme der Verbrechen in Deutschland: während nämlich die Zahl der zum erstenmal Bestraften jährlich konstant bleibt und 7—8 Promille der strafmündigen Civilbevölkerung beträgt, ist der Anteil der drei- oder mehrmal Bestraften von 0,87 % im Jahre 1882 fortgesetzt bis 1,68 % im Jahre 1893 gestiegen. Die Zahl der im Jahre 1893 bestraften Gewohnheitsverbrecher in diesem Sinne betrug ca. 60000 auf 538503 Bestrafte, insbesondere bei:

| | 1883—1887 | 1888—1892 |
|---|---|---|
| 1. Diebstahl und Unterschlagung . | 44,75 % | 38 % |
| 2. Körperverletzung . . . . . . . | 13,65 „ | 16,62 „ |
| 3. Betrug und Untreue . . . . . | 7,48 „ | 8,69 „ |

Vorbestraft mit Freiheitsstrafe waren (1893) 30,4 % aller Verurteilten, 131031 Personen; von ihnen wurden 46175 schon im ersten Jahre nach Verbüfsung der letzten Strafe rückfällig.

Die Zunahme des Rückfalls, welcher die Unwirksamkeit der Freiheitsstrafen in Deutschland wie in Frankreich offenkundig macht, ist der Hauptgrund, der für die Deportation angeführt wird. Diese soll, wie v. Holtzendorff[1]) sagt, „die stagnierenden Arbeitskräfte, deren Ansammlung zu immer neuen Vergehen führt, für die menschliche Gesellschaft nutzbar machen."

Dafs sie hierzu nur in sehr geringem Mafse im stande ist, hat die Geschichte der Strafkolonien gezeigt. Indessen hat die Deportationsstrafe unleugbar neben ihren unabänderlichen Mängeln einige Vorzüge. Sie wird ganz überwiegend durch Arbeit im Freien vollzogen. Die Arbeitskraft des Mannes wird voll ausgenutzt, sein Körper kräftig und sein Geist frisch erhalten. Die meist landwirtschaftliche oder forstwirtschaftliche Beschäftigung bereitet den Gefangenen auf eine Thätigkeit vor, die er nach seiner Freilassung fortsetzen kann, um seinen Unterhalt und vielleicht Vermögen zu erwerben.

1) S. 644.

Diese Lichtseiten der Deportation haben auch in Deutschland die Blicke mancher Juristen und Politiker auf die Deportation gelenkt, deren Schattenseiten erst demjenigen erkennbar werden, der die Geschichte der Strafkolonien genau kennt.

Gewifs bedarf unser Gefängniswesen einer gründlichen Reform. Aber hat nicht Frankreich trotz ausgedehnter Deportation unter der anwachsenden Flut der Rückfälligen noch mehr zu leiden als Deutschland? Und hat nicht England unter Aufgabe der Deportation das rückfällige Verbrechertum durch inneren Strafvollzug mit glänzendem Erfolge zurückgeschlagen?

Von England sollten wir lernen. Das Verfahren Englands bestand darin, aus der Deportation das Gute zu entnehmen und auf den Strafvollzug in England selbst zu übertragen. Das Progressivsystem — mit gemeinsamer Arbeit im Freien und vorläufiger Entlassung — ist zuerst bei der Deportation zur Entwicklung gelangt. Das Markensystem ist auf der Insel Norfolk zuerst eingeführt worden. Die penal servitude ist in ihren Hauptbestandteilen der Deportationsstrafe in Australien nachgebildet.

Auch Deutschland mufs diesen Weg beschreiten, wenn es zu einer befriedigenden Reform seines Gefängniswesens kommen will. Es mufs namentlich bei allen langen Freiheitsstrafen der Arbeit im Freien denjenigen Platz einräumen, der ihr gebührt.

Die Übelstände der Zuchthaus- und Gefängnisstrafe in Deutschland sind offenkundige, schreiende, seit Jahrzehnten bekannt und bekämpft, aber nur wenig bisher geändert.

Langjährige Einsperrung in ummauerte Räume bewirkt ein langsames Siechtum für die Eingesperrten, sie führt, wie Bär[1]) sagt, zu einem vorzeitigen Marasmus. Der Körper, dem die freie Luft und die Möglichkeit kräftiger Bewegung entzogen ist, der nicht in Wind und Wetter sich abhärten kann, verweichlicht und erschlafft. Der Geist des Gefangenen wird in dem ewigen Einerlei der Tage, bei dem niederdrückenden Einflusse der Umgebung und dem Mangel an Anreiz zu eigenem Schaffen allmählich träge und stumpf. Dazu kommt die einförmige, knappe Kost.

Die sitzende Lebensweise in geschlossenen Räumen fördert jede krankhafte Anlage und begünstigt besonders die Schwind-

---

[1]) v. Holtzendorff, Handbuch des Gefängniswesens, Bd. 2, S. 466, 467.

sucht, die mehr als ein Drittel aller Todesfälle in den Strafanstalten Frankreichs und Deutschlands verursacht [1]).

Die Sterblichkeit ist in den Strafanstalten Deutschlands drei- bis fünfmal so hoch als in der gleichalterigen freien Bevölkerung. Sie beträgt nämlich in der Regel über 3 % jährlich, während sie normal nur 1 % und weniger betragen müfste; die gefährlichsten freien Berufe, die der Seeleute und der Bergleute, haben weit geringere Sterblichkeitsziffern (die Seeleute z. B. 2,14 %, die Bergleute 1,05 jährlich) mit Einrechnung aller Unglücksfälle [2]).

Die langjährige Einsperrung ist also eine gefährliche und grausame Strafe; sie bedeutet Verkümmerung oder Tod. Mit Recht hat Mittelstädt diesen Vorwurf erhoben [3]), welcher seitdem unzähligemal und mit seltener Einmütigkeit von den Vertretern der Strafrechtskunde wiederholt worden ist [4]).

Sehr viel trägt auch die Art der Beschäftigung der Gefangenen dazu bei, sie für das spätere Leben unbrauchbar zu machen. Die grofsen Zuchthäuser und Gefängnisse gleichen Fabriken, in denen nach dem Grundsatze der Arbeitsteilung industrielle Produkte hergestellt werden. Der Gefangene erlernt nur selten ein Handwerk. Meist wird er, da es an Zeit, Raum und Lehrkräften fehlt, nur zu einzelnen Thätigkeiten und Handreichungen mechanisch abgerichtet, nicht zur Selbständigkeit erzogen. Kommt er aus der Strafanstalt, so versteht er weder als Handwerker, noch als Industriearbeiter sein Brot zu verdienen, und so bleibt er arbeitslos, bis er, von Not gedrängt, stiehlt oder im Branntweinrausch sich wieder vergifst.

Arbeit im Freien ist in Deutschland nur in kleinem Umfange eingeführt, sogar gesetzlich beschränkt. Nur Zuchthausgefangene dürfen wider ihren Willen dazu verwendet werden, Gefängnisgefangene lediglich im Falle ihrer Zustimmung (Strafgesetzbuch § 15 u. 16). Einige Strafanstalten besitzen Nutzgärten und kleine Äcker innerhalb der Anstaltsmauern. Dadurch kann nur wenigen Gefangenen das Arbeiten im Freien ermöglicht werden. Etwas mehr bieten diejenigen Strafanstalten, welche in

---

[1]) Vgl. Bär in v. Holtzend. Handb. des Gefängnisw., Bd. II, S. 443.

[2]) Bär, l. c., S. 456, 457.

[3]) Mittelstädt, Gegen die Freiheitsstrafen, Leipzig 1879.

[4]) Vgl. Bruck, l. c. und die dort Citierten.

Ziegeleien und Steinbrüchen ständige Aufsenkommandos haben. Sonst schicken unsere Zuchthäuser ihre Sträflinge nur in Notfällen ins Freie: bei Überschwemmungen zum Ausbessern der Dämme, bei Feuersbrünsten zum Löschen, bei Windbrüchen zur Beseitigung des Fallholzes, bei Forstschäden zur Vertilgung des Borkenkäfers u. dgl. m.[1]). — Im ganzen waren von den Zuchthausgefangenen im Jahre 1892/93 nur 3,58 % landwirtschaftlich beschäftigt, davon 1,38 % in den Anstalten selbst.

Dafs die Arbeit im Freien bisher so wenig Eingang gefunden hat, liegt zum Teil an dem Widerstande der Gefängnisverwaltungen, denen in der That durch die Aufsenarbeit eine gröfsere Verantwortung und Mühe auferlegt wird. Es ist geltend gemacht worden, dafs die Fluchtversuche erleichtert würden, dafs die Disciplin lockerer werden und der Ernst der Strafe leiden müsse. Diese Befürchtungen sind, wie am besten die Deportationsstrafe beweist, keineswegs unberechtigt. Allein sie lassen sich heben, wenn nur zuverlässige Gefangene zur Arbeit im Freien genommen werden, die Zahl der Aufseher verstärkt wird und die Arbeit an entlegenen, vor der Schaulust der freien Bevölkerung sicheren Orten stattfindet.

Ferner ist zu beachten, dafs das Klima Deutschlands der Arbeit im Freien Schranken setzt; sie wird während des Winters (Dezember, Januar, Februar) nicht ausführbar sein. Aber wenn sie nur in den übrigen Monaten ermöglicht wird, so wäre dies für das Befinden der Gefangenen schon von grofsem Nutzen.

Die Vorteile für die Gefangenen bei Beschäftigung im Freien sind so aufserordentlich grofs, dafs sie alle Nachteile weit überwiegen[2]). Die Leute werden abgehärtet, üben ihre Muskeln, stärken ihre Lungen. Ihr Geist bleibt durch die Berührung mit der freien Natur lebendig. Ihr Vertrauen zu der eigenen Kraft wird wach gehalten. Sie bleiben, mit einem Worte, gesund; ihre Sterblichkeit würde auf 1 % herabsinken, wie es in Neukaledonien und in den englischen convict-prisons der Fall ist.

Der Staat hätte zwar für vermehrte Bewachung, derbere Kleidung und reichlichere Nahrung mehr Kosten aufzuwenden. Aber er kann als Arbeitgeber durch die Landeskultur- und

---

[1]) Vgl. Blätter für Gefängniskunde Bd. 23 (1888), S. 43 fg. (Kaldewey) S. 27 (Strofser), S. 327 fg. (Leffler).

[2]) Leffler, l. c.

Bauarbeiten der Gefangenen sehr beträchtliche Einnahmen und Ersparnisse erzielen.

Die Art der Beschäftigung kann mannigfach sein. Es ist nicht zu besorgen, dafs bei der reichen Auswahl von möglichen Arbeiten es jemals an Beschäftigung fehlen würde. Es stehen zur Verfügung:

1. Bauarbeiten: Umbau, Neubau, Reparatur von Gefängnissen, — Errichtung von Dämmen, Deichen, Festungswällen, Hafenanlagen, — Bau von Wegen, Chausseen, Kleinbahnen in verkehrslosen Gegenden.
2. Kulturarbeiten: Trockenlegung von Sümpfen, Entwässerungs- und Kanalarbeiten, — Urbarmachung von Ödland und Moor, Aufforstungs- und Abholzungsarbeiten, Regulierung von Flufsufern.
3. Ausbeutung von Sand-, Mergel-, Thongruben, Steinbrüchen, Torfstich- und Ziegeleiarbeit.
4. Landbau: Garten- oder Ackerbau. Doch müfste derselbe nur unter Leitung von Fachmännern und nur mit ehemaligen ländlichen Arbeitern stattfinden.

Werden die Gefangenen auf diese Weise beschäftigt, so haben sie Aussicht, bei der Entlassung sofort ihr Brot zu verdienen. Dann können sie auf dem Lande, als Erdarbeiter bei gröfseren Unternehmungen und als Gutsarbeiter oder Tagelöhner leicht eine Unterkunft finden. Im Gegensatz zu den Industriearbeitern, deren es mehr als genug giebt, sind ländliche Arbeiter in Deutschland gesucht und im Nordosten knapp. Schon jetzt bringen die Fürsorgevereine für Strafentlassene $^6/_7$ ihrer Schutzbefohlenen als Tagelöhner (Hofgänger oder Handlanger) auf Gütern unter. Hierbei hat sich gezeigt, dafs $^3/_4$ der so Versorgten sich dauernd gut hielten. In der neuen Umgebung, losgelöst von ihren früheren Genossen und geschützt gegen die Versuchungen der grofsen Städte, erwiesen sie sich fleifsig, nüchtern und sparsam. Ein Teil von ihnen erlangte bald bessere Stellungen als Kutscher, Vorarbeiter, Gärtner u. dgl. [1]).

---

[1]) Blätter für Gefängniskunde, Bd. 27, S. 258, Jahresbericht des Vereins zur Besserung Strafentlassener zu Berlin: dieser Verein hat allein schon 20000 Strafentlassene untergebracht, nach dem letzten Jahresbericht 3092 als Landarbeiter versendet und grofse Summen für Eisenbahnbillets zu diesem Zwecke verausgabt.

Für die Aufsenarbeit müfsten an den dazu bestimmten Orten Filialstrafanstalten von solider Bauart errichtet werden, und zwar von den Gefangenen selbst.

Wird alsdann noch dafür gesorgt, dafs jeder Strafentlassene mit Hülfe eines Schutzvereins an geeignete Orte behufs ländlicher Arbeit befördert wird, und würde der Staat im wohlverstandenen eigenen Vorteil die löblichen Bestrebungen der Fürsorgevereine durch Gewährung freier Eisenbahnbillets zur Beförderung Strafentlassener unterstützen, so liefse sich eine erhebliche Abnahme der Rückfallziffern mit Bestimmtheit vorhersagen.

Für die industrielle Arbeit blieben noch genug Hände übrig, alle Weiber, alle kränklichen und zu schwachen Gefangenen, ferner alle Fluchtverdächtigen und diejenigen, welche als gewaltthätig oder unmoralisch bekannt sind. Für die Hauptanstalten bliebe also eine reichliche Anzahl von Insassen, denen der Genufs frischer Luft und Bewegung, abgesehen von den üblichen Spaziergängen im Gefängnishofe möglichst durch Gartenbau oder Spatenwirtschaft innerhalb der Anstalt verschafft werden sollte, solange sie nicht in besonderen Anstalten — wie in England — vereinigt werden können.

Als erstrebenswertes Ziel der Gefängnisreform in Deutschland ist also eine Einrichtung des Strafvollzuges zu bezeichnen, die mit den Vorteilen des bisherigen Systems — der grofsen Sicherheit, Zuverlässigkeit, Gleichmäfsigkeit des Vollzuges — diejenigen der Deportation (Progressivsystem und Arbeit im Freien) verbindet. Die Zuchthaus- und die längere Gefängnisstrafe würde folgendermafsen zu gestalten sein:

Erstes Stadium: Einzelhaft bis zu einem Jahre, bei schlechtem Betragen bis zu drei Jahren.

Zweites Stadium: entweder

a. gemeinschaftliche Arbeit in der Anstalt, oder
b. für alle Arbeitskräftigen: Beschäftigung im Freien, mit strafweiser Zurückversetzung (bei Fluchtversuch oder schlechtem Betragen) in Einzelhaft.

Eine Änderung der Gesetzgebung würde hierbei nur zu § 15 und 16 des Reichsstrafgesetzbuchs notwendig sein. Der Absatz 2 des § 15 und der Absatz 3 des § 16 wären zu streichen, dafür ein § 16a folgenden Inhalts einzuschieben:

„Die zu Zuchthaus- oder Gefängnisstrafe von mehr als einjähriger Dauer Verurteilten können zu Arbeiten aufserhalb der Anstalt verwendet werden, wenn sie von freien Arbeitern getrennt gehalten werden."

Die Zeichen dafür, dafs die Erkenntnis des Notwendigen sich Bahn bricht, und die Hoffnung auf eine Reform in dem hier erörterten Sinne gehegt werden darf, mehren sich in den letzten Jahren. — Zunächst ermutigt das Beispiel des Auslandes zu einem ähnlichen Vorgehen. Nicht allein in England, sondern überall, wo die Arbeit im Freien in gröfserem Mafsstabe für die Gefangenen eingeführt ist, war der Erfolg günstig. In Österreich sind von Gefangenen bedeutende Landesmeliorationen ausgeführt worden, und Direktor Marcowich (zu Marburg) hat dabei nur gute Erfahrungen gemacht[1]).

In Belgien haben 5—6000 Sträflinge die Urbarmachung der campiens begonnen[2]).

In Italien sind Arbeitskolonien (colonie penale) für langjährige Sträflinge in Tre fontane bei Rom, zur Urbarmachung der Campagna, in Castadios, Isili und einigen toscanischen Inseln begründet worden. Die Ergebnisse waren sehr gute. Auf dem internationalen Gefängniskongrefs zu Rom wurde auf Betreiben der italienischen Delegierten eine Resolution zu Gunsten der Arbeiten im Freien angenommen[3]).

Frankreich unterhält ein mit Landwirtschaft verbundenes Zuchthaus zu Berruaghia (Algier) und zwei gleichstehende Strafanstalten für arabische Gefangene zu Chiavari und Castelluccio auf Corsica; es wird dort Wein und Getreide gebaut und Forstwirtschaft betrieben[4]). Ferner hat in Frankreich selbst das Zuchthaus (maison centrale) zu Embrun die Landwirtschaft als Beschäftigung der Sträflinge eingeführt, und für jugendliche Verbrecher bis zu 16 Jahren bestehen 5 staatliche Ackerbaukolonien, mit deren einer (Belle-Ile-en-mer) eine Marinesektion vereinigt ist[5]).

---

1) Blätter für Gefängniskunde, Bd. 29, 1895, S. 202, 203.
2) Ebendas., Bd. 27, S. 258.
3) v. Liszt, Zeitschrift f. d. ges. Strafrechtswiss., Bd 6 (1886), S. 619.
4) Rivière, in der „Strafgesetzgebung der Gegenwart".
5) Dalloz, „Prisons" No. 26, 27, 50.

In Deutschland sind die Arbeitshäuser, welche 11—12000 Insassen in Preufsen allein enthalten, mit gutem Beispiel vorangegangen. Das Arbeitshaus zu Rummelsburg bei Berlin z. B. beschäftigt die Korrigenden auf den Berliner Rieselfeldern, dasjenige zu Hannover mit Aufforstungsarbeit und Moorkanalisierung. Die Ergebnisse waren überall zufriedenstellend.

In Preufsen hat der Minister des Innern, welchem die 35 Zuchthäuser des Landes, 24 Arbeitshäuser, 17 grofse und 87 kleine (rheinische Kanton-)Gefängnisse unterstellt sind, durch zwei Cirkulare vom 14. Januar 1895 leitende Regeln für Beschäftigung der Gefangenen mit Arbeiten im Freien aufgestellt[1]). Danach soll Landwirtschaft bei den Strafanstalten in der Regel als Spatenkultur und nur dann als Ackerwirtschaft mit Spannvieh betrieben werden, wenn der Grundbesitz sich weder durch Spatenkultur genügend bearbeiten läfst, noch eine Verpachtung zu ermöglichen ist. In § 7 des einen Cirkulars ist bestimmt:

„Zu landwirtschaftlichen Arbeiten aufserhalb der Umwährungsmauer dürfen Strafgefangene nur dann verwendet werden, wenn sie sich gut geführt haben und nicht fluchtverdächtig sind. Zuchthaussträflinge müssen mindestens ein Jahr ihrer Strafe verbüfst haben; der Strafrest darf höchstens noch ein Jahr betragen. Gefängnisgefangene müssen mindestens sechs Monate ihrer Strafe verbüfst haben; der Strafrest darf höchstens zwei Jahre betragen; sie müssen ihre Zustimmung, die jederzeit zurückgezogen werden kann, zu den Akten erklärt haben."

Das zweite Cirkular weist die Regierungspräsidenten, sowie den Polizeipräsidenten von Berlin an, darauf Bedacht zu nehmen, dafs ein Teil der Strafgefangenen zu Landesmeliorationen für Behörden oder Privatpersonen verwendet werde. Die Verwendung hierzu wird nur dann gestattet, „wenn sonst die Ausführung solcher Arbeiten unterbleiben müfste, weil es an freien Arbeitern fehlt, oder die diesen zu zahlenden Löhne die Meliorationen unrentabel machen würden". Auf entfernt von der Anstalt gelegenen Arbeitsstellen sind geeignete Räume zur sicheren Unterbringung der Gefangenen auch während der Nacht herzustellen. Für genügende Bewachung ist Sorge zu tragen. Etwa erforderliche freie Vorarbeiter sind als Hülfsaufseher zu verpflichten.

---

[1]) Grotefend, Gesetzsammlung 1895, S. 28, 29.

An Lohn ist für die Gefangenenarbeit 40 Pf. für den Kopf und Arbeitstag in Ansatz zu bringen.

In den Sitzungen des preufsischen Abgeordnetenhauses vom 28. Januar, 10. Februar und 21. März 1896 stellte nicht nur der Vertreter des Ministeriums des Innern (Krohne), sondern auch der Justizminister, dessen Verwaltung sich auf 1017 Gefängnisse [1]) erstreckt, die Beschäftigung der Gefangenen mit Landesmeliorationen in Aussicht, und auch seitens des Justizministeriums ist eine dem Cirkular des Ministers des Innern entsprechende Anordnung getroffen worden [2]).

Die Mitteilungen der Minister fanden allseitige Zustimmung der Volksvertreter.

Am 11. Februar 1897 konnte Krohne als Regierungskommissar dem Abgeordnetenhause mitteilen, dafs der Versuch, Gefangene zur Landesmelioration heranzuziehen, sich sehr gut bewährt habe. Es sei beabsichtigt, damit fortzufahren, insbesondere bei Aufarbeitung staatlicher Rentengüter Gefangene in umfangreicher Weise zu verwenden [3]).

Preufsen ist also endlich auf dem richtigen Wege, den es hoffentlich mit immer gröfserer Entschlossenheit weiter verfolgen wird. Nicht Deportation nach Afrika, sondern innere Deportation wird das Losungswort der Zukunft sein. In Deutschland ist der Boden hierzu (nicht nur in übertragenem Sinne, sondern auch buchstäblich) günstig, denn er bietet mindestens 500 Quadratmeilen Moorland, davon in den Ostprovinzen Preufsens 261, in Hannover 101, in Bayern 11,8 Quadratmeilen [4]). Bisher sind nur 15—20 % der Moorflächen in Kultur; mindestens 400 Quadratmeilen sind noch nutzbar zu machen. Bei regelrechter Entwässerung und sachkundiger Behandlung gehört der Moorboden zu den dankbarsten Bodenarten. Es lassen sich aus ihm ca. 1,14 Mill. Hektar Acker- und Wiesenland gewinnen. Zugleich würde dadurch das Klima ganzer Landstriche im Nordost und Nordwest und der Gesundheitszustand der dortigen

---

[1]) Darunter nur 10 mit mehr als 500 und 843 mit weniger als 50 Insassen (1895/1896).

[2]) Blätter für Gefängniskunde 1896. S. 271.

[3]) Vgl. die stenograph. Berichte des Abgeordnetenhauses 1896, 1897.

[4]) Conrad, Handwörterbuch der Staatswissenschaften, s. v. „Moorkultur“, „Moorkolonien“. Vgl. auch Braune, Blätter für Gefängniskunde Bd. 30 (1896), S. 1 fg. und Klub der Landwirte in Berlin (Bd. 27, S. 258).

Einwohner verbessert werden, eine würdige Aufgabe innerer Kolonisation. Schon sind Hochmoorkolonien von Arbeitshäusern (Bockelholm, Schleswig-Holstein) und Arbeiterkolonien (Friedrich-Wilhelmsdorf, Mariaveen, Provinz Hannover) begründet worden. Der Staat könnte mit Hülfe der brachliegenden Arbeitskraft der Gefangenen die gröſstenteils ihm selbst gehörigen Moore in fruchtbares Land verwandeln. In den masurischen Mooren hat der Fiskus bereits groſse Erfolge für sich erzielt; solche würden sich durch Gefangenenarbeit in jeder Moorgegend erreichen lassen.

Die Moorkultur entspricht vorzüglich den Anforderungen des Strafzwecks [1]). Sie ist keine leichte und angenehme Arbeit; die Gefangenen müſsten Gräben ziehen, Erddämme aufwerfen, Sand, Lehm, Dünger transportieren und aufschütten.

Da alle Moore völlig abseits der Städte und in fast verlassener Gegend liegen, so ist die Bewachung und Aufsicht der Sträflinge, ihre Trennung von der freien Bevölkerung dort besonders leicht durchführbar.

Sie müſsten sich feste Wohnhäuser bauen und ihre Kolonie durch starke Pallisaden ringsum absperren. Statt der sonstigen Zahl von Aufsehern (einer auf je 20 Gefangene) müſste eine gröſsere Zahl (einer auf 12) angestellt werden. Die Aufseher müſsten zugleich als Werkmeister thätig sein, was auf doppeltem Wege erreicht werden kann: entweder durch vorgängige Ausbildung einer Anzahl Gefängnisaufseher in der Moorkultur oder durch Anstellung geeigneter freier Arbeiter als Hülfsaufseher.

Wenn dann ferner für k r ä f t i g e Nahrung und warme Kleidung gesorgt wird, wenn alle fluchtverdächtigen und unbotmäſsigen Sträflinge ausgeschlossen und nur solche beschäftigt werden, die schon mindestens ein Jahr verbüſst haben, so würde die preuſsische Gefängnisverwaltung ebenso glänzende Leistungen erzielen als die englische.

Zu wünschen bliebe nur, daſs einige der in obigen Cirkularen gegebenen Vorschriften zu Gunsten der Arbeit im Freien etwas erweitert würden: die Verwendung zur Moorkultur müſste in erster Linie vorgeschrieben, die Landwirtschaft der Strafanstalten, auch wo Verpachtung möglich, zugelassen und die Länge des

---

[1]) Vgl. Braune, l. c.; ferner Blätter für Gefängniskunde 1892, Bd. 28, S. 124. (Rheinisch-Westfäl. Gefängnisgesellschaft für Moorkultur der Gefangenen.)

Strafrestes der Gefangenen nicht als hindernder Umstand betrachtet werden. Sobald § 15 und 16 des Strafgesetzbuchs abgeändert würden, wäre alles andere mit geringer Mühe auf dem Verwaltungswege zu erreichen.

Mit einer Änderung der Beschäftigung der Gefangenen in dem hier erklärten Sinne würde zugleich das Wohl der freien Bevölkerung in doppelter Hinsicht gefördert werden.

Erstens würden die Klagen der freien Handwerker und Fabrikanten über die Konkurrenz der Gefängnisarbeit verstummen. Die Gefangenen, welche zu Landeskulturarbeiten verwendet werden, machen keinem Konkurrenz, auch nicht den freien Landarbeitern. Denn es sollen nur solche Landesmeliorationen von ihnen ausgeführt werden, die sonst aus Mangel an Arbeitskräften und wegen zu hoher Löhne nicht ausführbar wären. Dahin gehören fast alle Moorkulturarbeiten.

Sodann würden die im Nordosten knappen ländlichen Arbeiter den dortigen Landwirten, welche ohnehin unter dem Mangel an Arbeitern leiden, nicht durch Unternehmungen des Staates, Wegebauten oder Landeskulturarbeiten, noch weiter entzogen werden[1]). Im Gegenteil würden die Gefangenen, nachdem ihre Strafzeit abgelaufen ist, als ländliche Arbeiter auf den Gütern bleiben, wohin die Fürsorgevereine zu wirken hätten.

Endlich steht nichts im Wege, zur Belohnung für gute Leistungen und Wohlverhalten Gefangene, die sich bewährt haben, nach Entlassung auf den neu zu schaffenden Moorkolonien als Rentengutsinhaber oder Pächter anzusiedeln. Eine Ungerechtigkeit gegen die freie Bevölkerung läge hierin keineswegs (wie Bruck behaupten will). Denn auch der Strafentlassene ist frei und mit den übrigen Bürgern gleichberechtigt; er ist aber auch der nächste dazu, auf Moorkolonien berücksichtigt zu werden, wenn er sie durch seiner Hände Arbeit mitbegründet hat!

Die „innere Deportation“ bietet also alle Vorteile, welche man der Deportation über See zuschreibt, und noch einige mehr. Dabei ist sie aber frei von den Nachteilen der letzteren, der grofsen Kostspieligkeit, der schlechten Disciplin, der Korruptionsgefahr für Sträflinge und Beamte und der unzureichenden Kontrolle.

---

[1]) Vgl. die Rede des Abgeordneten v. Brockhausen in der Sitzung des Abgeordnetenhauses vom 21. März 1896.

# Schlufswort.

## Die öffentliche Meinung in Deutschland.

Die Deportation ist für Deutschland weder notwendig, noch wünschenswert; sie würde die Gefängnisse nicht entlasten, die Rückfälligkeit der Verbrecher nicht vermindern, sondern gewaltige Mühen und Kosten ohne erhebliche und dauernde Erfolge verursachen und die wirklich nötige Reform des Strafvollzuges im Inlande verzögern.

In Preufsen war im Anfange dieses Jahrhunderts einmal Neigung bei der Regierung vorhanden, Verbrecher zu deportieren. Friedrich Wilhelm III. liefs, bestimmt durch die schlechten Zustände und häufigen Entweichungen in den damaligen Gefängnissen, auf Grund eines Abkommens mit Rufsland im Jahre 1802 58 Verbrecher zu Schiff von Pillau nach Narwa transportieren, wo sie von den Russen in Empfang genommen und nach Sibirien weiter befördert werden sollten. Als aber weitere 150 Verbrecher dem ersten Transporte folgen sollten, verweigerte Rufsland die Annahme, „weil es dem moralischen Gefühle des Zaren widerspreche, solche verworfene Menschen im eigenen Lande unterzubringen". Als nun bald darauf gar mehrere der gefährlichsten Verbrecher den Russen entkamen und bei Graudenz eine Räuberbande bildeten, die erst mit Mühe unschädlich gemacht wurde, liefs Preufsen fortan die Deportation auf sich beruhen [1]).

---

[1]) Stölzel, Brandenburg-Preufsens Rechtsverwaltung, Bd. 2 (1888), S. 346—357.

Das Werk des Prof. v. Holtzendorff über Deportation (1859) interessierte nur die Gelehrtenwelt und behandelte die Frage, ob Deutschland deportieren solle, überhaupt nicht. „Was Deutschland betrifft," — sagte v. Holtzendorff[1]) — „so liegt es aufserhalb der Grenzen unserer Aufgabe, eine genaue Untersuchung darüber anzustellen, inwiefern die Wirkung der verwendbaren Strafmittel die Anlage überseeischer Strafkolonien zu einem wünschenswerten oder notwendigen Resultat macht." Er verweist auf die mit der Einzelhaft noch zu machenden Erfahrungen und hebt hervor, dafs alle Strafmittel nur beschränkte Wirkung ausüben können, solange nicht die socialen Ursachen des Verbrechens vermindert würden.

Erst die Gründung des Deutschen Reiches gab zu einer (vorläufig theoretischen) Erörterung der Deportationsfrage neuen Anlafs.

Der erste, welcher für Strafkolonien eintrat, war Fabri, ein Missionsprediger, in seiner Schrift: „Bedarf Deutschland der Kolonien?" (Gotha 1879). Er erklärte die Begründung von Strafkolonien für notwendig, weil die Zahl der Verbrecher fortwährend wachse und man nicht fortwährend neue Millionen für Gefängnisse ausgeben könne. Als Beispiel einer guten Strafkolonie führte er — Sibirien an, wo die Deportierten Bevölkerung und Wohlstand gehoben hätten, ohne dafs die öffentliche Sicherheit gelitten hätte. (Seine Sachkenntnis geht schon hieraus zur Genüge hervor.)

Gegen ihn wendete sich als sachkundiger Kenner der Gefängnisse Krohne in den „Grenzboten" (1879, S. 494 fg.). Er bestritt die von Fabri ausgesprochenen Befürchtungen für die inländische Strafvollziehung als unbegründet, wies namentlich darauf hin, welche Kosten die Gründung und Unterhaltung von Strafkolonien erfordern müsse, und erläuterte, unter Hinweis auf die Andamanen, die sittliche Korruption der Gefangenen in derartigen Ansiedlungen.

Zugleich jedoch trat Mittelstädt in seiner berühmt gewordenen Schrift: „Gegen die Freiheitsstrafen" (1879) für Deportation als möglicherweise zulässiges Strafmittel ein. Sie sei geeignet, die schweren Nachteile der grausamen und nutzlosen Einsperrung zu beseitigen, die „trockene Guillotine des

[1]) S. 711.

Zuchthauses" zu ersetzen. Mittelstädt war aber vorsichtig: er erklärte, die Frage lasse sich nicht einfach mit „Ja" oder „Nein" entscheiden, es komme auf das „Wie" an.

Nunmehr begannen die Vereine der Gefängnisbeamten sich mit der Frage zu beschäftigen. Die rheinisch-westfälische Gefänignisgesellschaft sprach sich 1879, 1892 und 1895, der „Verein deutscher Strafanstaltsbeamten" 1886 gegen Deportation [1]) aus. Gleichzeitig wurde die Deportation in den neu erschienenen Lehrbüchern der Gefängniswissenschaft verworfen: in v. Holtzendorffs Handbuch des Gefängniswesens (1888), von Wahlberg (Bd. I, S. 134, 135), Goos (für Rufsland, S. 338), v. Jagemann (für Frankreich, S. 378) und von v. Holtzendorff selbst (S. 427 fg.) — in Krohnes Lehrbuch der Gefängniskunde von Krohne (1889) in den schärfsten Ausdrücken.

Etwas langsamer gingen die anderen Juristen an die Prüfung der Deportationsstrafe. Aschrott (in v. Liszts Zeitschr., Bd. 8, S. 34—36) wies auf die schlechten Erfahrungen Englands hin, Lammasch (Gerichtssaal, Bd. 44, S. 219) auf die Gefahr, in den Nachkommen der Verbrecher eine degenerierte Rasse heranzuziehen (1891). In einem Vortrage in der „Juristischen Gesellschaft" zu Berlin vom 10. Januar 1891 berichtete Starke über die Entwicklung der russischen Deportation. Bornhak sprach am 18. Juni 1892 in derselben Gesellschaft über die „Einführung der Deportation in das deutsche Strafsystem". Er hielt sie prinzipiell für geeignet zur Verhütung solcher Rückfallverbrechen, die aus der socialen Lage des Verbrechers zu erklären seien, meinte jedoch, dafs sie sich in den deutschen Kolonien nicht ausführen lasse, aus Gründen des Klimas und des internationalen Rechts.

Als sich nun aber ergab, dafs Südwestafrika ein recht gesundes Klima besitze und auch nicht durch internationale Verträge gehindert sei, Strafkolonie zu werden, trat Bruck (1894 und 1896) mit grofser Begeisterung dafür ein, aus diesem Lande ein neues Deutschland zu machen, wozu er keine anderen Leute für gut hält, als Verbrecher. Im Gegensatz zu allen Kennern des Landes (Dove, Hermann, v. Bülow) meint er, es sei eine

---

[1]) Blätter für Gefängniskunde, Bd. 14, S. 314 — Bd. 21, S. 111—149; Bd. 22, S. 95—103; Bd. 28, S. 124.

Ackerbaukolonie, und hat sogar die Kühnheit, zu erklären: „Wenn Deutschland keine zur Deportation geeignete Kolonie besäfse, so müsse es eine solche, sei es durch Kauf, sei es durch Eroberung, zu beschaffen suchen" [1]). Die ehrlichen Leute sollen sich also töten lassen, damit die Verbrecher besser leben können!

Begeht ein Verbrecher in der Kolonie ein neues Verbrechen, so soll er nach Bruck „mit lebenslänglicher Verbannung nach einer Insel" bestraft werden [2]). Wo in Südwestafrika eine solche Insel zu finden ist, sagt Bruck nicht; es würde ihm auch schwer fallen, die Insel zu finden.

Leider erstreckt sich die gleiche Sorglosigkeit, welche Bruck den geographisch-physikalischen Verhältnissen entgegenbringt, auch auf geschichtliche Thatsachen. Er behauptet, dafs Verbrecher sehr gut aus eigener Kraft sich selbst regieren und ein geordnetes Gemeinwesen schaffen könnten. Zum Beweise führt er an, dafs die aus dem Abschaum der Deportierten bestehenden Sträflinge der Insel Norfolk auf den Pitcairn-Inseln ausgesetzt worden wären und dort eine musterhafte Gemeinde gegründet hätten [3]). Dabei citiert er v. Holtzendorff als Quelle. Aber welche gräuliche Konfusion von historischen Thatsachen liegt da zu Grunde! Man lese, was v. Holtzendorff (S. 341) sagt:

> „Die daselbst (in Norfolk) festgehaltenen Verbrecher wurden von der Insel entfernt, die den ehemaligen Ansiedlern der Pitcairn-Inseln, jenen Nachkommen der meuterischen Schiffsmannschaft, die sich nach der Empörung gegen den Kapitän Bligh auf eine einsame Südsee-Insel geflüchtet, zur Ansiedlung angewiesen und überliefert wird. Nach dem übereinstimmenden Zeugnis aller derjenigen, die sie auf den Pitcairn-Inseln besucht hatten, waren sie wegen ihres musterhaften Ordnungssinnes und Sittenzustandes der Aufmerksamkeit der englischen Regierung würdig."
>
> „An die Stelle der unverbesserlichen Sträflinge traten also" u. s. w.

In Wahrheit sind die Sträflinge der Insel Norfolk niemals auf den Pitcairn-Inseln angesiedelt worden, sondern sie wurden

---

[1]) Bruck, Neu-Deutschland, S. 33.

[2]) Fort mit den Zuchthäusern, S. 27.

[3]) Bruck, Fort mit Zuchthäusern, S. 18.

teils nach Westaustralien, teils nach Hobarttown (Tasmanien) transportiert[1]). Die Ansiedler der Pitcairn-Inseln waren keine Verbrecher, sondern ehrliche englische Matrosen, welche sich nur gegen den grenzenlos harten Kapitän Bligh aufgelehnt hatten, denselben Mann, der später Gouverneur von Neu-Süd-Wales wurde und auch dort durch seine Härte einen Aufstand hervorrief, durch den er beseitigt wurde. Solche an Disciplin und harte Arbeit gewöhnte Menschen konnten wohl ein gutes Gemeinwesen gründen, niemals aber die verhärteten Verbrecher der Insel Norfolk.

Bei diesen Irrtümern wird man das Urteil Krohnes in der Sitzung des Abgeordnetenhauses vom 21. März 1896: „Man müsse die Schrift Brucks, der weder die Strafkolonien, noch das Gefängniswesen aus eigener Anschauung kenne, mit grofser Reserve aufnehmen", gewifs nicht für zu hart ansehen.

In die Einzelheiten der Schriften von Bruck einzugehen, ist nach dem früher Gesagten überflüssig. Es sei nur erwähnt, dafs er zur Lösung der Frauenfrage in der Strafkolonie die schon von v. Holtzendorff als ungenügend und schädlich bezeichneten Vorschläge (Zufuhr von Prostituierten) wiederholt, und dafs er die Kosten der Deportation unterschätzt. Er nimmt z. B. die Transportkosten nach Südwestafrika auf nur 200 Mark pro Kopf an, während tarifmäfsig der Preis für Zwischendeckspassagiere auf den Wörmannschen Dampfern 320 Mark, zweiter Klasse 500 Mark, erster Klasse 750 Mark beträgt[2]); die letzteren Sätze kämen für die begleitenden Beamten in Betracht. Dafs es in der Kolonie kein Bauholz giebt und alles nötige aus Kapstadt oder Deutschland hingeschafft werden mufs — Fracht 30 Mark pro Kubikmeter von Hamburg aus — dafs es 16 Mark Fracht für jeden Centner von Swakopmund bis Windhoek kostet, und dafs die Verpflegung eines farbigen Arbeiters täglich 1 Mark dort erfordert, während die eines Zuchthausgefangenen in Preufsen sich (1894/95) auf 33 1/5 Pfennig stellt: alles dieses wird nicht in Anschlag gebracht. Dabei soll die Notwendigkeit einer besonderen Wachmannschaft für die Deportierten und die dauernde Stationierung eines Kriegsschiffs nicht einmal in Rechnung gestellt werden.

---

[1]) De Blosseville, p. 384.

[2]) Deutsches Kolonialhandbuch (Fitzner).

Der ganze Plan Brucks, die über ein Jahr hinaus Verurteilten nach Südwestafrika zu deportieren und dort anzusiedeln, ist durchaus phantastisch und hat niemals Aussicht auf Verwirklichung.

Immerhin hat Bruck der Erörterung der Deportationsfrage neue Nahrung geliefert.

Auf ihn folgten Frank[1]) (Professor der Rechte in Giefsen) und Freund[2]) (Regierungsrat) mit anderen, etwas weniger phantastischen Vorschlägen. Frank will, wie oben schon erwähnt wurde, nur Deportation als Zusatzstrafe nach 5 Jahren Zuchthaus, wodurch jeder Nutzen der Verschickung ausgeschlossen würde; man könnte nur Invaliden verschicken. Freund dagegen will überhaupt keine Verschickung zur Ansiedlung, sondern nur zur Ausführung kolonisatorischer Arbeiten, nach Ablauf der Strafzeit sollen die Deportierten, wenn sie nicht in der Kolonie bleiben wollen, wieder zurückkehren. Südwestafrika soll also nicht Strafkolonie, sondern Strafstation werden. Die Deportierten sollen in festen Strafanstalten untergebracht und von dort zur gemeinsamen Arbeit geführt werden, nicht unter der freien Bevölkerung sich bewegen.

Dieser Plan hat den Vorzug, dafs er ausführbar ist. Aber er würde die Steuerzahler mit einer allzu hohen Kontribution für die deportierten Verbrecher belasten. Zu den Transport-, Verpflegungs- und Bewachungskosten, welche letzteren sich weit höher stellen würden als in Deutschland, und zu den Gehaltserhöhungen der mit der Strafstation betrauten Beamten kämen noch die Kosten für die zu errichtenden Strafanstalten. Wenn diese nicht Stätten der Korruption und Zuchtlosigkeit werden sollen, müssen sie fest und sicher konstruiert sein und die Trennung der Sträflinge bei Nacht, sowie Einzelhaft für widerspenstige Gefangene und Ausbrecher gestatten. Derartige Bauten in den Kolonien erfordern viel, sehr viel Geld, wenn man auch die Gefangenen selbst daran arbeiten läfst.

Ferner wäre zunächst die Vorfrage zu beantworten, ob die weifsen Sträflinge in einem Lande, wo es arbeitswillige und

---

[1]) Frank, Freiheitsstrafe, Deportation und Unschädlichmachung. Giefsen 1895.

[2]) Freund, Über Strafkolonisation und Errichtung überseeischer Strafanstalten. Preufs. Jahrbücher, 1895, S. 502 fg.

taugliche Eingeborene in Menge giebt, zur Ausführung der geplanten Arbeiten nötig sind, ob es nicht vielmehr besser und billiger wäre, den Verdienst und die erziehliche Wirkung der Arbeit den Eingeborenen zu teil werden zu lassen.

Endlich — und dieses ist die Hauptsache — mufs jede Verschickung von Gefangenen mifsbilligt werden, solange Aussicht ist, ihre Arbeitskraft für kolonisatorische Arbeit im eigenen Lande zu benutzen. Dafs eine solche Aussicht besteht, ist bereits ausführlich klargelegt worden. Es wäre widersinnig, Gefangene mit schweren Kosten nach Afrika zu schicken, während man sie zu Hause besser verwenden kann. In keinem Falle würde der Strafvollzug in Südwestafrika so gut geregelt und so genau kontrolliert werden können als in Deutschland.

Gegen Bruck hat sich Prof. Bennecke in einem Vortrage für den Gefängnisverein für Posen und Schlesien gewendet, indem er die Kosten richtiger veranschlagte und auf die mögliche Verbesserung des inländischen Strafvollzuges hinwies [1]).

Falls jemals deportiert werden sollte, so würde am meisten ein Plan ähnlich demjenigen zu empfehlen sein, welchen de Blosseville für Frankreich (1859) in Vorschlag gebracht hat [2]): nur kräftige Landarbeiter und Handwerker in die Kolonien zu schicken, die bereits einen Teil ihrer Strafe hinter sich hätten und durch tadelloses Verhalten einige Garantie für Disciplin und gegen Fluchtversuche böten. Nur müfste die verbüfste Strafzeit im Inlande nicht über ein Jahr hinausgehen, damit die Arbeitskraft der Deportierten nicht erschüttert wird. Die Sträflinge müfsten in der Kolonie in festen Anstalten bleiben, nicht in Bretterbuden, und zur Ausführung von öffentlichen Arbeiten angehalten werden. An solchen würde es allerdings in Südwestafrika nicht fehlen: Hafenanlagen an den Hafenstellen der Kolonie (Swakopmund, Lüderitzbucht, vielleicht auch Kunenemündung), ferner Bewässerungsanlagen, Wege- und Eisenbahnbau kämen in erster Linie in Betracht. Swakopmund würde sich, da es Wasser und Weideland in der Nähe hat und am Meere liegt [3]), am besten zur Strafstation

---

[1]) Verhandlungen des Gefängnisvereins für Schlesien und Posen, 1894, S. 29.

[2]) De Blosseville, p. 555.

[3]) Vgl. Sander, Zur Denkschrift über Südwestafrika, S. 247. Dove, bei Petermann, Geogr. Mitteil. S. 92.

eignen. Nach Ablauf der Strafzeit müfsten die Deportierten, wenn sie nicht vorher mit Hülfe eines zu gründenden Schutzvereins bei Kolonisten oder öffentlichen Arbeiten ausreichende Beschäftigung in der Kolonie gefunden haben und freiwillig dort bleiben, auf Staatskosten wieder zurück nach Deutschland befördert werden.

Voraussetzung wäre hierbei eine Änderung der Gesetzgebung des Reiches, welche es den Gerichten gestattet, auf Zulässigkeit der Deportation zu erkennen[1]), wenn die Hauptstrafe mindestens 5 Jahre beträgt. Eine gewisse lange Dauer mufs jede Deportation haben, wenn sie nicht unrentabel sein soll. Andererseits darf sie keine obligatorische Strafe sein, damit sie nicht in solchen Fällen ausgesprochen werden mufs, wo die Verschickung zur Besserung des Sträflings und zur Förderung der Kolonie voraussichtlich nutzlos wäre.

Auch dürfte auf Deportation nicht erkannt, sondern sie nur für zulässig erklärt werden, da nur die Verwaltungs- und Gefängnisbeamten schliefslich, nach Ablauf eines Teiles der Hauptstrafe, beurteilen können, ob der Verurteilte nach seinem Verhalten und seinem Gesundheitszustande zur Verschickung sich eignet. Zwischen Zuchthaus- und Gefängnisstrafe wäre dabei darin ein Unterschied zu machen, dafs beide Klassen von Gefangenen voneinander getrennt transportiert und in der Kolonie untergebracht werden, auch ihrer besonderen Behandlung und Disciplin wie bisher unterworfen bleiben.

Da die Ansiedlung gänzlich als Zweck der Deportation aufzugeben wäre und die Möglichkeit der Rückkehr offen bliebe, so würde diese Art der Verschickung nach den Kolonien den Namen Deportation nicht verdienen, sondern als überseeischer Strafvollzug zu bezeichnen sein. Gleichwohl wäre es nicht etwa zulässig, Gefangene ohne gesetzliche Einführung dieser Art des Strafvollzuges nach Südwestafrika zu verschicken. Das Reichsstrafgesetzbuch ermächtigt nur zur Anwendung der gesetzlich besonders vorgesehenen Strafvollstreckungsmafsregeln. Die Verschickung nach dem Auslande stellt nicht etwa nur eine Abänderung des üblichen Strafvollzuges dar, sondern ein neues Strafübel, dessen Bedeutung derjenige nicht unterschätzen wird, der die Strapaze und Seegefahr eines einmonatlichen Trans-

[1]) Wie in Portugal nach dem Gesetz von 1892 (vgl. oben).

ports erwägt, und der weifs, was den Gefangenen der Besuch von Verwandten oder Freunden in der Strafzeit an Trost und Hoffnung gewährt.

Indessen alle derartigen Ratschläge sind überflüssig, weil die Verschickung von Strafgefangenen aus Deutschland überhaupt nicht notwendig und nicht zweckmäfsig ist. Nur der Vollständigkeit halber, und um zur Prüfung der verschiedenen Deportationsvorschläge einen Mafsstab zu geben, sind sie hier mit angeführt worden.

Wie verhalten sich nun diejenigen Kreise, auf deren Meinung es bei der Deportation in erster Reihe ankommt, die Kolonialpolitiker und die Vertreter der Regierung? Zunächst hat sich Dove, einer der besten Kenner von Südwestafrika, entschieden gegen Deportation dorthin ausgesprochen[1]), weil die Natur des Landes Arbeitsscheu und Entweichungen begünstige, das Klima zum Trunk verführe, und Verbrecher als Ansiedler nicht willkommen seien. Dove und v. Bülow erklären es nur dann für möglich, in Südwestafrika wirtschaftlich fortzuschreiten, wenn man mindestens 8000—10000 ha Weideland nebst Vieh und 15000 Mark Kapital besitze, andernfalls lohne sich dort keine Landwirtschaft. Hermann, als praktischer Landwirt in der Kolonie, hat diese Ansicht voll bestätigt[2]).

Die „Deutsche Kolonialzeitung“ erklärte bei Besprechung der Vorschläge von Freund am 5. Oktober 1895:

„Wir würden ein solche Einrichtung dennoch für durchaus nicht erwünscht ansehen.“

Seitdem ist die Deportationsfrage im Kolonialrat des Deutschen Reiches (am 28. Oktober 1895) und in der Deutschen Kolonialgesellschaft (1896) zur Besprechung gelangt, ohne dafs jedoch ein Beschlufs zu Gunsten der Deportation gefafst wurde.

Was endlich die Vertreter der preufsischen Regierung betrifft, so hat der bisherige Decernent des Justizministeriums für Gefängniswesen, Starke, sowohl in der Berliner juristischen Gesellschaft (Sitzung vom 18. Juni 1892), als auch auf dem Pariser Gefängniskongrefs 1895 Gelegenheit genommen, sich gegen die Deportation als Strafmittel zu wenden. Ebenso ist

---

[1]) Vortrag in der Deutschen Kolonialgesellschaft v. 11. Nov. 1895.

[2]) Deutsche Kolonialzeitung 1895 (5. Okt.). Hermann, seit 1887 in Südwestafrika, gilt als bester Kenner von Land und Leuten.

Krohne, der Decernent im Ministerium des Innern, nicht nur ein Gegner, sondern sogar ein leidenschaftlicher Feind der Deportation, der erst neuerdings wieder (in der Sitzung des preufsischen Abgeordnetenhauses vom 21. März 1896) auf Anfragen einiger Abgeordneten erklärt hat:

„Dafs die Deportation sich bisher nirgends bewährt habe und wegen ihrer Kostspieligkeit zu widerraten sei; in Sibirien sei sie mifslungen, in Sachalin im Versuchsstadium; auf dem Pariser Kongrefs hätten aufser den französischen und einigen russischen Delegierten niemand für Deportation gestimmt."

Nach alledem ist nicht zu befürchten, dafs Deutschland eine Deportation in gröfserem Mafsstabe ins Werk setzen wird. Auch für die Gefangenen ist, mit Hülfe freier Vereinsthätigkeit und Staatsunterstützung, das deutsche Sprichwort zum Leitwort zu machen:

„Bleibe im Lande und nähre dich redlich!"

# Nachtrag.

Die vorstehend abgedruckte Arbeit ist unverändert so belassen worden, wie sie im März 1897 als Preisarbeit der Holtzendorff-Stiftung eingereicht ist.

Seitdem sind Berichte, Reden und Abhandlungen über Deportation in grofser Zahl neu hinzugekommen.

1. Der Gang der Entwicklung in Frankreich ist noch rascher, als vorhergesagt wurde, auf dem Wendepunkte angelangt. Eine im Jahre 1897 veranstaltete Enquête der „société générale des prisons“ über die Deportation hatte das Ergebnis, dafs die beiden Gouverneure von Guyana und Neukaledonien, Charvein und Feillet, übereinstimmend erklärten: die Deportation habe weder abschreckend, noch bessernd gewirkt, sei für die Kolonien ohne Nutzen geblieben und werde auch niemals nützlich sein können. Wie Rivière auf dem Kongresse der internationalen kriminalistischen Vereinigung zu Lissabon 1897 öffentlich aussprach, sind die schön entworfenen Reglements auf dem Papier stehen geblieben. Es hat sich als unmöglich herausgestellt, sie mit dem mangelhaften Beamtenpersonal und unter dem entnervenden Drucke des tropischen Klimas in die Wirklichkeit überzuführen. Der russische Jurist Dimitri Drill hat im Jahre 1896 Neukaledonien besucht und konstatierte, dafs die Strafkolonisation dort mifslungen sei und die freie Bevölkerung die Einstellung der Deportation heftig verlange [1]). Die französische

[1]) Vgl. Mitteil. der internat. krimin. Vereinigung, Bd. 6, S. 513, 514 u. S. 347—353.

Regierung, der die Berichte der Gouverneure vorlagen, konnte sich der Notwendigkeit, die Deportation einzuschränken, nicht länger entziehen. Sie hat im Frühjahr dieses Jahres die Verschickung der Sträflinge nach Neukaledonien bis auf weiteres sistiert.

2. Der Kongreſs zu Lissabon (1897) hat ferner auch über die portugiesischen Strafkolonien einiges Neue gebracht. Nach dem Bericht des Advokaten Frazão zu Lissabon [1]) giebt es in Angola drei weit entlegene Strafkolonien: Mossico, Naua-Candongo und Caquengo; in diesen sollen die Sträflinge zur Urbarmachung des Landes angehalten werden; leider aber seien die Resultate sehr gering gewesen. Auſserdem bestehen Depotanstalten in Loanda und Benguela, wo die Gefangenen unter militärischer Aufsicht und Disciplin sich befinden, aber gegen Kaution für den Fluchtfall an freie Kolonisten vermietet werden. Da das Klima verderblich wirke, eine gröſsere Anzahl von Gefangenen auch unverbesserlich und das Miſstrauen der freien Bevölkerung groſs sei, so habe der Erfolg der Deportation in Angola nicht den Erwartungen entsprochen.

Der deutsche Reisende Dr. Esser [2]) bemerkt hierzu, daſs trotz der Kaution ziemlich oft Deportierte aus Angola verschwänden, indem sie sich als Heizer oder Matrosen zu Schiffe nach Kapstadt oder Amerika flüchteten. Wenn derselbe Reisende aber aus der Thatsache, daſs einige Deportierte ansässig und vermögende Leute geworden sind, den Schluſs zieht, daſs die Deportation für Angola nützlich sei, so würde er bei längerem Aufenthalt im Lande diese Ansicht wohl aufgegeben haben. Denn wie die Verhältnisse in Wahrheit liegen, ergiebt folgender lehrreiche Bericht, den zwei in Benguela ansässige Deutsche am 10. Dezember 1897 an die „Berliner Neuesten Nachrichten" geschickt haben [3]):

Benguela, 10. Dezember 1897.

„Als Leser Ihres Blattes, als einzige Deutsche hier, erlauben wir uns zu Ihrem Artikel »Deportation nach Deutsch-Südwestafrika« aus Nr. 507 vom 29. Oktober 1897 einige Berichtigungen, die Sie gefälligst zur Veröffentlichung bringen wollen.

---

1) Mitteil. Bd. 6, S. 446—458.

2) Deutsche Kolonialzeitung vom 27. März 1897.

3) Vgl. Berliner Neueste Nachrichten v. 15. Januar 1898, Nr. 24.

Wir bezwecken nicht, unsere Meinung für oder gegen Deportation zu geben, sondern beziehen uns speciell auf den von Ihnen angeführten Auszug aus Dr. Essers »An der Westküste Afrikas«.

Als mehrjährige Bewohner von Angola und durch unsere Handelsbeziehungen mit Sitten und Gebräuchen gut vertraut, glauben wir, dafs Ihr Leserkreis unserem Urteil einige Beachtung schenken wird, zumal über die Verhältnisse dieser Provinz in Deutschland die verschiedensten Ansichten herrschen, wie dies auch die aus Dr. Essers Werk angeführte Stelle wiederum beweist.

Angola mit seinen 3 Handelscentralen Loanda, Benguela und Mossamedes dient allerdings, aber nicht ausschliefslich als Deportationskolonie für Portugal, doch hat sich Dr. Esser in den angeführten Zahlen anscheinend um einige Nullen versehen, indem sich in Angola nicht 40000 (ganz Portugal hat nur ca. 5 Millionen Einwohner), wohl aber mehr oder weniger als 1000 Deportierte befinden, welche auf Loanda und Benguela verteilt sind. Mossamedes hat nie Deportierte erhalten, da sich die Einwohner diese Plage verbeten haben, wie dies auch Loanda und Benguela, allerdings ohne Erfolg, fortwährend thun.

Was nun die Sicherheit in dieser Provinz mit ihren Deportierten anbelangt, so ist Dr. Esser sehr irriger Meinung, indem jedermann hier, wie wir dies aus unserer Praxis kennen, sein Haus nicht wegen der Neger mit allen möglichen aufsergewöhnlichen Sicherheitsmafsregeln verschliefst, sondern nur wegen der sei es entflohenen oder auf freiem Fufse befindlichen Deportierten, die, da aus allen Verbrecherklassen rekrutiert, ihrem alten Gewerbe, dem Raub und Diebstahl, hier mit mehr Erfolg und weniger Risiko huldigen als in Portugal.

Auf das Wesen der Deportierten wollen wir hier weiter nicht eingehen, stehen Ihnen aber gewünschten Falls sehr gern zur Verfügung. Wir bemerken nur, dafs sich in den zwei Deportiertenstationen Loanda und Benguela die Degredados teils in Forts interniert, teils im Dienste in den Häusern von Weifsen befinden, welche hierfür eine Kaution zu hinterlegen haben; der Verbrecher ist in diesem Falle nur genötigt, sich von Zeit zu Zeit bei der Obrigkeit vorzustellen.

Andere im Innern angelegte Plätze, »coloniao penaes«, haben absolut nicht den gestellten Forderungen entsprochen, indem es den Ackerbau treibenden Verbrechern ein Leichtes war, zu desertieren und sich in der durch schwarze Völkerstämme gut bevölkerten Gegend dem Auge der Obrigkeit unsichtbar zu machen. Eine von Dr. Esser als unmöglich geschilderte Flucht entspricht absolut nicht dem bisher Bekannten. Dafs portugiesische Verbrecher nicht auf deutsches Gebiet entfliehen, ist sehr verständlich, indem sie in dieser Provinz alles finden, was sie zu einem guten Leben nötig haben, und sich durch Raub und Überfall der Negerkarawanen, die mit Produkten beladen nach der Küste kommen, sehr häufig noch Reichtümer erwerben. Es kommt häufig vor, dafs der Handel durch die auf der Negerstrafse lauernden, gut bewaffneten Deportierten leidet, indem Negerstämme und selbst Weifse aus Furcht vor Raub oder auf Grund gemachter Erfahrungen ihre Produkte nicht an die Küste bringen. Es ist nämlich, trotz des an der Küste streng durchgeführten Einfuhrverbots von Gewehren und Patronen, im Innern sehr leicht, sich dieselben zu verschaffen, indem von englischer und belgischer Seite aus ein schwunghafter Handel darin betrieben wird, und, mit einem guten Gewehr bewaffnet, ist jedermann in den, wie Dr. Esser sagt, wilden und fast unbevölkerten !! Gegenden ein König, der daselbst viel besser lebt als in Europa.

Der beste Beweis dafür ist, dafs die beiden im Innern befindlichen Stationen teils eingegangen, teils auf den Aussterbeetat gestellt sind, da die Deportierten, obwohl hunderte Meilen von hier entfernt, am Zambesi, in kaum erforschte Gegenden verschwinden und somit mit der Zeit niemand mehr als die Obrigkeit da ist; jene aufserdem dem Governo ungeheure Ausgaben verursachten, weil auf Grund der Beschwerden hiesiger Handelshäuser teure Expeditionen ausgerüstet werden mufsten, um die Verbrecher wieder einzufangen oder zu vertreiben und wieder etwas mehr Sicherheit in den betreffenden Bezirken herzustellen.

Was nun den Vorteil und den Schweifs der portugiesischen Deportierten bei Strafsenbauten, Hafenarbeiten u. s. w. anbetrifft, so beruht die Schilderung Dr. Essers auf einem nicht genügenden Studium der Verhältnisse, da sich die Bevölkerung für den Schweifs dieser Leute bestens bedankt und lieber den Neger zur Arbeit heranzieht.

Die Hauptstadt Loanda, welche niemals die von Dr. Esser angegebene Zahl von 40 000 Seelen erreichte, verdankt ihre Gröfse nicht den Deportierten, sondern ihrem Alter, ihrem guten

Hafen und dem sehr reichen Hinterland, und ohne die Plage der Deportierten wäre sie heute sicher bedeutender.

Zum Schlufs möchten wir noch bemerken, dafs der Verbrecher, sei es während der Dauer einer Deportationszeit oder sei es nachher, dem Neger durch das schlechte Beispiel schlechte Sitten anlernt, was sich, da der Neger für alles Schlechte besonders empfänglich ist, auf die Nachkommen immer weiter ausdehnt und somit sicherlich nicht zu einer gedeihlichen Entwicklung der Provinz beiträgt.

Aus diesem allem können Sie entnehmen, dafs Angola niemals durch die Deportierten gewonnen hat, seine langsame Entwicklung dagegen hauptsächlich gerade durch diese verschuldet wurde, indem anständige und unternehmende Leute dadurch von einer Niederlassung lange Zeit abgehalten wurden, auch die Stationen heute noch als ein Mifsstand und als der gesunden Entwicklung der Provinz hinderlich betrachtet werden, wie auch kein Jahr vergeht, ohne dafs sich die Einwohner nicht mit neuen Bitten um Aufhebung oder Verlegung der Stationen an die Regierung wenden.

Wir sind gern bereit, auf Wunsch mit genaueren Angaben und Zahlen zu dienen, sind durch unsern längeren Aufenthalt und vielfache Reisen durch die Provinz auch in der Lage, oben Angeführtes durch Beispiele zu beweisen.

Hochachtungsvoll
Wilhelm Schaefer.
Ernst Albert Walter Fuchs Verdier."

3. Für die russische Deportation nach Sachalin ist ein Bericht hervorzuheben, welchen der oben bereits erwähnte Jurist Dimitri Drill, Syndikus am Justizministerium in St. Petersburg, auf Grund seiner im Jahre 1897 in Sachalin selbst gemachten Studien und Forschungen geliefert hat. Die wesentlichen Ergebnisse sind von Nicolas Wlassow in der „Revue pénitentiaire" (Paris 1898, p. 1045—1057) veröffentlicht worden. Danach wird der völlige Mifserfolg der Kolonisation durch Deportierte auch in Sachalin glaubwürdig und überzeugend nachgewiesen. Zum Ackerbau geeignet ist überhaupt nur der mildere südliche Teil der Insel. Aber auch hier stöfst die Ansiedlung auf grofse Schwierigkeiten. Nur der zehnte Teil der Bauernstellen hat einen gewissen Wert; der Rest ist wertlos geblieben und grofsenteils bereits wieder von den Ansiedlern verlassen. Alle klagen über

das rauhe Klima, die häufigen Mifsernten, die harte Arbeit. Solange sie ihre Monatsration an Lebensmitteln von der Regierung erhalten — 2—3 Jahre lang —, bleiben sie auf ihrer Stelle; dann aber zerstreuen sie sich und leben als Vagabunden oder Diebe, oder sie beschäftigen sich mit dem verbotenen Branntweinhandel. Sobald sie die Mittel dazu haben, verlassen sie das ihnen verhafste Land. Nach den Angaben des Landinspektors Friken haben es von 37 Ansiedlungen im Kreise Alexandrowsk nur 4, im Kreise Tymowsk von 21 nur 7, in Korsakow von 58 nur 17 dahin gebracht, vom Ackerbau leben zu können; die übrigen leiden trotz der Unterstützungen der Regierung oft Hungersnot und kämpfen mit den schwersten Entbehrungen. Körperlich kräftige Deportierte bilden eine Ausnahme; die meisten sind durch lange Zwangsarbeit schon entkräftet, ehe sie aus den Gefängnissen kommen, und werden durch Kälte, Branntwein und Ausschweifungen rasch arbeitsunfähig. Schlimm sind auch die moralischen Zustände: auf 16000 Deportierte männlichen kamen nur 2143 weiblichen Geschlechts (1897). Die Weiber leben durchweg in wilder Ehe und ergeben sich häufig auf Verlangen ihrer Männer der Prostitution; sie werden zu diesem Zwecke gerade als Ehefrauen begehrt. — Die wenig zahlreichen freien Ansiedler ziehen die Arbeit der Chinesen und Japaner derjenigen der Sträflinge und Freigelassenen bei weitem vor: jene sind fleifsiger, nüchterner und eifriger. — In den Gefängnissen herrschen ebenfalls schlimme Zustände. Die Ernährung der Gefangenen ist ungenügend. Fleisch giebt es sehr selten und von schlechter Qualität. Magenkrankheiten und Schwindsucht sind die Folge. Die Luft in den Gefängnisräumen ist meist verdorben. Die Arbeitsleistungen sind diesem Zustande entsprechend gering, die Moral der Gefangenen schlecht. Dazu kommt, dafs ein grofser Teil des Beamtenpersonals bestechlich und dem Trunke ergeben ist. Das Gefängnis in Alexandrowsk, wo sich die zu den längsten Strafen Verurteilten befinden, gilt als Sammelplatz der Sträflinge und Freigelassenen zu nächtlichen Branntweingelagen und Kartenspiel. Beklagenswert ist das Los der Kinder der Deportierten; sie wachsen unter Entbehrungen und Verbrechen auf und verfallen früh der moralischen Verderbnis. — Die freie Bevölkerung wünscht nichts sehnlicher, als die freigelassenen Deportierten wieder loszuwerden. Es fehlt an Beschäftigung für sie, wie an

Lebensmitteln, denn die Industrie der Insel (Kohlenbergbau, Fischerei, Holzhandel) ist unbedeutend.

Der deutsche Reisende Eugen Wolff, welcher den südlichen Teil von Sachalin im Jahre 1898 besucht hat, berichtet[1]), dafs dort das Klima, weil die südliche Küste von einer warmen Meeresströmung berührt werde, nicht allzu kalt sei. Aber auch er beklagt die schlechte Behandlung der Gefangenen, die herrschende Armut und Unsauberkeit, die Roheit und Bestechlichkeit des Aufsichtspersonals. Nach den von ihm gemachten Mitteilungen galten auch die höheren Gefängnisbeamten bis auf einige wenige für unehrlich. Er selbst erzählt, dafs Kettengefangene aus den verschlossenen Gefängnissen wiederholt nachts in seiner Wohnung erschienen und ungehindert gegen Morgen ins Gefängnis zurückkehrten, die gelockerte Kette mitschleppend, und dafs er ungesehen viermal die Zellengefängnisse nachts besucht habe. Gegen Geld können die Gefangenen viele Freiheiten geniefsen. Ohne Geld aber sind sie schweren Mifshandlungen ausgesetzt. — Welche Rolle dort die Rutenhiebe und die Knute spielen, berichtet der russische Arzt Dr. Lobas in der Petersburger russischen Zeitschrift „Wratsch" (1898). Die Rutenhiebe sind die gewöhnliche Disciplinarstrafe, die jeder Gefängnischef aus eigener Macht verhängen kann. Die Knute wird nur nach gerichtlichem Urteil angewendet, aber häufig genug; sie ist die gewöhnliche Strafe für Rückfall, Fluchtversuch und Landstreicherei von Gefangenen. Der Henker, der die Knutenhiebe zu verteilen hat, ist selbst einer der Gefangenen. Je nachdem der Delinquent sich mit ihm verständigt, fällt die Prügelstrafe hart oder leicht aus[2]). Verkrüppelung und Tod durch die Knute kamen nicht selten vor, sind jetzt aber, da ein Arzt zugezogen werden mufs, Ausnahmefälle.

Die Bevölkerung von Sachalin beziffert Eugen Wolff (für 1896, nach amtlichen Angaben) auf 25 500 Russen und 4350 Eingeborene, die Zahl der Gefängnisinsassen auf 7068 Männer und 914 Weiber, die der im Freien arbeitenden Gefangenen auf 6223 Männer und 697 Frauen, die der aus der Strafhaft entlassenen Zwangsansiedler auf 1868 Männer und 358 Frauen. — Die Kosten für jeden Gefangenen stellen sich auf das Doppelte der Bekleidung, Ernährung und des Soldes eines russischen

---

1) Berliner Tageblatt, 1898, Nr. 279, 344, 357.

2) Vgl. Blätter für Gefängniskunde, Bd. 32, S. 323—325.

Soldaten. Die Ausgaben der russischen Regierung für die Verwaltung und Garnison von Sachalin beliefen sich 1895 auf nahezu 1 Million Rubel!

Neukaledonien — Angola — Sachalin! — Überblickt man die Berichte, welche über diese bedeutendsten Strafkolonien vorliegen, so wird man eine merkwürdige Übereinstimmung in den konstatierten Mängeln und überall dieselben traurigen Ergebnisse finden: den wirtschaftlichen und moralischen Verfall der Deportierten, die willkürliche Beamtenwirtschaft und als Folge beider einen schwer auf den Kolonien lastenden Druck, welcher die freien Kolonisten zum Widerstande gegen die Deportation treibt. Hier waltet kein Zufall, sondern eine eiserne Notwendigkeit.

In Deutschland hat die Erörterung über die Deportation einen neuen Anstofs teils durch parlamentarische Verhandlungen, teils durch den deutschen Juristentag erhalten. Im Reichstage beantwortete der Staatssekretär Nieberding eine Anfrage des Abgeordneten Rickert dahin, dafs die verbündeten Regierungen die Frage der Deportation in Erwägung gezogen hätten. Aber eine Umfrage bei den Gouverneuren der verschiedenen Kolonien (Ostafrika, Südwestafrika, Togo und Kamerun) habe die einstimmige Ablehnung der Deportation ergeben. Teils stehe das Klima entgegen, teils die Rücksicht auf die Erhaltung der Autorität der Weifsen vor den Negern, teils endlich die Schwierigkeit und Kostspieligkeit der Überwachung von Sträflingen in weitabgelegenen Gebieten und der Mangel an freien Ländereien. Er glaube nicht, dafs die verbündeten Regierungen der Frage nochmals näher treten würden. (Sitzung des Reichstages vom 31. Januar 1898.)

Für den Deutschen Juristentag lagen zwei Gutachten vor, das eine von Prof. Bornhak (Berlin), welches eine Deportation zu Kolonisationszwecken empfiehlt und es für möglich hält, einen Versuch damit in Südwestafrika ohne Gesetz, auf dem Verwaltungswege, zu machen; — das andere von Regierungsrat Freund (Koblenz), welcher den Ansiedlungszweck fallen läfst, da die zwangsweise Ansiedlung ein Unrecht gegen die Gefangenen und eine Schädigung der Kolonie bedeute, aber den Strafvollzug nach überseeischen Strafanstalten von einfachster Art verlegen möchte, um die Sträflinge in Südwestafrika truppweise mit öffentlichen Arbeiten zu beschäftigen. Nach Ablauf der Strafzeit sollen die Sträflinge, soweit sie nicht bleiben wollen, nach der Heimat zurückbefördert werden. Die Einführung soll dadurch erfolgen, dafs durch Gesetz neben dem inländischen Strafvollzuge wahlweise, bei langjährigen Freiheitsstrafen, Deportation zugelassen wird. — Der Juristentag, bei dessen Beratungen der Verfasser dieser Zeilen als Referent thätig war, lehnte jedoch zu Posen (1898) sowohl in der Abteilung III (für Strafrecht), als auch im Plenum die Einführung der Deportation mit grofser Mehrheit ab, indem er — auf Antrag des Verfassers — folgenden Beschlufs fafste:

„Die Deportation ist als Strafmittel für Deutschland nicht geeignet. Ein Versuch mit ihr ist nicht zu empfehlen."

Für Deutschland dürfte hiernach die Einführung der Deportation nicht zu befürchten sein. Deutschland soll aus den Fehlern des Auslandes lernen, nicht aber diese Fehler wiederholen!

Von neuen Schriften über die Deportation seien erwähnt:

1. Fabarius (Pastor), Deportation von Verbrechern nach den deutschen Kolonien? (Berlin 1896.) — Mit Recht hebt der Verfasser hervor, dafs die sittliche Hebung der eingeborenen Bevölkerung durch die Deportierten schwer gefährdet werden würde.
2. Rosenfeld (Berlin), Gutachtliche Äufserung über die Deportation für den Kongrefs zu Lissabon (1897). (Mitteilungen der internat. kriminal. Vereinig. Bd. 6, p. 336.) — Die kurze Meinungsäufserung ist erwähnenswert, weil sie, in Übereinstimmung mit dem Resultat der vorstehenden Arbeit, die inländische Kolonisation durch Strafgefangene empfiehlt.
3. Mittermaier, Kann die Deportation im deutschen Strafensystem Aufnahme finden? (Zeitschrift für die gesamten Strafrechtswissenschaften, 1898.) — Hier werden namentlich die Vorschläge der Anhänger der Deportation in Deutschland (Bornhak, Freund, Frank, Bruck) einer ebenso gründlichen, als sachlichen und zutreffenden Kritik unterzogen.

Wenn nach alledem die Überzeugung, dafs in der Deportation kein Heil für den Strafvollzug zu hoffen sei, immer stärker und allgemeiner geworden ist, so zeigt sich auch in dieser Frage der Wissenschaft die zwingende Macht der Wahrheit.

# Satzungen der Holtzendorff-Stiftung.

§ 1. Die Holtzendorff-Stiftung bezweckt, die Wissenschaften des Strafrechtes und des Gefängniswesens durch Stellung von Preisfragen, Gewährung von Reiseunterstützungen oder in sonst geeigneter Weise zu fördern und damit das Andenken des am 4. Februar 1889 zu München verstorbenen Professors Dr. Franz v. Holtzendorff zu ehren.

§ 2. Die Holtzendorff-Stiftung hat ihren Wohnsitz in Berlin.

§ 3. Der Vorstand der Holtzendorff-Stiftung besteht

a) aus drei Mitgliedern, deren Wahl das erste Mal durch die konstituierende Versammlung des Gründungsausschusses auf die Dauer von drei Jahren und nach Ablauf dieser Zeit durch die übrigen Mitglieder des Vorstandes unter Vermittelung des Schriftführers auf jeweils drei Jahre erfolgt;

b) aus 13 Mitgliedern, von welchen je eins auf die Dauer von fünf Jahren von folgenden Vereinen und Gesellschaften gewählt wird:

1. der Internationalen kriminalistischen Vereinigung;
2. der Commission pénitentiaire internationale;
3. dem Institut de droit international;
4. dem Deutschen Juristentag;
5. der Société générale des prisons zu Paris;
6. der Société de législation comparée zu Paris;
7. der Société des études sociales zu Brüssel;
8. der Juristischen Gesellschaft zu Berlin;
9. der Juristischen Gesellschaft zu München;
10. der Howard Association zu London;
11. der National Prison Association, U. S. Nordamerika;
12. dem Niederländischen Juristentag;
13. dem Skandinavischen Juristentag.

§ 4. Der Vorstand wählt aus seiner Mitte einen geschäftsführenden Ausschufs von drei Mitgliedern[1]), überwacht dessen Geschäftsführung und prüft die jährlich von ihm zu legende Rechnung. Die Erledigung der Geschäfte des Vorstandes erfolgt auf schriftlichem Wege durch Vermittlung des Schriftführers; die Wahlen werden durch Stimmzettel vollzogen, die an den Schriftführer einzusenden sind.

§ 5. Der Vorstand wählt ferner

1. einen Schatzmeister, dessen Wohnsitz sich am Sitze der Stiftung befinden soll, und der sein Amt als Ehrenamt verwaltet[2]);
2. einen Schriftführer[3]).

§ 6. Der geschäftsführende Ausschufs erledigt die laufenden Geschäfte. Er bestimmt seine Geschäftsordnung selbst. Zur Übernahme von Verbindlichkeiten ist die Unterschrift zweier Mitglieder des geschäftsführenden Ausschusses, sowie des Schatzmeisters erforderlich.

§ 7. Das Stiftungsvermögen besteht

1. aus den von den Mitgliedern des Gründungsausschusses eingesammelten Beträgen;
2. aus Spenden, welche der Stiftung durch Schenkung oder von Todeswegen zufliefsen;
3. aus unverwendet gebliebenen Zinsen des Stiftungs-Stammvermögens.

§ 8. Das Stiftungs-Stammvermögen ist in Gemäfsheit der für Stiftungs- und Mündelgelder am Sitze der Stiftung geltenden Landesgesetze sicher anzulegen. Über die Anlage entscheidet nach Anhörung des Schatzmeisters der geschäftsführende Ausschufs.

§ 9. Zu Stiftungszwecken sind zu verwenden:

1. die Zinsen des Stiftungs-Stammvermögens;
2. die von Vereinen, Verbänden, Einzelnen gezahlten Jahresbeiträge.

§ 10. Über die Verwendung der in § 9 erwähnten Gelder entscheidet auf Vorschlag des geschäftsführenden Ausschusses der Vorstand durch schriftlichen, unter Vermittlung des Schriftführers zu fassenden Mehrheitsbeschlufs. Es bleibt dem Vorstande vorbehalten, die Erträgnisse mehrerer Jahre aufzusammeln und gesammelt zu verwenden.

---

[1]) Z. Z. Landgerichtsrat Dr. Aschrott-Berlin, Professor Dr. v. Liszt-Halle a./S., Professor Dr. Prins-Brüssel.
[2]) Z. Z. Justizrat Dr. Riefser-Berlin.
[3]) Z. Z. Rechtsanwalt Dr. Halle-Berlin.

§ 11. Die Feststellung der Preisaufgaben erfolgt auf Vorschlag des geschäftsführenden Ausschusses durch den Vorstand. Bei Stellung der Aufgabe bezeichnet der Vorstand zugleich das Preisgericht, welches über die eingelieferten Arbeiten zu entscheiden hat.

§ 12. Reiseunterstützungen können nur an solche Personen verliehen werden, welche ihre wissenschaftliche Befähigung durch eine dem geschäftsführenden Ausschusse vorzulegende Arbeit nachgewiesen haben.

§ 13. Alle Eingaben, insbesondere Preisarbeiten und Reiseberichte, sind in deutscher, französischer, englischer oder italienischer Sprache einzureichen.

§ 14. Die gekrönten Preisarbeiten und die eingelieferten Reiseberichte werden litterarisches Eigentum der Stiftung, deren Vorstand auf Vorschlag des geschäftsführenden Ausschusses über die Veröffentlichung beschliefst.

Pierer'sche Hofbuchdruckerei Stephan Geibel & Co. in Altenburg.

Kolibri 360 GmbH
Ferdinand-Jühlke-Straße 7
99095 Erfurt, Deutschland
produktsicherheit@kolibri360.de